国家出版基金项目
NATIONAL PUBLICATION FOUNDATION

中华文明的印迹

古代名城
历史与文化的交汇

GUDAI MINGCHENG
LISHI YU WENHUA DE JIAOHUI

姜舜源 单凌寒/著

辽宁师范大学出版社
·大连·

图书在版编目 (CIP) 数据

古代名城：历史与文化的交汇 / 姜舜源，单凌寒著
. -- 大连：辽宁师范大学出版社，2021.12（2023.1 重印）
（中华文明的印迹）
ISBN 978-7-5652-3178-0

Ⅰ．①古… Ⅱ．①姜… ②单… Ⅲ．①文化名城—介绍—中国 Ⅳ．① K928.5

中国版本图书馆 CIP 数据核字 (2020) 第 008449 号

中华文明的印迹

古代名城
历史与文化的交汇

出 版 人：王 星
策划编辑：王 星 邓丽萍
责任编辑：王 星 杨焯理
责任校对：都珍珍 曲颖慧
装帧设计：李小曼
出 版 者：辽宁师范大学出版社
地 址：大连市黄河路 850 号
网 址：http://www.lnnup.net
http://www.press.lnnu.edu.cn
邮 编：116029
营销电话：（0411）82159912 82159913
印 刷 者：大连金华光彩色印刷有限公司
发 行 者：辽宁师范大学出版社
幅面尺寸：170mm × 230mm
印 张：22
字 数：367 千字
出版时间：2021 年 12 月第 1 版
印刷时间：2023 年 1 月第 2 次印刷
书 号：ISBN 978-7-5652-3178-0
定 价：120.00 元

总序

“中华文明的印迹”丛书，集当代中国文博考古、历史文化领域专家学者的力量，从学术文化视角，依据档案文献，对中国文物古迹进行深入的学术解读与研究，是一部既有较强的学术性又适合大众读者的丛书。

中国是悠久的文明古国，有大量的古迹遗存，这些不可移动的文物就是凝固的历史，是中华文明历史传承的表征，是印证历史、传承文明的载体。数千年来历史的积累和叠加形成的古迹遗存，是中华文明传承不断的历史见证。其保护传承的艰难，甚至战火的摧残，都没有改变和动摇其根基。今天，保护和研究这些老祖宗留下的古迹遗存，是我们的一种神圣职责，辽宁师范大学出版社敏锐地选择这一课题具有独到的眼光。

古迹遗存是文化遗产，是文明实体的标志。中华古迹遗存遍布于960万平方公里的辽阔土地之上。展示中华文明，宣传中华文明，需要各领域的专家学者通力合作，田野考古、踏查闾里、寻访遗存，需要做大量的组织工作和细致的踏查寻访，同时还要查阅大量的档案文献，包括官书方志、笔记丛书、手稿日记等，要完成这样繁杂而艰苦的工作，没有坚守中华文明的信念是很困难的。为此，我们感谢出版社和各路专家的积极策划与辛勤付出。

本套丛书作者的研究方法是独到的，即将古迹遗存与档案文献相结合、相比较，探索文物遗存背后的历史真相。许多古迹遗存由于各种原因，历经磨难甚至战争的摧残，都或损或残。今天对文物的研究和书写就是一种修复和保护，也是对中华文明的传承和发扬，以此给中华民族的子孙后代留下传承中华文明的依

据。因此，我以为“中华文明的印迹”系列丛书具有继承中华文明、观照当代文明、发扬文明传统的意义。

近年来，有些国家标榜其文明优越，贬低其他国家民族文化。“文明冲突论”再次甚嚣尘上，他们害怕失去“自我优越”，进而歪曲历史，贬损其他国家民族的文明。文明是文化的内核和内在价值，文化是文明的外在表现。中国有五千多年的文明历史，是世界上唯一的文明血脉与历史传统未曾中断的大国。人类文明包括物质文明、精神文明与制度文明，文明囊括了人类历史活动的所有建设性成果。“中华文明的印迹”中涉及的古迹遗存有都城、坛庙、建筑、陵墓、桥梁、名塔、长城、瓷窑、名城、古镇，其文化内涵既包含物质文明，也包含精神文明，又包含制度文明。同时，中华文明又有其特殊性和独特价值。当今时代是一个多维度、全媒体时代，外来文化和本土文化的冲突与碰撞愈演愈烈，中华传统文明受到一定的冲击。因此，树立坚定的文化自信、坚守中华文明、宣传中华优秀传统文化，亦成为当务之急，“中华文明的印迹”系列丛书正是应运而生的产物。

著名的老一辈文物研究保护专家罗哲文先生曾经提出“文物古迹的保护，是一种上对祖先、下对子孙后代的千秋大业。因为文物是具有历史、科学、艺术价值的物质遗存，不仅传给我们这一代，还要传给子孙后代，它又是不能再生产的，一旦遭到破坏就不可再得。因此，我们每一个人都负有保护文物的义务和责任”。中华民族的悠久历史和灿烂的文化印迹，就是这些古迹遗存。它们从古到今一直展示在世人面前，代代呵护，代代传承。因为各种原因，尽管古都名城曾遭破坏，殿阁楼亭曾经斑驳，桥塔寺庙曾经残破，遗址陵墓曾经荒芜，但中华儿女追念先祖、传承国脉的初心一直未变。经过一代代人的不断修缮和保护，古迹遗存的历史得以延续。“中华文明的印迹”系列丛书的出版必将大力促进中华大地上几千年来保存下来的古迹遗存得到更有效的保护和传承。

“中华文明的印迹”系列丛书即将付梓，感念先祖，寄望后代，赘言为序。

朱诚如

于北京故宫城隍庙

2021 年 9 月 16 日

目录

序言

第一章　两千年名城，四百年古都——大同

第二章　彩云之南，滇池风雨——昆明

第三章　梦里江山，阆苑仙境——阆中

第四章　晋商遗风，古县典型——平遥

第五章　清朝夏都，五族中心——承德

第六章　丝绸之路，艺术之路——敦煌

第七章　运河名城，商贸之都——扬州

第八章　巴蜀故国，三峡重镇——重庆

第九章　海上花园，中西共融——澳门

第十章　京畿重地，直隶督府——保定

第十一章　唐宋古刹，古建博览——正定

第十二章　“中国水都”，道教圣地——丹江口

第十三章　天地之中，华夏一脉——郑州

第十四章　豫章古郡，星火燎原——南昌

第十五章　黄帝桥山，革命圣地——延安

后　记

序　言

一　名城源流，记住乡愁

城市的出现，是人类文明走向成熟的标志，也是人类群居生活的高级表现。中国五千年的历史孕育出一批因深厚的文化底蕴或发生过重大历史事件而名留青史的城市。这些城市，有的是历史上的政治、经济中心，攸关天下兴亡；有的是重大历史事件的发生地，有着不可磨灭的影响；有的保留着丰富的文物遗迹，闻名遐迩；有的有历史悠久的特产，令人心驰神往；等等。这些名城为我们回顾中华文化、重温中国历史，打开了一扇窗口。

1. 概念提出

1982 年 2 月，为保护这些重要城市及其文物古迹免受破坏，“历史文化名城”概念被正式提出。由国务院确定并公布的国家历史文化名城均为文物保存特别丰富并且具有重大历史价值或者革命纪念意义的城市。

党和国家历来高度重视历史文化名城、名镇、名村的保护工作，《中华人民共和国文物保护法》《中华人民共和国城乡规划法》确立了历史文化名城、名镇、名村的保护制度，并明确规定由国务院制定保护办法。2019 年 4 月 1 日，《历史文化名城保护规划标准》正式实施，细化了历史文化名城与历史文化街区的保护内容。

2. 垂范指引

习近平早在 20 世纪 80 年代在福建省工作时，就对文物和文化遗产保护工作极为重视。1990 年 12 月，刚上任不久的市委书记习近平接到政协委员反映，福州市文物保护单位林觉民故居部分建筑将被拆除以建商品房。习近平看到来信后，立即让有关部门核实，并要求暂缓拆迁。在 1991 年 3 月 10 日下午召开的市委市政府文物工作现场办公会上，习近平当场决定将文物“保护下来，进行修缮”。当年 7 月，习近平批示抓紧修复林则徐故居及做好墓地开放，此后在市委常委会等场合，又数次研究林则徐遗迹修复等事宜。1996 年 2 月 6 日，习近平主持市委常委会，专题研究林则徐系列遗迹修复、充实工作，决定成立林则徐系列遗迹保护、开发领导小组，同意将林则徐纪念馆、故居、出生地作为福州市文物局的下属单位，归福州市文物局统一管理，并决定收回中山路左营司巷林则徐出生地旧址。而当时此处已经出让给一家房地产公司，他们准备兴建高级商住楼“则徐花园”。会后市有关部门迅速与开发商协商，以 1200 万元的补偿收回土地使用权。一个月后，林则徐出生地暨幼年读书处修复工程开工典礼举行，1997 年 6 月工程竣工；与此同时，位于鼓楼区文藻山路的林则徐故居也逐步完成被占用房舍的清退、拆迁等工作，2003 年 5 月一期修复“七十二峰楼”工程动工，于当年 8 月竣工。

党的十八大以来，以习近平同志为核心的党中央高度重视文化遗产的保护工作。2014 年年初，习近平在北京市考察工作时说：“历史文化是城市的灵魂，要像爱惜自己的生命一样保护好城市历史文化遗产。”2017 年 6 月，习近平对建设大运河文化带作出重要指示：大运河是祖先留给我们的宝贵遗产，是流动的文化，要统筹保护好、传承好、利用好。这一系列指示和垂范，为历史文物古迹保护提供了明确的指向，也鼓舞着我们发掘和传承历史文化遗产，更加坚定中华民族的文化自信。

3. 人文精神

本书收录的城市以国务院公布的国家历史文化名城为基础。本丛书中《古代都城》所收各城市不再列入，包括洛阳、西安、北京、开封、安阳、南京、杭州、曲阜、太原、苏州、成都、拉萨、吐鲁番、大理、沈阳；“世界文化遗产”涉及的城市优先录入，例如澳门历史城区。综合各方面因素，本书暂收录15座名城，依次为大同、昆明、阆中、平遥、承德、敦煌、扬州、重庆、澳门、保定、正定、丹江口、郑州、南昌、延安，分别做比较全面、深入的阐述。

中国历史文化名城是中华优秀传统文化的硕果和结晶。习近平总书记在十九大报告中提出：“深入挖掘中华优秀传统文化蕴含的思想观念、人文精神、道德规范，结合时代要求继承创新，让中华文化展现出永久魅力和时代风采。”这也是本书的努力方向。

二 “四门穆穆”，尧舜创城邑

城市的形成和发展，是随着生产力提高，社会经济进一步发展，进而推动人类社会逐步走向成熟和文明发达的结果。中国古代城市何时形成，史学研究见仁见智。现存最早较多阐述城建的著作《管子·度地》记载：“内为之城，城外为之郭，郭外为之土阆，地高则沟之，下则堤之，命之曰‘金城’。树以荆棘，上相穑著者，所以为固也。”说明当时的城市已具备城、郭、城墙、城壕等古代城市的基本元素。东汉刘熙《释名》说：“城，盛也，盛受国都也；郭，廓也，廓落在城外也。”东汉赵晔《吴越春秋》称夏禹的父亲为鲧，《太平御览》引《吴越春秋》曰：“鲧筑城以卫君，造郭以居人”。后世通常以此为城郭之始。所以笔者大胆推测，城市在四千多年前的尧舜时代就已经存在了。

1. 舜“辟四门”

这一推测的文献依据是《尚书·尧典》，其载：尧帝在世时，令舜“慎微五典”，以观察其推行教化的能力，舜“宾于四门，四门穆穆”。《尚书·舜典》记载，舜“辟四门，明四目，达四聪”，说明舜施政的一个

图序 -1 景山南望紫禁城

重点，是在城市四门设置诽谤之木，广开言路，虚心听取大众意见，从而便于治理社会。此后直至明清北京城，皇城、宫城均为四门，主座宫殿“天子明堂”也是四面通透，均效法舜帝“辟四门，明四目，达四聪”。

2.“探源”成果

这一推测的考古学依据是“中华文明探源工程”成果。中原地区6座规模大、等级高的中心性城邑遗址分别是疑与黄帝有关的河南灵宝西坡遗址，与尧时代时空吻合的山西襄汾陶寺遗址，疑为“禹都阳城”的河南登封王城岗遗址，疑为“夏启之居”的河南新密新砦遗址，考古学界公认的夏代中晚期都城——河南偃师二里头遗址以及郑州大师姑遗址。六大遗址年代先后衔接，初步勾勒出了公元前2500年至前1500年即尧舜时代到夏商之际的社会图景。在陶寺遗址发现了建于公元前2100年前后的大型城址，城址呈长方形，面积达280万平方米，城中有宫殿、宗庙。在二里头遗址发现了中国历史上最早的宫城，建筑群依据中轴线左右对称分布，这为此后几千年中国宫城的布局奠定了基础。

在沿用至今的历史名城中，大同的城址和中轴线2000多年保持不变，古城内历史街道格局基本完整，具有鲜明的历史和地域特色，堪称中国古代城市的标本。而清代夏都承德，是古代中国建造的最后一座都城。

三 中线对称，“十二楼”遗制

中轴线是中国古代城市建设的一大特色。清乾隆皇帝在嘉庆三年（1798 年）十一月初九日《夜雪六韵》中指出，北京城中轴线主座建筑对应黄帝“合宫十二楼”。

1. 乾隆考据

乾隆该诗自注称：“《十洲记》（《海内十洲记》，传汉东方朔著）：‘昆仑山一角有积金，为天墉城，面方千里，城上安金台五所、玉楼十二所。’《汉书·郊祀志》：‘黄帝时为五城十二楼，以候神人于执期（地名），名曰“迎年”。’是十二楼之数，虽出仙家，而黄帝时已有其制。考京师都城宫殿，成于永乐年间。其时，‘机事皆决于姚广孝’。按《明史》载：‘广孝通阴阳术数之学’，营建规制自多与议。今京师宫殿、城门，仿古重檐台门之制者，中一路（中轴线），曰正阳门、天安门、端门、午门、太和门、太和殿、保和殿、乾清宫、坤宁宫、神武门、鼓楼、钟楼，凡十有二。当时创建，不特借义《十洲记》所称昆仑楼数，抑即仿黄帝时十二楼，以取迎年之义。是以明李时勉《北京赋》有云‘则损益乎黄帝合宫之宜’。”

乾隆皇帝虽不是北京宫殿规划设计的奠基人，但毕竟是宫殿长期的居住者和重要的建设者。他一方面做了大量追本溯源的考据工作，搞清明初设计师的建筑主题命意；另一方面从皇帝思维的特殊角度提出自己的看法。

2. “重檐台门”

他考据的基本思路是，首先“京师都城宫殿，成于永乐年间”，

影响规划设计决策的关键人物是姚广孝，且按《明史》记载，姚广孝“通阴阳术数之学”。其次，以永乐近臣李时勉在北京宫殿落成后写的《北京赋》为佐证，文中“损益乎黄帝合宫之宜”，说明当时规划的依据之一是“黄帝合宫”（合宫，黄帝时明堂）。最后追溯到《汉书·郊祀志》所记：“黄帝时为五城十二楼，以候神人于执期，名曰‘迎年’。”笔者考证，《汉书》此文出自《史记·封禅书》：“方士有言：‘黄帝时为五城十二楼，以候神人于执期，命曰“迎年”。’”集解引应劭曰：“昆仑玄圃五城十二楼，此仙人之所常居也。”乾隆皇帝认为建筑科学不能以《海内十洲记》这种神话著作为依据，但“十二楼之数，虽出仙家，而黄帝时已有其制”。黄帝被尊为人文初祖，后世神话是沿用了黄帝的传说，以黄帝为依据当然就没有问题了。结论是，中轴线上“仿古重檐台门”建筑——正阳门、天安门、端门、午门、太和门、太和殿、保和殿、乾清宫、坤宁宫、神武门、鼓楼、钟楼，对应黄帝时的十二楼。而穿插在这些“重檐台门”之间的单檐、无台、非主座建筑不计在内。北京城被划为五城，也是应用了黄帝时的制式。按此逻辑，中轴线上十二楼不管有用与否，都非设不可。

四 商贸名城，代有《上河图》

生产力水平提高，促进了城市的形成和发展；城市为人们的经济活动提供了更为广阔的平台，又反过来促进经济社会进一步发展。张择端的传世名画《清明上河图》，描绘了北宋都城汴京（今河南开封）清明时节城郊到城里的景象，反映了当时社会各阶层的生活状况，既描绘了近郊农民携带农产品进城买卖，商船把远方商品运往汴京城进行交易的场景，还描绘了宋代以《营造法式》为标志的建筑工程“模数制”在标准化生产方面取得的进步。可以说，没有城市便没有社会经济大发展。张择端以全景式的表现形式描绘了宋代汴京城内外的繁荣景象，引得金、元、明、清各代画家竞相效仿，从而形成绘画史特有的“清明上河图”题材，例如明代仇英《清明上河图》和清院本《清明上河图》。这些作品均表现了各代当时经济社会的新发展，它们与张择端的原作不是简单的原本与临摹本的关系，更不是真品与赝品的关系。

下面着重谈一谈张择端的《清明上河图》。

1. 八方辐辏

此画第一段是近郊景物，柳吐新芽，茅舍俨然，田畴平旷，居民安居乐业。蜿蜒的路上，人来人往，显示了当时商品经济的活跃。二者静、动结合，富于生活气息。

中段以穿城而过的汴河为中心，河两岸店铺、客舍、货栈林立，井然有序。街道上、商肆内外，各行各业的人们往来穿梭，客问主答，或忙忙碌碌，或行色匆匆。画面中心是一座当时盛行的虹桥，大船驶近桥下，桅樯偃息，船上、桥上、岸上，人群中呼喊指点的，看热闹的，相互呼应，只见“船到桥头自然直”，有惊无险，大家各有所忙，不亦乐乎。现实感、生动感溢于画外。

第三段是高大的城门及城墙内外一部分街衢。城墙上杂树从砖缝、墙体夯土里钻出，反映了此处城防工事已有些历史。城门下，驮运货物的驼队正在行进，首驼在门外见首不见尾，殿后的骆驼正走向门洞。城里大街小巷，店铺林立；小摊小贩，各就各位；市面上人潮汹涌，熙来攘往。招幌所见，单是旅店，就有供人临时歇脚的“脚店”、供旅客投宿住店的“正店”等名目。

2.“材分八等”

张择端的拿手戏是界画，而且尤擅“舟车、市桥、郭径”，达到自成一家的程度（“别成家数”）。界画，是宋代盛行的一种绘画门类，依靠界笔直尺画线，多以宫室、楼台、房屋等建筑为表

图序 -2 北宋张择端《清明上河图》（局部）

现对象。界画之所以在宋代大放异彩，与当时颁布《营造法式》，实行建筑“模数制”标准化制造是密不可分的。

宋哲宗元祐六年（1091 年），国家第一次编成并颁行《营造法式》，后经李诫奉敕重修，于徽宗崇宁二年（1103 年）付梓。《营造法式》规范了官式建筑材分制度，对用料、用工等实行规范化、科学化管理核算。材分制度规定“以材为祖”，“材”被定义为“栱”的断面，以栱高的 1/15 为 1 分，断面的高宽之比统一为 3 ∶ 2。《营造法式》中记载的大木作构件尺寸皆以材分表示。“材分八等”，以材为房屋建造的基本模数，多大体量的房屋，就用相应等级的材。宋代的材分制度在世界建筑科学技术发展史上具有极高地位。

五 一带一路，名城留辉煌

2013年以来，习近平提出“一带一路”倡议，其灵感来自古代陆上丝绸之路和海上丝绸之路，而西安、南京、洛阳、敦煌、澳门、大同、广州、泉州等不少历史文化名城都是丝路名城。中国国家博物馆收藏的明代绘画《南都繁会图》卷，直接反映了当时海上丝绸之路为南京带来“东西两洋货物”和中外贸易的盛况。

1. 洋货专营

画卷描绘了明代南京城市建筑辉煌、市井商业兴旺、市民生活丰富多彩的繁荣景象，在最繁华的“南市街”里，特别描绘了一处大型“东西两洋货物”专营店：两层楼高的大型商场从二楼垂下两幅招幌，上面都写着“东西两洋货物俱全”。“东西两洋货物”就是由传统的海上丝绸之路进口的，经福建泉州、漳州及广东沿海乃至江浙等地港口转运的海外货物。

图序-3 明代佚名《南都繁会图》卷（局部）

画面“南市街”牌楼下“走海倭子进宝”，画的是舞狮表演。“走海”就是专门从事海上贸易的商人，“走海倭子”指日本海商。舞狮被认为是一种吉祥瑞物，可驱邪避害，每逢节庆或有重大活动，必有舞狮助兴。可以推测这是一场象征性表演，可能是为宣传新开业的店铺。

图序 -4 《南都繁会图》卷中戴眼镜的老人

大型商场一楼“兑换金珠”招幌下，摊主是一位戴眼镜的老人。眼镜是西洋货，明中期学者郎瑛《七修类稿续稿》中专门记录“眼镜”一条，指出它出自西洋，后流入中国。由此看来，这座大型商场堪称当时南京城一处中外贸易中心，此画也可说是明代海上丝绸之路繁荣的佐证。

2. 市民典型

将此画与张择端的《清明上河图》比较可见，明代城市发展程度比起宋代有了很大进步。两画描绘的地点在各自时代的地位基本相当。但此画中城市建筑的规模、质量，人们衣着的光鲜程度，自非《清明上河图》可比。《清明上河图》描绘的人物基本上还属于传统的古代农民形象，而此画描绘的人物基本是市民形象。再以桥梁为例，《清明上河图》重点描绘的虹桥是木结构，虽然它在桥梁构造科技方面有突出成就，但与石桥相比工程量要小；此画清晰描绘的数座桥梁中，大多是带汉白玉栏杆的白石桥。这既反映了明代桥梁建筑技术的成熟，也反映了当时的经济实力。如今人们常说宋代是中国古代科学文化和社会经济高度发达的时代，其实明代在宋代基础上又有了很大发展。此图也印证了史学界公认的说法：明代中后期已经出现明显的资本主义萌芽。

六 里坊、街区，走向近代化

中国古代城市的另一特色，是从汉唐的里坊制，到宋元的街巷制，再到清中叶逐步走向街区制，最终奠定了现代城市社区的基础。

1. 千丈之城

商周以前属于我国古代城市发展初期，人们出于需要在一处聚居，但限于当时生产力条件，尚未展开大规模的城市建设。从春秋到汉，古代城市发展迎来第一个高潮，《战国策》载：“今千丈之城，万家之邑相望也。”汉初恢复安定统一，休养生息，发展经济，“富商大贾周流天下，交易之物莫不通，得其所欲，而徙豪杰、诸侯、强族于京师”，财富集聚于京城，促进了城市发展。除东西两京，寿春（今寿县）、临淄、江陵（今荆州）、成都等，也是当时著名的人口密集之地。

2. 里坊兴废

既然城市是住人的，随之而来的就是居民管理。从文献记载和考古资料来看，里坊是古代城市中最为普遍的居民聚居规划形态和城市管理制度，它不仅将城市划分出若干方形的空间，而且对每个空间都作了适当的安置与有效的管辖。早在春秋时期，城市规划便有了里坊的身影。里坊制最初形态出现在汉朝，纵横的街道将城市划分为大大小小不同的方格，坊和市相分离，规格也不统一。从三国到唐，是里坊制逐渐发展直至巅峰的时期，以曹魏的邺城、北魏的洛阳城和隋朝的大兴城（即后来的唐长安城）为代表。城的外形趋向规整，王宫、衙署位于城内北部中间。其余大部分为居民区，居民区被数条东西、南北走向的街道划分为若干封闭式的里坊。

隋朝大兴城全城共有 109 坊，排列得如棋盘上的格子般整齐。以正对皇城正门朱雀门的朱雀大街为南北中轴线，两侧建筑相互对称。这种整齐划一的方格形道路交通网，适应这一地区的气候、地理等自然条件，也便于规划交通及在街坊内建造各种建筑。棋盘状街区结构影响至今,许多城市的道路交通管网仍沿用这种布局方法。

“坊”其实是用高墙围起来的相对独立的封闭整体，只是有的用作官吏办公，有的用作百姓居住。唐长安城的坊墙高约 9 米，与现在故宫的红墙高度差不多。每个坊的坊门上书写坊名作为标记，坊门每天按时启闭。唐朝里坊和汉朝里坊一样，实行宵禁，每晚各坊市的大门随着城门一起关闭，等到次日拂晓再开。夜间所有居民都被限制在里坊内，坊外街道也实行宵禁，不准百姓自由上街，市民生产、生活受到许多限制。因此，从中晚唐开始，市民们就偷偷拆墙、临街开店，以求坊、市结合。夜市逐渐兴盛，大街小巷开放贯通，人们可以自由出入，传统的里坊制被打破。

3. 旧街新生

从宋到金，城市规划终于摒弃了里坊制，采用开放式街市格局。宋朝实行农商并重政策，拆除坊墙，商业店铺沿城市大街布置，城市由里坊制走向了巷坊制。金中都城按汴京城规划，并启迪了元大都的规划。于元世祖忽必烈至元四年（1267 年）建成的元大都，是由刘秉忠、郭守敬等将中华传统文化与当时先进的科学技术相结合而规划建造的当时世界上最大最先进的城市。全城规划为五十坊，并无坊墙、坊门，城中纵横交错的街巷、胡同有部分至今仍保存在北京老城区。这种开放式的街巷布局，进一步强化了城市功能，与隋唐里坊制完全不同。而郭守敬科学勘探后采用的地上、地下水利体系及城市排水网络历经明清仍有部分系统沿用至今。

经济发展既推动了社会组织形态的演变，又推动了古代居住城市朝着近代功能性城市转变。元明清时期，随着城市工商业的发展，城市内部的功能开始分化，形成了不同等级和层次的多样化街区。例如元大都什刹海京杭大运河的码头商贸区，清北京城前门外商业区及手工业区、琉璃厂文化商业区、天桥娱乐区、宣武门外汉官居住区，等等。清中期起，大江南北主要都会城邑步入近代化进程，酝酿着新的历史变革。

图序 -5 北京前门外大栅栏西口老照片

习近平总书记在十九大报告中提出："推动中华优秀传统文化创造性转化、创新性发展，继承革命文化，发展社会主义先进文化，不忘本来、吸收外来、面向未来，更好构筑中国精神、中国价值、中国力量，为人民提供精神指引。"历史文化名城是中华优秀传统文化的重要载体，名城保护工作任重而道远。

第一章
两千年名城，四百年古都
——大同

大同是1982年国务院公布的首批历史文化名城（共24座）之一。提起大同，人们自然会想到云冈石窟，然而大同的历史却远不止于此。它还是秦汉名邑、北魏都城、辽金西京、明代军事重镇，位列中国九大古都之一，有2300多年的建置史、400多年的都城史，汇古都、艺都、佛都、融合之都于一身。与其他历史名城相比，大同因城址的中轴线2000多年保持不变，古城内历史街道格局基本完整，空间关系和传统风貌得到稳定的延续，而具有鲜明的历史和地域特色。古城东西长1.8千米，南北长1.82千米，周长7.24千米，面积3.28平方千米。古城周边分布着东、南、北三座小城，与古城共同构成历史城区，面积达6.87平方千米。

于2016年批准通过的《大同历史文化名城保护规划》对大同的历史文化名城内涵、外延都做了明确界定，

保护内容有12项，主要有世界文化遗产——云冈石窟和万里长城大同段；以北魏遗存遗址为主的地下文物埋藏区，包括北魏平城遗址（宫城、外城、郭城三城范围，平城一、二、三号遗址和明堂遗址等）和北魏墓葬区等；历史城区的传统格局和历史风貌，包括“凤凰城”轮廓形态，古城十字街加棋盘式路网格局，文物建筑与传统建筑组成的历史风貌和空间关系，鼓楼、城楼、角楼等重要制高点之间形成的通视走廊以及与古城选址密切相关的山川形胜；等等。

一 秦时平城县，汉下白登道

大同位于晋北，与河北、内蒙古交界，介于内、外长城之间，自古为边塞用兵之地。大同，意取《礼记·礼运》中孔子提到的理想的“大同社会”：“大道之行也，天下为公。选贤与能，讲信修睦……是谓大同。”大同作为城市名称最早出现于唐代，因为朝廷的大同军节度使治设在云州（大同当时的地名），所以云州城又名大同军城，“大同”之名由此开始。

1. 胡服骑射

春秋时，此地为北狄人居住。战国赵武灵王推行“胡服骑射”政策，吸纳游牧民族的尚武精神，开疆拓土，于公元前300年设云中、代、雁门三郡。其时，大同大部为雁门郡，东部属代郡。这是如今可见的大同地域行政建置的最早记载，说大同城市历史有2300多年，即自此计算。之后，为抵御匈奴南下，赵国在大同一带修筑赵长城并派大将驻守。

秦始皇统一全国后，行郡县制，大同之地属雁门郡、代郡。秦始皇派大将蒙恬统率大军30万北击匈奴，同时征发民众将秦、赵、燕原长城连接起来。汉袭秦制，大同之地仍属雁门郡、代郡。今大同城东北5千米处有一座马铺山，即白登山，此处发生了历史上著名的白登之围。唐李白的《关山月》“汉下白登道，胡窥青海湾”中的前半句即咏白登之围。

2. 白登之围

话说西汉初年刘邦封了不少异姓诸侯王，作为韩国宗室后裔的韩信亦在此列，为避免与同时、同名的名将韩信相混，史书多称其为韩王信。刘邦平定天下后，命韩王信从原封地颍川（今河南禹州市一带）迁移到太原以北以防匈奴。韩王信就将都城迁到马邑（今山西朔州）。不久马邑被匈奴包围，韩王信屡次向匈奴求和，朝廷遂疑其有异心，韩王信于是起兵反叛，投靠匈奴。综合《史记》《汉书》中相关篇目的记载，之后的事件大体过程如下。

汉高帝七年（公元前 200 年）冬，刘邦亲率大军于铜鞮（今山西沁县）迎击韩王信，韩王信兵败逃到匈奴处。刘邦到达晋阳（今太原附近）时，得知韩王信与匈奴要进攻晋阳，更加愤怒。加上时值寒冬，天降大雪，汉军冻掉手指的十有二三，形势并不乐观。刘邦急欲与匈奴决战，就派使臣到匈奴冒顿单于驻军处打探虚实。冒顿单于故意示弱，“匿其壮士肥牛马，但见老弱及羸畜”，派去的多批使臣回来都说匈奴易击。刘邦不放心，再派一向信任的刘敬去。刘敬回来报告说，两国交兵，该耀武扬威才是，怎么所见尽是老弱病残？这一定是冒顿故意所为，暗设伏兵，诱敌深入，“愚以为匈奴不可击也”。刘邦不信，把刘敬关押起来，命大军

图 1-1　白登道纪念碑亭　孙瑜 摄

进发。刘邦率骑兵先到平城（今大同），主力步兵在后尚未到达。冒顿单于立刻指挥匈奴大军杀出，将刘邦围困在白登山上达七天七夜。

陈平献重金与美女画像给冒顿单于之妻阏氏，利用她贪财善妒的心理，让她劝说冒顿单于撤兵。加上冒顿单于得知汉军主力即将赶到，只好撤兵，刘邦这才得以脱身。

1993 年，大同市政府在白登山立汉阙式纪念碑亭。虽然白登之围已过去两千多年，但是白登山作为古战场，至今仍吸引着大批游客来此参观。

二 北方少数民族崛起，南下问鼎中原首邑

白登之围代表着自商周以来一直存在的北方边疆少数民族政权的实力已经发展到对中央政权构成重大威胁的程度。大同自此成为少数民族南下逐鹿中原的首邑。

1. 北魏建立

东汉以降，匈奴式微，东北嫩江流域和大兴安岭一带的古代游牧民族鲜卑崛起，进军蒙古高原。西晋末年晋怀帝册封鲜卑拓跋部酋长猗卢为代公。建兴元年（313 年），拓跋猗卢建都盛乐城（今内蒙古和林格尔县北），以平城（今大同）为南都。西晋灭亡后，中国北方陷入了匈奴、鲜卑、羯、氐、羌五族混战之中，鲜卑拓跋部继续崛起。386 年，拓跋珪袭代王位，不久改国号为魏，史称北魏。398 年，北魏王朝正式定都平城。从 398 年至 494 年孝文帝拓跋宏迁都洛阳，这 97 年间是平城的辉煌时期。平城作为北魏都城，既是南北朝时期北朝的政治、经济、文化中心，也是这一时期丝绸之路东端的起点。

2. 平城皇家建筑园囿

当时平城大兴土木，营建宫殿、园囿、陵园、寺庙和石窟等建筑。宫殿建筑群有西宫、东宫、北宫。其中以作为皇帝办公和居住场所的西宫规模最大，宫内有天文殿、天华殿、中天殿、天安殿等。

外城建筑包括太庙、孔庙、西武库等；又设立太学于城东，立五经博士，国子学、太学生员 3000 人；还“穿城南渠通于城内，作东西鱼池”。

方山陵园建筑，以文成帝文明皇后冯氏永固陵为中心，还建有万年堂、永固石室、思远佛寺、灵泉宫和灵泉池等地上、地下建筑。

在平城的近郊也有不少营建。东郊有白登台、崇光宫、东苑，苑内建有太祖庙。南郊的重要建筑是明堂和大道坛庙。西郊则有郊天坛，附近有洛阳殿、西苑等，苑内多珍禽异兽。西苑以西的武周山下有灵岩石窟，即今天的云冈石窟。位于北郊的北苑也是北魏王室主要的礼佛场所。

三 举世闻名，云冈石窟

1. 佛教中国化进程加快

当时社会动荡，长期的战乱给百姓带来无尽的苦难，百姓为了追寻来世的幸福转而信仰佛教。佛教在此时进一步世俗化、中国化。北魏初期，道武帝拓跋珪下诏于京师建造寺庙，给予佛教合法地位。太延五年（439 年）太武帝拓跋焘迁北凉 15 万人于京师，其中包括北凉的高僧及工匠，这就为平城佛教的大发展奠定了基础。诚然，拓跋焘在位时曾下灭佛诏，佛教遭受沉重的打击[1]。但继位的文成帝拓跋濬则颁布复佛诏，以佛教为国教。其在位时期，全国掀起崇信佛教、兴建寺庙、开凿石窟的高潮。到孝文帝太和年间，平城已成为当时北方佛教文化的中心。其时，佛寺首推永宁寺。献文帝拓跋弘为庆贺儿子元宏的诞生，下诏起永宁寺，“构七级佛图，高三百余尺”，“为天下第一”。其次数天宫寺，造释迦牟尼佛像，像高 14 米，用铜 10 万斤。

云冈石窟在大同城西的武周山南麓，武州川北岸。云冈石窟倚山开凿，东西绵延一千米。按自然地势划分为三个区域：东部第 1 至 4 窟，中部第 5 至 13 窟，西部第 14 至 45 窟。现存主要洞窟 45 座，佛龛 1100 多个，造像 59000 余尊，动植物、花纹图案不计其数。石窟规模

1 这是中国历史上“三武灭佛”（北魏太武帝灭佛、北周武帝灭佛、唐武宗灭佛）之一。

宏大，雕刻艺术精湛，造像内容丰富，是中国佛教艺术的巅峰之作，代表了5世纪世界美术雕刻的最高水平。

当初武周山一带自然环境优越，在北魏早期即被奉为神山。《魏书·礼志》记载明元帝拓跋嗣即位前即“于山上祈福于天地神祇。及即位坛兆，后因以为常祀，岁一祭，牲用牛，帝皆亲之，无常日”。后来的北魏皇帝也多次在此祈雨、开窟、礼佛。北魏郦道元《水经注》载：“武州川水又东南流，水侧有石，祇洹舍并诸窟室，比丘尼所居也。其水又东转迳灵岩南，凿石开山，因岩结构，真容巨壮，世法所稀，山堂水殿，烟寺相望，林渊锦镜，缀目新眺。”

2. 昙曜国师肇造灵岩寺窟

云冈石窟，北魏称武州（周）山石窟寺。《魏书·释老志》对石窟的肇造记载得很具体：昙曜和尚报请文成帝拓跋濬批准，“于京城西武州塞，凿山石壁，开窟五所，镌建佛像各一，高者七十尺，次六十尺，雕饰奇伟，冠于一世”。这五座佛窟就是如今所见的云冈第16至20窟，学术界称之为昙曜五窟。

昙曜和尚是奉文成帝拓跋濬之诏，自中山（今河北定州）来到大同。他与拓跋濬的会见颇富戏剧性——“值帝出，见于路，御马前衔曜衣，时以为马识善人，帝后奉以师礼”——这一天正值拓跋濬出行，二人在路上相遇了，拓跋濬的马走到昙曜面前，衔住他的衣角，马背民族崇信马匹，大家认为这是马认定昙曜是善人，所以拓跋濬对他第一印象很好，之后就以国师之礼对待他。460年，原先的师贤国师去世，拓跋濬就任命昙曜为总领北魏全国佛教事务的沙门统。（和平初，师贤卒，昙曜代之，更名沙门统）昙曜于是向拓跋濬提出开凿石窟的请求。昙曜五窟就是这时开建的。

这五座洞窟形制相同，平面呈马蹄形，穹窿顶。每窟都是一门一窗，窗在上、门在下；外壁雕满千佛小佛像。主要造像是三世佛（过去佛、未来佛、现在佛），主佛居中，身躯高大，造型或立或坐。

昙曜五窟中的佛像是云冈石窟佛像的代表作，也是西域造像艺术东传的巅峰之作。佛装袈裟，或披或袒，衣纹厚重，好似毛纺织品，带有中亚葱岭地区民族服装的特征。大佛高肉髻，方额丰颐，高鼻深目，眉眼细长，嘴角上翘，双耳垂肩，身躯伟峻，气势恢宏；神情不怒自威，态度英明睿智又和蔼可亲，与北魏晚期佛像清瘦、谦恭，东魏北齐佛像空洞、无神，唐朝佛像夸张、富态大异其趣。

图 1-2　第 20 窟　露天大佛

第 18 窟是昙曜五窟中造像组合最为合理、完备的洞窟，主尊立佛身披千佛袈裟，宝相庄严。其左右是菩萨立像，在菩萨立像的外侧，东西两壁各雕一个胁侍佛。在本尊和胁侍佛之间以及左右菩萨的上方，共有十具全身或半身的弟子像。胁侍佛头顶华盖，立于莲座之上，神清气朗。菩萨头戴宝冠，面如满月，衣饰华美，高贵典雅。十位弟子相貌各异，均为西方人种特征，或闭目聆听，或若有所悟，或喜从心生，神态各异，惟妙惟肖，深得中国艺术写神精髓。

3. 纯石窟造像，为帝王立传

图 1-3 第 18 窟内景（局部） 孙瑜 摄

石窟寺最早出现在古印度，佛教石窟造像之风东渐路径大致是先新疆，再河西走廊，然后关陇地区，进而在中国内地传播开。云冈石窟在佛教造像艺术发展史上的意义在于改变了葱岭以东以往佛窟石刻、泥塑、壁画三位一体的模式，直

接比照古印度的大型石窟建筑，在东方首次营造出气势磅礴的全石雕性质的佛教石窟群。

云冈石窟早期作品的另一个特点是吸收中国传统文化中君权至上的思想，神权服从君权，佛教与世俗相结合。文成帝时期开凿的昙曜五窟是为“太祖（道武帝）以下五帝”所造的，是为帝王立传。

4. 中期大发展，艺术大繁荣

继文成帝之后，孝文帝对武周山石窟工程进行了重新部署，使洞窟形式多样化、造像内容多元化，至太和十八年（494 年）迁都洛阳，云冈石窟的各个大窟基本竣工。这时期开凿的有第 1、2 窟，第 5、6 窟，第 7、8 窟，第 9、10 窟共四组双窟；第 11、12、13 窟及未完工的第 3 窟。专家将这些归纳为中期石窟。

中期石窟是云冈石窟雕凿的鼎盛阶段。中期石窟平面多呈方

图 1-4　第 5、6 窟双窟景观　孙瑜 摄

图 1-5 第 9 至 13 窟外景 孙瑜 摄

形或长方形，有的石窟雕刻中心塔柱，或具前后室，壁面布局上下重层、左右分段，窟顶多有平棊藻井。

这一时期的造像题材，除以释迦、弥勒为主之外，内容不断增加。这是因为此时是我国佛教发展史上佛经引进和翻译的一大高峰期，因而开窟造像所据佛经也随之增多。其基本样式是释迦说法或禅定龛像、释迦与多宝并坐龛式、七佛造型、维摩诘与文殊问答以及交脚菩萨龛式等。护法天神像开始出现在门拱两侧；佛本行、本生、因缘和维摩诘故事等出现在列壁最直观的位置上；特别是作为造像出资人的供养人形象，以左右对称排列的形式出现在壁龛下方，反映了佛教活动的世俗化。自在翱翔的飞天、刻苦严修的比丘、勇猛力士、怒目金刚、翩跹伎乐天、安然供养天，千姿百态，栩栩如生。云冈石窟因此成为佛教艺术宝库。透过这座艺术宝库，不仅可以见佛，还可以见人、见史，更可以见到当时那些留下姓名和无名的艺术家们的天才神思、瑰丽想象，这些为后人提供源源不断的

艺术灵感。

第 7、8 窟，由于洞窟的形制及窟内造像的布局基本相同，所以这两个窟也被称为双窟。第 7 窟内南壁明窗与拱门之间的长方形帷幕龛内雕刻着六位供养天，她们发髻高耸、面貌祥和，身形比例协调，是云冈石窟供养者雕刻中的精品，又被誉为“云冈六美人”。第 8 窟门拱东西两侧分别是三头八臂的摩醯首罗天骑神牛造像和五头六臂的鸠摩罗天驾金翅鸟造像。多臂多首天神造像起源于古印度，这组雕像为云冈石窟所独有。

第 9、10 窟是中国传统殿堂布局，但其窟外前庭由雄狮、大象驮起的廊柱和建筑造型则混合了古印度、古希腊、古罗马建筑艺

图 1-6　第 8 窟内景（局部）

图 1-7　第 9 窟内景（局部）

图 1-8　云冈石窟一飞天造像

术风格。

第 5、6 窟规模宏大，前者为大像窟，主尊高达 17 米，为云冈佛像之最；后者为中心塔柱式洞窟，以表现佛传故事的系列浮雕壁画著称。

第 12 窟为廊柱式殿堂窟，俗称音乐窟，其前室北壁上方的伎乐天手持各种东西方乐器，宛若一支交响乐团。

云冈中期石窟造像，一方面不断受西来之风影响，胡风胡韵依然浓郁且处于主导地位；另一方面中华文化融入，汉式建筑、雕刻技艺和审美情趣得以显现，部分佛像开始变得清秀起来，佛衣除了袒右肩式、通肩式袈裟之外，还出现了汉民族传统的褒衣博带样式。佛像衣着向着汉族衣冠服饰转化，印证了太和十年（486 年）孝文帝实行服制改革，推行汉化政策，反映了南北朝佛教艺术从胡貌梵相到改梵为夏的演变过程。

5. 小窟小龛，秀骨清相

孝文帝迁都洛阳后，这里的皇家大规模开窟工程结束，但凿窟凿像之风在中下阶层中蔓延开来。晚期作品主要分布在第 20 窟以西，包括第 4、14、15 窟和第 11 窟以西崖壁上的小窟。晚期石窟数量众多，但都是中、小型洞窟。造像内容题材趋于模式化、简单化，反映了晚期民间化、世俗化的特点。造像多有秀骨清相、神

图1-9 云冈晚期石窟小像(局部)

态文雅秀丽的特点，是老百姓理解的神仙形象，是发挥民间想象力、创造力的结果。这些造像衣服下裳褶纹越来越重叠，藻井中飞天飘逸洒脱，具有浓厚的汉化风采，这些风格特征与同时期洛阳龙门石窟的北魏造像如出一辙，标志着中华民族对西来佛教造像法的引进与吸收过程初步完成。

四　辽金缔构，华严名刹

北魏太和十八年（494 年）孝文帝迁都洛阳后，置恒州，治平城。北魏以后，平城为中原王朝、北方游牧民族政权交替占有，直到唐朝中后期方始稳定。五代时，后晋石敬瑭献燕云十六州给契丹。辽、金二代，大同复兴，立为西京陪都。辽重熙十三年（1044 年），改云州为西京，设西京道大同府，重熙十七年（1048 年）置大同县，为辽之陪都。“大同”从此正式成为该城名字。金取代辽后，仍以大同为西京。辽时西京城周长 10 千米，城墙系夯土筑成，城墙之上建有敌楼和箭楼。东、西、南、北开四座城门，分别是迎春门、定西门、朝阳门、拱极门。西京设国家机构留守司兼大同府尹，其衙署在城北。西京国子监作为全国最高学府之一，坐落在府治东南方。军事防务方面，辽西京要兼顾南边的宋和西边的西夏，因此武将大多住在西京，大同城中有不少富丽堂皇的府邸。辽金时期，佛教兴盛，于是大同又一次掀起了兴建佛寺巨阁的高潮。留存至今的大同上、下华严寺，即是宋辽金时期建筑的经典之作。

华严寺，又称大华严寺，是佛教华严宗名刹。华严寺以辽金建筑、壁画和彩塑闻名于世，为 1961 年国务院公布的首批全国重点文物保护单位之一。华严寺位于大同古城内西南隅，坐西向东[1]，现分为上、下华严寺两部分，二者仅一巷之隔。

1　这种朝向设计源于契丹人崇拜太阳的传统习俗。《新五代史》记载：“契丹好鬼而贵日，每月朔旦，东向而拜日，其大会聚、视国事，皆以东向为尊，四楼门屋皆东向。”

1. 上华严寺

上华严寺俗称上寺。上寺中轴线上的建筑主要有山门、普光明殿、大雄宝殿，两侧有文殊阁、普贤阁。大雄宝殿是上寺主体建筑，始建于辽清宁八年（1062 年），辽保大二年（1122 年）毁于战火，金天眷三年（1140 年）重建。大殿为单檐庑殿顶，正脊两端琉璃鸱吻造像高大，高达 4.5 米，每块筒瓦长约 80 厘米。殿顶坡度舒缓，出檐伸展，是典型的辽金建筑特色。殿座台基高 4 米多，大殿面阔九间，达 53.75 米，进深五间，达 29 米，总面积为 1559 平方米，是中国现存最大的古代佛殿之一。

图 1-10　上华严寺辽金建筑大雄宝殿外观　孙瑜　摄

大雄宝殿内现存32尊明代佛教造像和壁间21幅大型壁画。殿中央佛坛上供有5尊金身佛像，中间3尊为木雕，其余2尊为泥塑，佛像高约3.1米，莲花宝座高约2.9米。佛像面相圆润丰满，肉髻顶上有桃状宝珠，背光纹饰繁复。

图1-11 上华严寺大雄宝殿明代佛教造像 孙瑜 摄

五佛南北两侧台基上是二十诸天彩塑，表现的是如来说法的情形，也是明代作品。像高约2.8米，身体前倾15°，以示尊侍佛陀。塑像神情不一，姿容各异，但整体表现出诸天对佛的虔诚和崇敬。

大雄宝殿内壁绘满了21幅巨型壁画。壁画的始绘年代不详，据推测应该是明宣德年间，后在清代又经过重绘。东墙南壁一角有墨书题记“云中钟楼西街兴荣魁信心弟子画工董安”字样，表明此处壁画是光绪年间由董安等民间画师绘制。壁画平均高 6.4 米，总长 141 米，绘画面积达 887 平方米，属单体建筑内壁画面积之最。壁画虽为民间画师所绘，但构图得当，气势宏伟，结构严谨，章法严明；重彩工笔，用矿物质颜料，色彩艳丽，经久不变，不失为佛寺壁画之鸿篇巨制。

殿内还有一座 2.5 米高的木结构楼阁模型，是仿照明代大同城西北角的乾楼做的，是研究明代大同城楼结构的重要实物资料。

2. 下华严寺

下华严寺俗称下寺。下寺中轴线上的建筑主要有山门、观音殿、薄伽教藏殿、华严宝塔等。薄伽教藏殿是下寺的主座殿，始建于辽重熙七年（1038 年）。薄伽，为“薄伽梵”之略，是佛的称号之一；薄伽教即佛教；薄伽教藏即存放佛经。大殿建于凸形台基上。殿顶为单檐歇山顶，屋面坡度较缓，两山出际颇远，结构严谨，形制稳健。正脊两端原有鸱吻为辽金造物，现代修缮时将其拆卸保存，以

图 1-12　下华严寺薄伽教藏殿 孙瑜 摄

复制品代替。大殿面阔五间，进深四间。梁架举折平缓，四角檐柱升起显著，出檐深远，犹存唐代建筑遗风，是辽代殿堂建筑的代表作之一。

薄伽教藏殿内环列木造壁藏 38 间及天宫楼阁 5 间，分上下两层，下层为经柜，便于存取经藏，上层设龛供佛。壁藏共用斗拱 17 种，其中柱头铺作为双抄双下昂七铺作，是已知辽代斗拱中最繁复的一种。殿后壁当心间悬天宫楼阁 5 间，与左右壁藏上层连接，瑰丽玲珑。著名建筑学家梁思成先生曾赞其为“海内孤品”。该小木作建筑系模仿木构建筑按比例缩小制作的，体现了宫殿匠师的工匠精神，让今人见识到什么是建筑艺术。

殿内正中上方的斗八藻井也是辽代旧物，内槽彩画中所绘的网目纹、三角柿蒂等辽代通行的纹样尚依稀可辨。殿内中央设凹字形砖台，台上有泥质彩塑 31 尊。这些彩塑既有丰满圆润、端庄

图 1-13 薄伽教藏殿内环列壁藏及天宫楼阁景观 孙瑜 摄

安详的唐世风韵，又不乏富于生活气息、充满个性的宋代特色，为辽代作品无疑。佛坛中央端坐三尊主佛，以主佛为中心，配置四大菩萨、胁侍菩萨、供养童子、四天王像等，构成一堂诸佛讲经场面：弟子、供养童子、胁侍菩萨们聚精会神，虔诚听讲，有的双目微闭，领会思索，有的似有所悟，喜上眉梢。有一尊胁侍菩萨头饰华丽，长发垂肩，合掌露齿微笑，体态优美、丰满，跣足立于莲台上，俨然是一名古代健美活泼的少女，被史学家郑振铎称为“东方维纳斯”。

图 1-14 薄伽教藏殿内佛坛中央三尊主佛之一 孙瑜 摄

图 1-15 薄伽教藏殿内“东方维纳斯”

五 善化寺及龙壁

1. 善化寺

善化寺俗称南寺，位于大同市城内西南隅，是全国重点文物保护单位之一。该寺始建于唐代，玄宗时称开元寺，五代后晋时改名为大普恩寺，辽保大二年（1122 年）因遭受战争而被破坏，金天会至皇统年间重建，明正统十年（1445 年）又加整修，由明英宗赐名为善化寺。该寺坐北朝南，中轴线上依次有山门、三圣殿和大雄宝殿，大雄宝殿前左为文殊阁遗址，右为普贤阁，此外还有观音殿、地藏殿和东西配殿等建筑。整座寺院建筑高低错落，主次分明，左右对称，是全国现存辽金时期布局最完整的一座寺院。

大雄宝殿始建于辽，金天会、皇统年间重修，单檐庑殿顶，面阔七间，计 40.7 米，进深五间，计 25.5 米。殿内有辽金时期塑像 30 余尊，还有清代康熙年间所绘的佛经壁画 190 多平方米。

图 1-16　三圣殿

三圣殿为金代建筑，面阔五间，进深四间。殿内正面佛坛上供有“华严三圣”塑像(中释迦、左文殊、右普贤)，故此殿名为三圣殿。此外，殿内于金大定十六年(1176 年)所立的《大金西京大普恩寺重修大殿记》石碑是研究善化寺的重要文献资料。

2. 明初九龙壁

大同还以拥有多座龙壁著称，现存明初代王府九龙壁、兴国寺五龙壁、文庙五龙壁、天竺庙五龙壁、观音堂三龙壁及文庙四座一龙壁。

位于大同市平城区和阳街的九龙壁，建于明洪武年间，原为明太祖朱元璋第十三子代王朱桂府前的照壁。代王府于明末毁于战火，九龙壁却有幸保存下来，成为我国现存最早、最大的九龙壁。这座九龙壁全长 45.5 米，高 8 米，厚 2.02 米。其结构分四部分，下为须弥座，中为壁身主体，上为斗拱和琉璃瓦顶。壁身是用琉

图 1-17　大同市明初代王府九龙壁

璃构件拼砌而成的，分布九龙。古代讲究君臣尊卑，代王作为藩王为了跟皇帝区分开来，所造的九龙壁上都是四爪龙，龙鳞呈条形叠加分布，且无尾鳍。中间主龙，黄色，头偏向右侧。两侧第一对龙为淡黄色，第二对龙为中黄色，第三对龙为宝蓝色，两端的一对黄绿相间的龙面向中心，除与相邻的龙互动外，又与中间主龙呼应。

九龙的姿态各不相同，龙身雕塑艺术体现了北方雄浑、粗壮、有力的特点。琉璃质量高，历经 600 余年风霜雨雪仍然色彩鲜艳。九龙壁前还有壁池，每当风和日丽之时，龙像倒映池内，犹如活龙嬉水，体现了当时的高超技术和造景思维。

3. 晚明五龙壁

善化寺山门前广场中央有一座著名的琉璃五龙壁，原是大同城南建于明万历年间的兴国寺山门前的照壁，后于 1980 年拆迁至善化寺。该五龙壁长 19.9 米，高 7 米，厚 1.48 米。壁面用五彩琉璃镶砌，下筑须弥座。须弥座的束腰雕有蛇、兔、牛、马等十多种动物，其姿态各异。壁顶是仿木结构的单檐五脊顶，上有屋檐、斗拱、瓦垅、垂莲柱以及鸱吻等。宽大的壁面上嵌着五条四爪琉璃龙，五龙盘旋回绕，上下翻腾，色彩斑斓。

图 1-18　善化寺五龙壁

第二章
彩云之南，滇池风雨
——昆明

昆明是一座位于云贵高原逶迤群山之中的明媚之城。当游走在昆明的大街小巷时，无论你是来自天南海北的游客，或是世居此地的市民，都会对这里的阳光情有独钟。热烈而朴素的阳光，不分四季，温暖明媚，构成了昆明气候里最独特的部分，让昆明携“春城”的美名居于最受欢迎的旅游城市之列。

昆明一向以得天独厚的自然条件吸引世人，同时，昆明也是1982年国务院公布的首批国家历史文化名城之一。从滇池之滨的新石器遗址算起，昆明拥有3000多年的文明史，2200多年的建城史，而昆明作为一省的中心城市从元代至今已有近800年的历史。

2018年5月，昆明市政府出台相关保护规划，规定昆明历史城区的范围是北至一二一大街、圆通北路，东至盘龙江，南至铁皮巷，西至玉带河、东风西路。区域内包含了由圆通山、螺峰山、五华山、翠湖组成的“三

山一水”历史文化圈，由景星街、文明街、甬道街等组成的昆明老城区和由东寺塔、西寺塔、品字三牌坊组成的南屏街区。这片区域自南诏国开始纳入昆明城市范围，后经历宋元，至明清时期发展成为昆明的政治、经济和文化中心。历经一千多年的沧桑变化，区域内存留了部分唐宋元明及大量清末民国时期的历史建筑和文物古迹，这些都是昆明作为国家历史文化名城的见证。

一 从贝丘文化星火，到昆明文明之光

1. 贝丘文化

考古发现的贝丘遗址说明，早在新石器时代滇池区域就是人类理想的聚居地，尤其是在滇池东岸的官渡古镇一带，遗址上的一些螺壳堆积厚达 9 米，经测定，该遗址形成时代距今约 4200 多年。当时的人们居住在滇池岸边的台地上，依靠捕捞鱼虾、螺蛳为生。

图 2-1 滇池

2. 庄蹻王滇

滇池的渔网安静地捕捞着湖山中的岁月，直到公元前 280 年前后，这片土地引起了楚国的注意。

战国后期秦国灭巴蜀两国，并取得了黔中地区，危及楚国的西南边境。在严酷的现实面前，楚顷襄王派庄蹻率军向西南进发，欲夺取巴郡、黔中郡以西的地区。于是，庄蹻经过沅水，一直攻打到滇池一带。正当庄蹻欲回国报捷之际，秦国派兵切断了庄蹻归楚的退路。庄蹻便滞留在了滇池地区，改变服饰，顺从当地习俗，自称滇王，这段历史被司马迁写入了《史记》中。

至于庄蹻称王之时，建都在何处，《史记》没有记载，20 世纪五六十年代，在滇池南岸的晋城镇附近发现了古滇王族墓群，有学者据此推断，古滇国都城就在晋城镇附近。据此，昆明立城至今有 2200 多年的历史了。

3. 青铜之光

1953 年的秋天，一位汪姓古董商拿着五六件青铜兵器来到了云南省博物馆。当时省博物馆的孙太初先生认真地看了这几件兵器后，发现它们的形制和纹饰都不同于中原地区已经出土的古代青铜兵器。经过追问，这位商人说这些兵器是自己早年贩茶叶时收购的，绝不是偷盗之物。对青铜器颇有研究的孙太初马上敏锐地意识到，这几件青铜兵器的背后可能关系着云南考古史上的一次重大发现。后来一次偶然的机会，孙太初与云南省文史馆的方树梅先生谈及此事，方树梅称他的家乡晋宁县（今晋宁区）在抗日战争初期曾经出土过大量的青铜器。1954 年 10 月，在孙太初的建议下，省博物馆派人到晋宁县做实地调查，调查结果证实了方树梅所说。鉴于这些调查线索的重要性，省博物馆决定马上报请上级批准进行考古发掘，以便弄清晋宁地下文物的状况，彻底揭开青铜兵器之谜。

1955—1996 年，考古队先后在滇池南岸晋宁石寨山进行多次大规模考古发掘，清理战国至汉代古墓 86 座，出土文物 5000 余件。出土器物种类繁多，有青铜器、金器、银器、铁器、玉器、海贝等。

这里出土的生产工具，除了少数的几件铁器外，大部分仍是青铜器。由此可以推断，至少在西汉时期，滇池一带还处在青铜器向铁器过渡的时期。这些青铜器的冶炼水平较高，铜器外表镏金或镀锡，多采用失蜡法铸造，有兵器、生产工具、生活用具、贮贝器、乐器、装饰品等。

在随葬器物里，最引人注意的就是部分贮贝器，上面铸有祭祖、战争、纺织、农耕等场面。它们形象地反映了当时的人文社会，可以与文献记载相印证。这些青铜器工艺精湛、造型优美、装饰华丽、雕铸生动、风格独特，是罕见的古代艺术品。石寨山青铜器曾和安阳殷墟及陕西秦俑一起被誉为“中国三大出土奇迹”。

在十几次的考古发掘中，1955—1957 年的第二次发掘尤为重要，共清理古墓 20 余座，在 6 号墓中出土了金质篆书的“滇王之印”。这枚小小的印章印证了《史记·西南夷列传》记载的史实[1]。2001 年，石寨山古墓群被公布为第五批全国重点文物保护单位之一。

图 2-2　滇王之印其一

图 2-3　滇王之印其二

1　西汉元封二年（公元前 109 年），汉武帝赐给滇国的统治者一枚刻有“滇王之印”字样的金玺。

4.“昆明”的诞生

昆明拥有3000多年的文明史，但“昆明”一词作为地名的时间却很难准确考究。关于“昆明”一词的起源，大多数学者认为，“昆明”最初是指中国西南地区，即现今大理洱海区域一个古代民族的族称。

“昆明”在古代文献中写作“昆”或“昆弥”，是汉语音译的词，“昆明”是由族名转化为地名的。“昆明”一词的出现，可追溯到汉武帝时期。史学家司马迁在《史记·西南夷列传》中写道：“西自同师以东，北至楪榆，名为嶲、昆明，皆编发，随畜迁徙，毋常处，毋君长，地方可数千里。”《后汉书》《通典》等史书均沿用此说，可见，“昆明”一词是古代云南一个少数民族的族称，汉代的昆明是在西洱河地区活动的一个族群。

作为地名，“昆明”最早出现在唐代。《元和郡县图志》记载：“武德二年，于镇置昆明县，盖南接昆明（族称）之地，因此为名。”不过此“昆明”实为四川定筰镇（今盐源县境内），而非今日之昆明。按地名考察，实有多个地方都称昆明，徐嘉瑞在《大理古代文化史》中考述汉之昆明，为今之大理；唐之昆明，即今四川盐城；元之昆明，才是今日云南省会。

1253年，蒙古灭大理国。1255年，蒙古在鄯阐设昆明千户所。“昆明”作为地名，第一次在滇池地区出现。昆明千户所后改为昆明县。元世祖至元十三年（1276年），昆明县升级为云南行省的治所。从此，昆明正式成为全省的政治、经济、文化中心。

二 翠湖，昆明的人文之眼

1. 文化教育，薪火相传

至元十一年（1274 年），元世祖忽必烈派赛典赤·赡思丁（1211—1279）来经营已为行省的云南。这位忠君爱民的长官为昆明带来了之前任何时代都不曾拥有的辉煌。首先，他解决当地百姓的生存和居住问题，面对当时频发的滇池水患，赛典赤·赡思丁派人在昆明地区挖海口河，疏通螳螂川，排出盈水，并修松花坝，开金汁河，引盘龙江水灌溉滇池东岸农田。其次，赛典赤·赡思丁还派人清点户口，组织屯田，发展经济。最后，这位深谋远虑的长官为了子民的开化，引入中原地区的先进文明，从此儒学以官学的形式在边地云南生根发芽。在中庆路建成了第一座文庙，云南学子也开始参加全国统一的科举考试。

在赛典赤·赡思丁的诸多政绩中，兴儒学开科举尤为重要。元以前，云南祭拜的中原圣人是王羲之，而不是孔子，读经书也是少数贵族人家的事情，平民子弟没有读书的机会。赛典赤·赡思丁此举让云南在行政的力量下与中原汉族传统文化产生了交集，推动了云南地区的文明进程，对后世影响深远。

明初，云南学子要远赴应天府参加科举会考，路途遥远，困难重重。永乐六年（1408 年），云南监察御史陈永敬上奏朝廷，请求恩准云南自行开科取士。永乐九年（1411 年），朝廷批准云南的请求，昆明第一次举行了乡试，之后又于弘治十二年（1499 年）建成了云南贡院。

至清朝时，云南贡院每三年举行一次乡试，连考三场，考舍

分列至公堂两边，逐年增建，至康熙四十七年（1708 年）已增建到 4865 间。清光绪三十一年（1905 年）诏停科举，云南也和全国其他地区一样废除了科举考试。据统计，明清两代云南籍进士共有 900 多人。

民国十一年（1922 年），曾是贡院考生出身的董泽，应时任云南督军兼省长的唐继尧之邀成为在贡院基础上建成的东陆大学的第一任校长。中华人民共和国成立以后，在原东陆大学的基础上建设了云南大学。从云南贡院到云南大学，是云南文化教育薪火相传的见证。

2. 翠湖沧桑，文教圣地

在昆明城，无论你从东、西、南、北哪个方向出发，穿过林立的高楼大厦和喧闹的圆通路、华山西路、文林街或小西门，都能到达城市中心的一块低地，一个如同杭州西湖一样的地方——翠湖。对于昆明来说，翠湖就是这座城市的眼睛。

元代以前，滇池水域面积广阔，如今昆明城区的西南部都是当年的湖域，而翠湖也只是滇池湖面伸入城区的一个小湖湾，多稻田、菜园、莲池，故称菜海子。至

图 2-4 至公堂

民国初年，改辟为园，园内遍植柳树，湖内多种茶花，始有“翠湖”的美称。

顺翠湖东路往北走到翠湖北路口，这里有一座林木葱茏的小山包，林木掩映中的是云南大学。走进云南大学正门，沿着“九五台阶”爬上去就能看到云南大学的标志性建筑——会泽院。会泽院由早期留学法国的建筑大师张邦翰设计，于 1923 年 4 月 20 日奠基，1924 年 12 月 18 日落成，在彰显了大型西式建筑特点的同时，又传承了中式建筑的风格。绕过会泽院，会看到一座大殿，它既是明清两代云南贡院的主体建筑，也是民国时期东陆大学的大礼堂——至公堂。在抗日战争时期，至公堂既是全国学术活动的中心，也是爱国师生进行革命活动的重要场所。金岳霖、梅贻琦、冯友兰、费孝通、冯至、田汉、吴宓、严济慈等近百位知名学者在此做过专题学术演讲。至公堂还是新中国成立前夕中国民主堡垒的著名论坛。闻一多先生曾在此主持李公朴先生的追悼会，并发表了著名演说《最后一次演讲》。中华人民共和国成立后，至公堂成为进行爱国主义教育的重要场所，于 1987 年被公布为云南省重点文物保护单位。

3. 百年军校，革命熔炉

在翠湖西路的绿树掩映中，有一座黄墙高耸的巨大四合院，这就是云南陆军讲武学校。清末，清王朝为了挽救垂亡的封建统治和镇压民族民主革命运动，开始效仿西方，兴办军事学堂，编练新军。在风雨飘摇的晚清，满怀家国热情的云贵总督沈秉堃奏请清政府，开创云南陆军讲武堂。

云南陆军讲武堂于 1909 年正式开学，高尔登为总办[1]，李根源任监督。学堂开办之初，分步、骑、炮、工四科，设甲、乙、丙三班。讲武堂聘用的教官多为日本士官学校的中国留学生，制度和课程也仿照日本士官学校加以调整。当时云南陆军讲武堂的教学质量远高于国内其他同时期的军事院校。

1　总办为清末新设置的官署或办事机构的主管人员。

中华人民共和国开国元勋之一的朱德元帅，便是讲武堂第三期毕业生。1909 年，23 岁的朱德不远万里从家乡四川仪陇县来到昆明报考讲武堂。虽然他成绩优秀，但因不是云南籍而未被录取。不久，云南陆军讲武堂补充招生，他把籍贯改成了“云南临安府蒙自县”，顺利地走进了这所让他魂牵梦萦的军校。可是，入学不久，一个敏感的教官发现朱德浓重的四川口音与其所填报的籍贯严重不符。按照学堂规定，朱德要被开除学籍，李根源知道这件事后，主张不能把这样一个跋涉千里来投考讲武堂的有志青年拒之门外，朱德因此被留了下来。1911 年，朱德在讲武堂特别班提前毕业，被分配到蔡锷统领的新军第十九镇，并积极参加了辛亥革命在云南的起义。

在辛亥云南起义和护国运动中，云南陆军讲武堂是培养革命力量的重要据点。1911 年 10 月 30 日（农历九月初九，重阳节），李根源、唐继尧等讲武堂师生在蔡锷的领导下发动重九起义，占领昆明，并通电全国成立云南军都督府。重九起义成功推翻了清朝在云南的统治，支援了武昌起义，推动了辛亥革命在全国范围的胜利。

辛亥革命后，蔡锷、唐继尧先后就任云南都督，云南陆军讲武堂更名为云南陆军讲武学校。之后，以云南陆军讲武学校师生为骨干组建的滇军，在护国运动、护法运动中战绩辉煌。学校声誉日隆，威名远扬，邻省甚至邻国许多有志青年纷纷来昆明报考求学。据不完全统计，从第十一期至第十七期，朝鲜、越南来留学的青年达 200 余名。

1935 年，该校按黄埔军校系列，改称中央陆军军官学校第五分校，由龙云兼主任。此后依照黄埔军校系列定为黄埔第十一、十四、十六、十七、十八、十九、二十期，共培训各类学员近 8000 人。1945 年，抗日战争结束后，第五分校奉令停办，云南陆军讲武学校结束了其传奇的历史，于 1988 年被公布为第三批全国重点文物保护单位之一，于 2017 年入选第二批中国 20 世纪建筑遗产名录。

图 2-5 云南陆军讲武学校

三 抗战中的民主堡垒

1. 西南联大赠予的荣光

国立西南联合大学校歌中写道：“万里长征，辞却了五朝宫阙，暂驻足衡山湘水，又成离别。绝徼移栽桢干质，九州遍洒黎元血。尽笳吹，弦诵在山城，情弥切。”其中道尽了西南联大师生南迁流离之苦。

1937 年 7 月 7 日，日军借口寻找失踪士兵，发动卢沟桥事变，抗日战争全面爆发。7 月 9 日，国民党在庐山召开国是谈话会，清华大学校长梅贻琦、北京大学校长蒋梦麟、南开大学校长张伯苓及部分知名教授受邀参会。7 月 17 日，蒋介石宣布抗战声明。7 月 28 日夜，第二十九军奉命撤出北平，29 日南开大学遭到日机轰炸，大部分校舍被毁。

8 月 28 日，国民政府教育部指定张伯苓、梅贻琦和蒋梦麟三人为长沙临时大学筹备委员会常务委员，三校在长沙合并组成国立长沙临时大学。之所以定名为“临时大学”，主要是因为当局认为战事不会持续太久。之后，三校教授纷纷南下，师生齐聚长沙，于 11 月 1 日正式上课，这一天后来成为西南联合大学的校庆日。1937 年 12 月 13 日，日军攻占南京，长沙震动，刚刚组建起来的临时大学因日军对长沙的连续轰炸而不得不决定西迁昆明。

1938 年 2 月 19 日，临时大学师生在长沙韭菜园的圣经学院（为临时大学所租借的教学楼）召开誓师大会，开始迁徙。由于战时内地交通困难，经济条件较好的女同学和体弱的男同学从长沙乘火车经广州到香港，再乘船到越南，再改乘火车进入云南境内；另一部分同学由长沙坐长途汽车，经广西南宁、镇南关（今友谊关）到达越南，再乘火车抵达云南；还有近300名师生组成“湘黔滇旅行团”，历时68天，横穿湘、黔、滇三省，最终抵达昆明。胡适后来曾评论这段历史：“这段光荣的历史，不但是联大值得纪念，在世界教育史上也值得纪念。”

4月2日，接教育部命令，改国立长沙临时大学为国立西南联合大学，并于5月4日正式上课。至1944年，共有文、理、工、法商、师范5个院26个系，2个专修科和1个先修班。原定由三校校长轮任常务委员会主席，任期一年，第一学年由清华校长梅贻琦担任。后因蒋梦麟、张伯苓均在重庆任职，只有梅贻琦长期留于昆明，故没有实施轮任制度，一直由梅贻琦任主席，主导校务。

风尘仆仆的师生团队历经艰险赶赴昆明，随即投入紧张的教育学习中。昆明城里一时大师云集，人才济济，他们在战火纷飞的年代里艰苦办学，不仅保存了中国现代教育的火种，还培养了大批杰出人才，结出了丰硕的教育果实。据国立西南联合大学北京校友会1986年编辑的《国立西南联合大学校史资料》记载，自1938年至1946年，联大在8年的时间里共聘任教授、副教授300余人，从事人文社会科学的有朱自清、闻一多、陈寅恪、冯友兰、王力、潘光旦、朱光潜、金岳霖、钱锺书、沈从文等，从事自然科学方面的有吴有训、饶毓泰、叶企孙、陈省身、华罗庚、周培源、赵忠尧、杨武之等。如此强大的教授阵容，与中外任何一所大学的师资相比都绝不逊色。8年时间里，联大共计有毕业学生约4000名，是当时中国拥有毕业生最多的高校。从这所大学中走出了难以计数的人文社会科学方面的著名专家、作家，如任继愈、汪曾祺、许国璋等；走出了中国科学院、工程院院士共175人，其中杨振宁、李政道2人获得诺贝尔奖，赵九章、邓稼先等8人获得“两弹一星”功勋奖，黄昆、刘东生、叶笃正、吴征镒、郑哲敏5人获得国家最高科学技术奖。

抗日战争终于吹响了胜利的号角。1946年5月4日，国立西

图 2-6 国立西南联合大学旧址

南联合大学举行结业典礼，7 月 31 日宣布结束，北京大学、清华大学、南开大学迁回京津原址，师范学院留在昆明独立建校，改称国立昆明师范学院，院址设于西南联合大学本部，新中国成立后，改称昆明师范学院。1984 年，昆明师范学院更名为云南师范大学。在如今的云南师范大学校园内，还保留着西南联合大学的旧址，包括庄严的校门、一间简陋的联大教室（由建筑学家梁思成和林徽因负责设计修改）、国立西南联合大学纪念碑、“一二·一”运动四烈士墓、李公朴先生和闻一多先生衣冠冢等。2006 年，西南联合大学旧址被公布为第六批全国重点文物保护单位之一。

在抗战的关键时期，云南从抗战“大后方”变成了“前线”，“内树学术自由之规模，外来民主堡垒之称号”，小小的昆明城塞满了从中国各地迁徙逃亡而来的工人、农民、商贾和一流的教授学者。那时候的昆明是中国的“文化之都”“民主堡垒”，其光辉闪耀至今。

2. 纪念胜利

在抗战初露胜利曙光的时候，昆明人就迫不及待地营造纪念堂来迎接战争的胜利。纪念堂建在原云贵总督府

的旧址上，1944 年动工，最初是为褒扬云南省主席龙云的善政，拟名为志公堂，后龙云认为不妥，建议改为中山纪念堂，1946 年落成时改为抗战胜利纪念堂，当地人又称其为胜利堂。

其建筑形式除观众厅为弧形山墙外，整座楼群采用传统的歇山式屋顶，清式斗拱，飞檐凌空，彩画架枋，白石勾栏，配以西式风格的墙体和门窗，显得严谨典雅。胜利堂的周围布局也做了改造，从高处俯瞰，建筑群整体呈一高脚酒杯形状，胜利堂两侧的弧形道路云瑞东路和云瑞西路即为杯壁，北边的云瑞北路为杯口，椭圆形的云瑞公园作为底座。胜利堂建筑群可谓昆明近代建筑的典范。

自落成以来，抗战胜利纪念堂多次作为云南省人大、省政府、省政协举行重要会议的场所。2006 年，抗战胜利纪念堂被公布为第六批全国重点文物保护单位之一。

1950 年 12 月，云南省第一届各界人民代表大会就通过了在昆明建立人民英雄纪念碑的决议。1995 年 2 月 24 日，纪念碑在抗战胜利纪念堂前建成。碑体通高 27 米，方形，纪念碑前正中刻有邓小平所题的“人民英雄永垂不朽”，基座为双层，在基座下的空间内设云南人民革命斗争史陈列馆，碑身底座四壁镶有反映云南人民斗争历史的浮雕。纪念碑整体庄严肃穆，表达了云南人民对革命先烈的崇敬与怀念之情！

图 2-7　昆明抗战胜利纪念堂

四 昆明老城，一座城市的记忆

1. 常乐寺塔和惠光寺塔

自元代开始,昆明作为一省的中心城市已有将近800年的历史,而南诏国凤伽异在滇池之滨为国家修筑的拓东城为今昆明的建城之始，则是有准确史料可查的。唐永泰元年（765年），在南诏国大败唐军后，阁罗凤命其长子凤伽异在滇池北岸筑拓东城。而矗立千年的常乐寺塔和惠光寺塔见证了那个年代彝族、白族先民开疆拓土的勇气。

常乐、惠光二寺俗称东、西寺，故而两寺的寺塔，又称东寺塔、西寺塔。如今两寺已毁，仅余寺塔。据史料记载，两寺始建于唐文宗太和三年（829年），历时近30年完成。

图2-8 常乐寺塔

常乐寺塔在书林街南段，塔高 40.57 米，为十三层密檐空心方砖塔，底层南面辟门，从第二层至第十二层每层四面都辟有券洞佛龛，内供奉佛像，塔顶四角各立一铜制金鸡。据佛经记载，这种金鸡叫迦楼罗（金翅鸟），专门降龙，可以镇水。除此之外，铜制金鸡与大理地区白族的金鸡图腾崇拜也不无关系。近年来由于地基下沉，常乐寺塔发生倾斜，经过两次修整，仍然可见“斜塔”风致。

惠光寺塔位于东寺街中段，亦是十三层密檐空心方砖塔。塔高 35.8 米，形制与常乐寺塔相似。20 世纪 90 年代，在维修惠光寺塔时，发现有“天启十年[1]正月二十三日段义造砖处题书”字样的唐砖，这有力地证明了建塔的确切年代。

在一千多年前的南诏地区，出现艺术风格如此鲜明的唐塔，可见，南诏和内地文化交流密切。

经历了千年的岁月洗礼，两座佛塔一东一西，依然矗立在昆明的城市中心，并于 2006 年被公布为第六批全国重点文物保护单位之一。

2. 地藏寺经幢

两宋时期的鄯阐城（今昆明）是大理国的副都，地藏寺经幢上精美的雕像还留存着妙香佛国的余韵。如今，这座石幢是昆明市博物馆的镇馆之宝。坐落于拓东路的昆明市博物馆及周边区域，就是当年南诏国的东都拓东城的所在地。

图 2-9 地藏寺经幢（局部雕刻）

经幢，原指佛像前所立的，用宝珠丝帛装饰的伞盖状杆柱，后改为石刻。地藏寺经幢为七层八面方锥形石幢，形状似

1 “天启”是南诏劝丰祐的年号，天启十年即唐大中三年（849 年）。

塔，是大理国时期布燮（官名）袁豆光为超度鄯阐侯高观音之子高明生而造的。经幢净高 6.5 米，分幢座和幢身两部分，鼓形幢基上雕刻 8 条蟠龙，幢基与第一层幢身之间刻有汉文《般若波罗蜜多心经》等内容。幢身从下往上层次分明地雕刻着鬼奴、天王、力士、菩萨、佛等诸神佛像共 300 尊，雕像大者高 1 米，小者高仅 3 厘米。幢顶为莲台承托的宝珠。整个经幢比例协调，雕刻技法精湛，造型生动优美，系密宗造像风格，备受国内外推崇赞誉，素有“滇中艺术极品”之称，是中国绝无仅有的艺术杰作。

作为我国古代石雕艺术品之瑰宝，地藏寺经幢于 1982 年被公布为第二批全国重点文物保护单位之一。

3. 金马、碧鸡牌坊

沿拓东路一路向西大约 700 米，就是昆明地理坐标上的中心位置——三市街。街口矗立着一座牌坊，名曰“忠爱”，这是为纪念仅在昆明任职 6 年并在任上去世，却为这座城市带来无限希望的

图 2-10 碧鸡坊

赛典赤·赡思丁而设立的，昆明人因为他的“忠”而世代“爱”他。

与三市街和忠爱坊相距不到100米，有两座跟忠爱坊差不多形制的牌坊，分别为金马坊和碧鸡坊。原牌坊早已被拆毁，现存的牌坊是1999年为喜迎昆明承办世界园艺博览会而重建的。两座牌坊虽已被高楼包围，但依然是昆明城的标志。

古时的滇池地区，林木葱茏、繁花似锦，是野生鸟兽的天堂，吉象献花、孔雀呈祥，美不胜收。这些鸟兽以绚烂的羽毛和华美的仪态，成为滇池地区居民所追求的美的化身。当时的人们还没有给这种漂亮的鸟儿取名为“孔雀”，只根据它翡翠般的羽毛称它为“碧鸡”。在古代，马能满足滇池地区民众生活、征战的需要，滇马因能日行千里、翻山越岭而闻名全国。金马，英武刚健、奔腾跳跃；碧鸡，柔情似水、娴静优美。在现实生活中，昆明人再现了这两座牌坊古时的寓意，让金马和碧鸡从流传的神话中一步步走进他们的心灵，最终升华为一座城市的图腾和精神象征。故老相传，在特定年份的某一天傍晚时分，太阳西下，金色的余晖把碧鸡坊的影子投射到东面的街上；与此同时，月亮也从东方升起，皎洁的月光照着金马坊，把它的影子西移。两座牌坊的影子渐移渐近，最终交汇在一起，产生了“金碧交辉”的奇景。

事实上，这种奇景的设计反映了古代昆明人民把数学、天文学和建筑学有机地结合在一起的高度智慧。而“金碧交辉”所包含的阴阳合一、刚柔并济、动静互补、亲密合作的人生智慧，已融入昆明人的血脉中，并在建设昆明这座美丽的城市中发挥着神奇的力量。

4. 文明街历史文化街区

三市街北端的尽头是正义路，正义路是古时昆明城南北向的中轴线，北通省府，也就是现在的云南省人民政府所在地。在昆明市一轮轮的城市建设中，大部分区域都已被改造得面目全非，只有正义路的老城区得以幸免，而如今也就只剩下了文明街历史文化街区。

文明街历史文化街区的范围北至华山南路，南至东风西路，西至云瑞西路、五一路，东至正义路，总面积为 0.22 平方千米，是昆明历史城区中最重要的标志之一。

光华街以南主要是市民居住和商业活动的场所，是民俗文化最为集中的区域。昆明地区的明清建筑，受到汉族文化的深刻影响，建筑平面布局上以汉族四合院式房屋为主，吸收了白族、彝族等各民族的特点，一般以间为单位，组成三间单幢建筑（称“坊”），然后围合形成代表昆明地区特色的“一颗印”合院式民居。这其中的代表是景星街的懋庐。

甬道街 73、74 号（原 72 号）是人民音乐家聂耳的故居。清末聂耳的父亲来昆明行医，在甬道街租了一间铺面开中药铺“成春堂”。1912 年 2 月 14 日，聂耳出生于此，他的童年也基本在这里度过。1930 年为了躲避国民党反动派的抓捕，聂耳被迫离开昆明，从此再也没有回来。

钱王街，位于昆明老街内，它因街区内坐落着“钱王”王炽主持的票号“同庆丰”旧址而得名。王炽曾被《泰晤士报》评为十九世纪世界第四富豪，他也是中国封建社会唯一一位一品红顶商人。钱王街一带在清末民国时期是老昆明的商业、金融中心，有各种商号、票号。

2018 年 5 月 18 日，昆明老街核心保护区正式开街。重获新生的历史街区连接着昆明这座古城的过去和未来。

第三章
梦里江山，阆苑仙境
——阆中

在中国的西南方，由大巴山、巫山、大娄山、横断山脉和云贵高原等所包围的巨大盆地中遍布富含钙、磷、钾等营养元素的紫色土，是中国最肥沃的土地之一。这里就是被誉为“天府之国”的四川。

图 3-1　沿嘉陵江而建的阆中古城

四川地区河流众多，绝大部分河流汇入长江，其中就包括嘉陵江。在明末地理学家徐霞客考察金沙江、确认长江正源以前，嘉陵江一直被当作长江的正源。发源于秦岭的嘉陵江，从陕、甘两省的高原和崇山峻岭间奔流而出，一路蜿蜒，进入沃野千里的“天府之国”，自北向南纵贯四川盆地中部，最后在重庆市朝天门注入长江，其流域面积近16万平方千米，是长江支流中流域面积最大的一条。阆中就建在嘉陵江畔。

绝佳的地理位置让阆中在古代成为联结巴蜀和中原的重镇。阆中在战国时期曾为巴国国都。秦灭巴后，于公元前314年置巴郡，郡治阆中。东汉末年，益州牧刘璋将巴郡一分为三，后将阆中置为巴西郡治所。以后历代均在此设立郡、州、府、道治所。拥有2300多年历史的阆中城具有完整的古代城市风貌以及独具特色的风水格局，是中国保存最完好的四大古城之一。1986年，阆中因悠久的历史文化和丰富的文物古迹被国务院公布为第二批国家历史文化名城之一。

图3-2 锦屏山上眺望古城

一 阆山阆水，风水宝地

1. 阆中之名

“阆”是一个极易读错的生僻字，东汉许慎《说文解字》解释为“阆，门高也”，即“阆”是高门的意思。《旧唐书·地理志》解释阆中得名时说，“阆水（嘉陵江流经阆中一段，古称阆水）迂曲经郡三面，故曰阆中”，意思是阆中因水得名。北宋乐史《太平寰宇记》解释阆中得名时说，“其山四合于郡，故曰阆中”，意思是阆中因山得名。两种说法看似不一，其实并不矛盾。阆中四面山形如高门，因名阆山；嘉陵江流经阆山下，因名阆水；城在阆山阆水之中，故名阆中。阆山四合，阆水曲萦，城居其中，是阆山环拱嘉陵江环抱最真实、最形象的写照。

阆中别名阆苑，阆苑本是传说中神仙的住处。阆中因风景宜人，经常被显贵选中置业，唐高祖之子滕王李元婴就是其中之一。李元婴曾任隆州刺史，阆中为其州治所，可能为怀念在南昌修建的滕王阁，于是他又在阆中修建另一座滕王阁，以供其与僚属登高宴乐。据《舆地纪胜·利东路阆州》记载：“唐初鲁王灵夔、滕王元婴，以衙宇卑陋，乃修饰宏大之，拟于宫苑，由是谓之隆苑；后避明皇讳，改为阆苑。”于是千百年来，阆苑便成为阆中古城的别名。

2. 天人合一的风水城

阆中是一座山水之城，山、水、城融为一体，是古代建城选址遵循“天人合一”理念的典范。而这座城现在的格局，出自唐初玄学家袁天罡的手笔。

《阆中县志》记载，“锦屏（山）适当江水停蓄处，城之正

厚德載物
中天樓

图 3-3　阆中古城中天楼

南亦适当江水弯环处”，说明阆中古城是根据风水意象，前照锦屏山、后倚蟠龙山而规划的。

先看城市布局，古代城市十分看重行政部门的位置，大到都城，小到县镇，无不将官厅衙署设在城市中心。从唐宋开始，阆中历代衙署均建在汉桓侯祠的西面高地上，以便居高临下控制全城。中心占据后，古城设城墙四面环卫，突出其军事防御作用。阆中古城东、西、南、北各有一城门，除西门外，每门建一瓮城，围绕在城门外，与主城门错位，便于守卫和歼敌，也便于城门的迎山接水。此外，当地居民还通过在西门设置石匮、石坝等方式来改善迎山接水的意象。

再看街道布局。阆中古城以西街、武庙街、内东街为横轴，以北街、双栅子街为纵轴，轴线交汇处建有城市中心坐标中天楼，以应风水家“天心十道”的大吉之相。古城内其余街道，皆以中天楼为核心，以十字大街为主干，分层展开，各街走向无论东西南北，多与远山朝对；就连街道取名，也强调风水主题，有的更以朝向之山命名。

故此，整座古城的选址和营造都充分体现了自然和谐、天人合一的思想，而阆中古城也成为我国古代城市建设从理论到实践的经典实例。

3. 保宁醋，阆中山水的馈赠

从古城中心的中天楼沿内东街一路往东，临近嘉陵江可见一处规模颇大的古建筑群——观音寺。观音寺原建于唐初，当时取开新纪元之意，名开元寺。该寺在唐宋两代一直香火鼎盛，元以后，逐渐残毁。明弘治四年（1491 年）明宪宗第九子朱祐榰受封寿王，弘治十一年（1498 年）就藩于保宁府，在西城修建王府，将西城的观音寺拆迁到开元寺旧址，并将损毁的寺院修葺一新，使观音寺成为阆中最大的寺庙。观音寺现今依旧保存了基本的明代建筑风格，于 2013 年被公布为第七批全国重点文物保护单位之一。

观音寺中有一口特殊的古井松华井，它开凿于 621 年，历来是观音寺僧人的取水地。古井不仅造型美观，而且水质上佳、长年不竭。这口甘洌的松华井还给了阆中人另一份馈赠——保宁醋。

保宁醋始于 936 年，是中国四大名醋中唯一的药醋，是四川麸醋的鼻祖。保宁醋以纯粮为料，名贵中药为曲，松华井水为体，独具“色泽红棕，酸味柔和，醇香回甜，久存不腐”的特点。宋代大诗人陆游曾在阆中留下“阆州斋酿绝芳醇”的佳句。用松华井水酿造出来的保宁醋味道甘香纯正，被誉为“川菜精灵”，有“离了保宁醋，川菜无人顾”的说法。2015 年春，设置于观音寺内的中国保宁醋文化博览园正式对公众开放，展现了阆中古城深厚的历史文化底蕴。

二 诗圣杜甫的盛唐挽歌

汉唐以来，天府蜀地、秦巴古道中的每一处驿站、寺观、旅舍、酒馆，都是诗人流连之地，墙壁上常常有文人墨客的题咏。阆中更是历朝的川北重镇，也是闻名遐迩的风景名胜区，在这里文人墨客寓居行咏，官吏商贾寄情唱和，留下了大量宝贵的诗篇。

在嘉陵江南岸，与阆中古城隔江相望的是锦屏山，因“花木错杂似锦，两峰连列如屏”而得名。锦屏山古称阆山，有“天下第一江山”的美誉，杜甫的《阆山歌》即是为它而作；画圣吴道子曾以锦屏山为轴心，作《嘉陵江山图》。明嘉靖初，保宁知府张思聪建锦屏书院和祭祀理学家朱熹、张栻、黄裳的三贤祠。清代黎学锦重建三贤祠，改祀杜甫、司马光、陆游，并在山麓建张烈文侯祠，以纪念抗金名将阆中人张宪。清代在此还先后建有吕祖殿、八仙洞、太白楼、武侯祠，立“天下第一江山”碑等。1986 年，当地在锦屏山修建杜少陵祠堂以纪念杜甫。

1. 家国情怀

唐乾元二年（759 年）冬，杜甫为避安史之乱，携家入蜀。在客居蜀地的岁月中，杜甫曾两次来到阆中，留下佳作数十首。

广德元年（763 年）秋，在梓州（今绵阳市三台县）的杜甫得知挚友房琯客死阆中，便星夜兼程赶赴阆中，吊唁并料理朋友后事。此时安史之乱刚刚平定，唐王朝已日暮西山。家国不幸、朋友逝世，加之自己长期流离不定，种种遭遇使得杜甫百感交集，忧心如焚。初到阆中，杜甫便写下《征夫》《警急》《王命》等 20 多首诗，

无论是咏山水、惜送别，还是遣悲怀，字里行间都浸透着杜甫深深的忧国忧民之情。《王命》是这样写的：

汉北豺狼满，巴西道路难。血埋诸将甲，骨断使臣鞍。
牢落新烧栈，苍茫旧筑坛。深怀喻蜀意，恸哭望王官。

“王官”是诗人心中能扶大厦之将倾的良臣。诗人的愁怀，可见一斑。正是这次吊唁，让杜甫迷恋上阆中的水光山色。次年早春，杜甫再次来到阆中时，喜闻好友严武复任剑南节度使，随后朝廷军队收复长安的好消息等又接踵而来。杜甫心中喜悦，又看到了希望，对国家和自己的前途都充满了信心。他这时写出来的诗歌无不洋溢着浓浓的喜悦之情，同时也展现了令人振奋的亮色，如《收京》：

复道收京邑，兼闻杀犬戎。衣冠却扈从，车驾已还宫。
克复成如此，安危在数公。莫令回首地，恸哭起悲风。

此诗前六句抒发获悉王师收复长安的喜悦之情，后两句劝谏当朝者要吸取教训，莫让历史的悲剧重演。

2. 阆苑仙境

杜甫在《南池》《滕王亭子二首》《玉台观二首》等诗中，表达了对阆中景色的赞美之情。

滕王亭子其一

君王台榭枕巴山，万丈丹梯尚可攀。
春日莺啼修竹里，仙家犬吠白云间。
清江锦石伤心丽，嫩蕊浓花满目班。
人到于今歌出牧，来游此地不知还。

玉台观

浩劫因王造，平台访古游。彩云萧史驻，文字鲁恭留。

宫阙通群帝，乾坤到十洲。人传有笙鹤，时过此山头。

诗中描绘的滕王阁和玉台观都与前文中提到的李元婴有关。唐贞观十三年（639 年），高祖李渊之子、太宗李世民之弟李元婴受封为滕王。李元婴初到封地山东滕州时，骄奢淫逸，横征暴敛，大兴土木，在当地引起极大民愤。高宗朝时，李元婴被贬到苏州，后转任洪州（今江西南昌）都督，再改任隆州（今四川阆中）刺史。在山高皇帝远的阆中，他依然按宫苑的格局，在嘉陵江畔的玉台山腰建起了一处规模宏大的行宫，这就是杜甫诗篇中的阆中滕王阁。

在阆中的那些年，李元婴亲手打造了盛极一时的阆苑。在他死后，他经营的那些亭台行宫，任凭雨打风吹，倾颓于阆中山水间，现仅存部分台基以及一座唐塔（即玉台山石塔）。该塔为石质，分为塔基、塔身和塔刹三个部分。塔基为四方形，由两层须弥座组成。第三层为塔身主体，内刻一佛像结跏趺坐于莲台之上。上

图 3-4　阆中滕王阁

装塔刹，有石雕八力士举刹身。刹身为六方柱，各方有佛像一座，刹顶为焰纹状。石塔雕刻精美，除局部风化外，基本保存完整，已于2006年被公布为第六批全国重点文物保护单位之一。2008年汶川地震致使石塔火焰状塔刹整体坍塌摔毁，灾后已经重新修复。

3. 阆中的诗歌气质

在杜甫歌咏阆中江山的诗篇中，最著名的是以下两首：

阆山歌

阆州城东灵山白，阆州城北玉台碧。
松浮欲尽不尽云，江动将崩未崩石。
那知根无鬼神会，已觉气与嵩华敌。
中原格斗且未归，应结茅斋看青壁。

阆水歌

嘉陵江色何所似？石黛碧玉相因依。
正怜日破浪花出，更复春从沙际归。
巴童荡桨欹侧过，水鸡衔鱼来去飞。
阆中胜事可肠断，阆州城南天下稀。

在《阆山歌》中，杜甫记叙了阆中清明祭祖的盛况，吟咏阆山之胜；在《阆水歌》中，巴童荡桨、水鸡衔鱼等极富地域特色的情景跃然纸上。两首诗各自独立又互相照应，成为千古名篇，清乾隆皇帝曾赞曰：“两诗著语奇秀，觉空翠扑人，冲襟相照。”

阆中是杜甫一生创作诗歌最多的地方之一。他的光临，让今天的阆中携带了流传千年的诗歌气质。

三 在阆中古城凭吊文武古迹

1. 桓侯祠里寻三国

在阆中市民心中，阆中的旅游名片就是张飞。张飞是三国时期蜀汉的著名将领之一。东汉献帝建安十九年（214 年），刘备平定益州，任张飞为巴西太守镇守阆中。张飞镇守阆中七年，保境安民，深得百姓爱戴。关羽败走麦城身亡后，章武元年（221 年），刘备东征，张飞在阆中准备出兵，临出发前被部下张达、范强所害，一代英雄就此谢幕。张飞死后被追谥为桓侯，葬于阆中，当地人为其建祠，唐代称张侯庙，明代又称雄威庙，清以后名为汉桓侯祠，

图 3-5 汉桓侯祠三英塑像

图 3-6　汉桓侯祠正门

当地百姓多称呼其为张飞庙。

据唐阆州刺史崔善《新建巴西太守张桓侯祠记》记载，祠庙建立之后，到唐时已修葺过几次（“土宇几更，墓田如故”）。

现存汉桓侯祠为明清时重建的四合庭院式建筑物，占地 5000 多平方米，由山门、敌万楼、左右厢房、大殿、后殿、墓亭和墓冢等组成，规模宏大，于 1996 年被公布为第四批全国重点文物保护单位之一。

汉桓侯祠位于西街，山门五开间，悬山式屋顶，大门正中上悬赵朴初所书“汉桓侯祠”大匾。两次间壁前分立北宋文学家曾巩《桓侯庙记》和清总督常明的《汉张桓侯祠》石碑。

跨进大门，迎面就是明代修建的敌万楼，因张飞“力敌万人”而得名。敌万楼为重檐歇山式屋顶，檐下匾额书“灵庥舄奕”[1]、“万夫莫敌”、“虎臣良牧”等。两侧是展览室和群塑厅，再现张飞一生的主要功绩。

穿过敌万楼就是祠庙的大殿。殿内供有头戴王冠，手捧玉笏

1　大意为张飞神灵显耀不灭，护佑此地百姓平安。

的张飞文像，张苞、马齐分立两侧，庄严肃穆。

穿过后殿，便是张飞墓地，由墓亭和墓冢组成。墓亭造型简朴，前有两根浮雕云龙石柱，亭内起石拱券，内有张飞武身坐像，两侧塑张达、范强跪像。后为墓冢，墓坐北朝南，呈椭圆形，南北长 42 米，东西阔 25 米，高 8 米。

对阆中百姓来说，张飞打仗是猛将，当地方官是好官，他是这座城市的丰碑和人们心中的偶像。

2. 川北道贡院

据《四川通志》记载，从隋开科取士至清末废除科举制度，全国共有四川状元 19 位，而阆中就有尹枢、尹极、陈尧叟、陈尧咨 4 位状元。有人称阆中是四川的状元之乡，更令人惊奇的是这四人竟是两对同胞兄弟，尹氏生活在唐代，陈氏生活在宋代。其中尹枢又是中国科举史上第一个经主司同意的自放状元，也是年纪最大的状元，及第时已 70 多岁。

图 3-7　川北道贡院会经堂

科举制废除已逾百年，曾经的贡院大部分已被拆毁，踪影难觅。阆中的川北道贡院（又称阆中贡院、四川贡院）是目前全国唯一一所能够看到全貌的古代乡试贡院。

阆中是有名的风水城，贡院的选址自然也十分讲究。贡院位于中天楼的北向，处于阆中古城的闹市中心，是这一片最大的一组建筑群，体现了阆中古城的文脉精神和贡院在科举制度盛行时的重要地位。此外，贡院四周交通便利，方便考生找寻。贡院四周无重要建筑与之相接，以便考生增多时临时扩大贡院规模。

明清时，阆中是保宁府和阆中县的治所，县试、府试均在这里举行。顺治初年，“全川未靖”，清军率先攻下阆中，四川巡抚李国英驻节于此，阆中因此最先成为清政府在川的正式领土并代行临时省会。顺治八年（1651 年）至顺治十七年（1660 年），这里共举行了四次乡试，因参选考生不断增多，贡院规模不断扩大，被称作清代四川第一考棚。顺治十七年后，省会迁往成都，川北道贡院仍为县试、府试考场。

嘉庆二十二年（1817 年），考棚年久失修，川北道道台黎学锦在原有基础上扩建，“另为改造高朗，东西托地数丈，座号悉易石脚而铺宽厚板片，前后门堂厅廨，焕然一新”。清末，部分考棚划归相邻的川北道署，考棚面积缩小；1959 年，因城市建设需要又拆除一部分，考棚规模就更小了。

现存的清代川北道贡院是一处南北向的长方形双重四合院建筑，前院是考场，后院是斋舍，四周是号房。贡院有大门、龙门、考房、至公堂、会经堂、明远楼、衡文堂等主要建筑。在临街的“贡院”匾额下方，撰有一副对联，上书：

凭卷录优不问寒门世族
出类拔萃试看将相白衣

以示科举考试不论出身、公平取士，鼓励读书人通过科举进入仕途。清光绪三十一年（1905 年），延续了 1300 多年的科举制度被废止，川北道贡院结束了它的历史使命。2013 年，川北道贡院被公布为第七批全国重点文物保护单位之一。

第四章
晋商遗风，古县典型
——平遥

山西平遥县城是我国现存最完整的古代县城建筑，完好地保留了古城墙、庙宇、店铺和街道，保持着传统古城布局及历史风貌，是中国古代县城的典型。1986年，平遥古城被列入第二批国家历史文化名城，与云南丽江古城、安徽徽州古城、四川阆中古城并称为现存最完好的四大古城。古城内国家级文物保护单位有平遥城墙、平遥文庙、清虚观、日升昌票号旧址、平遥城隍庙、雷履泰旧居、平遥市楼等。1997年，平遥古城与周边的双林寺、镇国寺一同被联合国教科文组织确定为世界文化遗产，列入《世界遗产名录》。古城内主要街道两侧完好地保存了220多家古店铺，拥有3700余处具有保护价值的古民居，其中保存完整的有400余处。城内道路纵横，四大街、八小街、七十二条蚰蜒巷构成八卦图案，南大街、东大街、西大街、衙门街和城隍庙街连成了一个“土”字，应“土居中央”之说。古城以市楼为轴心，以南大街为轴线，形成左城隍、右衙署，左文庙、右武庙，东道观、西寺庙的布局。

一 古陶、平陶、平遥

平遥古城坐落在晋中盆地南部边缘，位于山西省中部，西通秦陇，北达燕京，地处北方东西交通要冲，四周与介休、祁县、文水、汾阳、沁源等县市接壤。平遥古城处在平遥县境腹地西北部平原区，惠济河、柳根河冲积扇尾部，北与广袤的汾河平原毗邻，南与巍峨的太岳峻岭相望，东、西两侧则是太行山脉、吕梁山脉。自古以来，这里就是扼守东西两地山区的交通要道，是衔接元明清京城与古都长安的咽喉，是兵家必争之地，同时也是天然的商品集散地，这为此地发达的商业提供了优越的客观条件。

平遥古城始建于西周时期，至今已有近3000年的历史，古称“古陶”，传说为帝尧的封地。秦统一六国后，置平陶县，属太原郡。后避北魏武帝拓跋焘名讳，平陶县改称为平遥县，县治所在地的平陶城亦改为平遥城。后因西羌内侵，平遥县徙置汾河以东的京陵县境，废京陵县入平遥县，平遥城也迁到此址。至明朝初年，为抵御外族入侵，平遥重筑城墙，后经十多次补修，形成了完整的城镇建制。清朝初年，增建城墙四方城楼，形成如今面积约2.25平方千米的平遥古城。因保存完好，富有特色，平遥古城成为我国仅有的两座以整个城镇为单位入选世界文化遗产的古城之一。

图 4-1　鸟瞰平遥古城

城墙是我国古城的显著标志，平遥古城墙在历代均有经营。平遥城墙初建于西周时期，宣王臣属尹吉甫北伐猃狁时驻兵于此，筑西北两面，旧为夯土城垣。明初因蒙古余部不断侵扰，洪武年间平遥进行大规模扩建重筑，变夯土城垣为砖石城墙。现在所看到的城墙，是经过明清两代二十多次修缮、补建后的结果。

平遥古城池平面呈方形，略偏东南向。城墙形制按照“因地制宜，用险制塞”思想来规划，东、西、北三面取直，南墙随柳根河蜿蜒而筑。城墙周长约 6.2 千米，墙体高度平均为 10 米，墙顶基本保持平直，墙顶宽 3 至 6 米，底宽 8 至 12 米。墙外筑护城壕，深、宽各一丈。城门六座，南北各一，东西各二。每座城门外又加筑瓮城，以巩固防守。瓮城就是围在城门外的小城圈，平遥的瓮城均为方形，墙高与大城相同，城顶建战棚，以增强城池的防御功能。平遥城的瓮城门大多开在侧面，以便在大城和瓮城上从两个方向抵御攻城之敌。瓮城设内、外门，平时用于检查来往过客，有情况时即可关上两座门，成“瓮中捉鳖”之势。环城筑有敌楼 72 座，垛口 3000 个，是按孔子弟子三千、贤人七十二的典故修筑的。纵是武备，也不忘文治，反映了中华文化是我们民族深入人心的追求。

图 4-2 平遥城墙

二 “神龟献瑞”，平遥景观

平遥古城另一处为人称道的是其“龟城”的形制。这个平面呈方形的古城，形如龟状，六座城门象征龟的肢体。南门为龟首，门外两眼水井象征神龟的双眼。北门为龟尾，是全城的最低处，城内所有积水都经此流出。城池东西四门，两两相对，上西门、下西门、上东门的瓮城城门均向南开，形似龟爪前伸，唯下东门瓮城的外城门径直向东开，据说是造城时怕“神龟”爬走，将其左腿拉直，又用绳索拴在距城十二里的麓台塔上。这个看似虚妄的传说，折射出此地古人对乌龟的崇拜。龟在古代有江山万年、王业稳固之意，像北京故宫太和殿等重要殿堂，都有铜龟陈设。登上城墙，俯瞰古城，街道纵横交错，如同神龟背上的条纹，因此平遥也被古人称为龟城。

1. 状如棋盘的街巷道路网

平遥古城的街道格局形成于明清时期，是由四大街、八小街、七十二条蚰蜒巷呈井字形或丁字形相交而成的。此地棋盘式的古城街巷格局，是中国古代城市路网的典型。平遥古城虽然也有贯穿全城的大街，但是南北向却采用了“城门不相对，

图 4-3　平遥南城门迎薰门城楼

道路不直通”的办法，南北大街互相平行；南大街与东、西两条大街呈丁字形交汇，而北大街仅与西大街呈丁字形交汇，这样的设计首先可以降低黄土高原风沙的影响，其次考虑了军事防御需要，最后又强化了南大街在城中的中轴地位。纵横交错的巷陌构成了古城内环路。居民因而既有属于自己的环境，又能方便出行，细微之处透露出以人为本的理念。

古城里现存的主要是清以来的历史景观，包括3700多处民居，其中400多处保存完好。最具代表性的历史景观包括城隍庙、文庙、镇国寺、平遥县衙、双林寺等名胜和以日升昌记为代表的大量钱庄等。

图 4-4　平遥北城门拱极门城楼

2. 官式建筑、民间色彩的市楼

市楼是平遥古城实际上的中心建筑，它跨于南大街中央，始建时间不详，重修于康熙二十七年（1688年），后屡经修缮。市楼为三重檐歇山顶木结构楼阁，通高18.5米，是古城最高建筑。市楼楼顶黄绿彩色琉璃瓦相间拼出南“囍”北“寿”字样，呈现出民间色彩。楼顶正脊中央饰宝瓶，两端安吻兽，三重檐垂脊、戗脊皆置吻兽，檐角置仙人走兽，彰显清代官式建筑气派。顶层

图 4-5 平遥市楼

檐下正面悬“市楼”牌，北向檐下曾悬有魁星像，祝福当地士子金榜题名。二层平座筑廊，前后隔扇门，内设南、北神龛，分别奉祀武圣关帝塑像、观音菩萨塑像，外檐南面匾为“忠至义尽”，北面匾为“灵普宇宙”，分别是歌颂关帝和观音菩萨的。这两位神灵是清代统治者特别推崇的。市楼底层平面呈方形，面阔、进深各三间，占地 133.4 平方米，东西两边砖砌台基，四角立通柱，外包砖墙。南外檐匾书“金井古迹”，楹联为“朝晨午夕街三市，贺风桥台井上楼”；北外檐匾书“古陶胜境”，楹联为“五行气正民生遂，百尺楼高物象雄”。市楼南侧有井一口，每逢雨过天晴，日光投映，水色如金，故又称金井，市楼金井被誉为平遥八景之一。这口井应该是“风水井”，即建城之初，为勘探地下水文情况所掘，按古代风水理论，此处是平遥古城的“天心十道”之处。

在平遥人心中，城墙和市楼是不可分割的整体，是平遥古城

的象征。清代诗人赵谦德称：“纵目揽山秀于东南，挹清流于西北，仰观烟云之变幻，俯临城市之繁华。”登斯楼凭栏远眺，山河壮丽，气象万千。放眼古城，青砖灰瓦的四合院鳞次栉比，衙署、庙宇耸立其间，街巷、店铺井然有序，完整地呈现了明清时期的历史风貌，蕴含着悠久灿烂的经济、文化、社会历史信息，

图 4-6　平遥市楼老照片

图 4-7　平遥古城南大街及鼓楼

具有丰富厚重的人文底蕴。

3. 三晋特色的县衙

平遥县衙始建于北魏时期，历经改建，逐渐定型。整座衙署坐北朝南，呈轴对称布局，南北轴线长 200 余米，东西宽 100 余米，占地 2.6 万平方米。建筑依据古代衙署“前衙后寝”模式布局。县衙中现存最古老的建筑，始建于元至正六年（1346 年），已有 670 多年历史。

图 4-8 平遥县衙内景

进入县衙大门，正对的是仪门，东、西两角门分别是人门（为官吏日常进出及百姓诉讼所走）和鬼门（在提审犯人和押解死囚赴刑时才开），东西厢房为赋役房。进入县衙仪门，遥见县衙大堂，两侧分布六房，合乎古代“吏、户、礼、兵、刑、工”六部之数。大堂是整个县衙的核心建筑，既是知县办理案件、处理公务的地方，也是知县恭迎圣旨、接待上宪、举行重大庆典的场所。堂上设官阁，为知县发号施令的法堂，正中屏风所绘图案为“山水朝日图”，上有“明镜高悬”匾。官阁顶棚绘有三十六只仙鹤朝日图。相传，三十六只仙鹤象征秦始皇在全国设立的三十六郡，太阳象征皇帝，二者合起来的寓意为“皇权统一，四海归一”。大堂之下，有两处跪石，西侧为被告所跪之处，东侧为原告所跪之处。清时东尊西卑，由此可知当时认为原告地位高于被告。

图 4-9 平遥县衙正堂大院

图 4-10 平遥县衙花园

大堂之后，是进入内廷的宅门，门旁设有门子房，内有执勤衙役，一方面为了保护官员安全，另一方面起到通传信息的作用。过了宅门就是二堂，是知县日常调解、处理民事纠纷的场所。二堂的后面才是知县的内宅。

内宅东间是卧室，中间是客厅，西间是书斋，两厢有厢房，分别为东华厅和西华厅，均为会客之所。旁侧还有花园，亭台楼阁散落其间，颇具三晋特色。

4. 国内现存最早文庙

古城中的文庙坐落于东南隅，坐北向南，总占地面积 40580

图 4-11　平遥文庙棂星门北面题匾“万仞宫墙”

平方米，是我国华北地区保存最完整、规模最大、最具特色的一座文庙。这组古建筑群总体看是具有元明之后特有的建筑格局，中轴线上的建筑依次为棂星门、大成门、大成殿、明伦堂、敬一亭、尊经阁，其中大成殿为文庙的核心建筑。大成殿主体构架于金大定三年（1163 年）重建，是我国现存极其珍贵的宋金时期建筑，距今已有近 900 年的历史。

图 4-12 平遥文庙大成殿 安然 摄

大成殿建在高 1 米的方形台基上，面阔五间，进深八间，为单檐歇山顶，其屋顶、斗拱、墙身比例匀称，造型优美。殿内供奉主像为帝王形象的孔子，四配、十哲分列两侧，东西庑殿内供奉儒学群贤像。

5. 罕见乡村文庙

县城设文庙不算是稀罕事，但在县城之下的乡村也建立文庙，实为国内目前之孤例，不能不说平遥人尊师重道，而不是只知道做生意、开钱庄。

在平遥县城之东的岳壁乡金庄村有一座文庙，一如官家文庙之制，人称“金庄文庙”。金庄文庙始建于元代，后经明、清、民国多次修缮，建筑布局也是关于轴线对称，轴线上有明伦堂、状元桥、大成殿等建筑。大成殿内的孔子坐像高 1.85 米，经鉴定，此像为元代所造的泥像，为全国文庙中保存年代最久的孔子像。孔子像两侧是复圣颜回、宗圣曾参、述圣孔伋、亚圣孟子等四配塑像，像高 1.55 米；殿内两侧供十哲像，左侧是闵损、冉雍、端木赐、仲由、卜商，右侧是冉耕、宰予、冉求、言偃、颛孙师，像高 1.32 米。金庄文庙为山西省重点文物保护单位之一。

6. 反处东城的城隍庙

平遥古城内保留大量用于祈福、许愿等具有宗教性质的公共建筑，如文庙、清虚观、武庙、城隍庙、财神庙、吉祥寺等。下面主要介绍的是城隍庙。

城隍庙位于平遥古城东侧，这与城隍庙一般设于城市西北角的古制相悖。一般认为西城处于白虎位置，西城设城隍并广建寺庙，为的就是起镇压灾祸的作用。平遥城隍庙按照“天人合一”的思想，以南大街为轴，同平遥县衙东西相对。平遥城隍庙始建年代已不可考，该庙在清咸丰九年（1859年）庙会期间毁于火灾，于同治三年（1864年）续修。现存建筑规模属清代规制，庙院宏大，布局完整，总占地面积为7302平方米。

图 4-13　平遥城隍庙内景

此组建筑群坐北朝南，为前后四进院落，由城隍庙、财神庙、灶君庙以及真武楼等组成。总体布局既有寺庙建筑配置特色，又有官置建筑意趣。平遥城隍庙是目前国内保存最完整的城隍庙之一，其罕见的建筑结构及满布殿宇屋顶的琉璃艺术为一大特色。

7. 日升昌票号

票号可谓是银行的前身，而中国第一家票号“日升昌”就出现在平遥。日升，出自《诗经·小雅·天保》“如月之恒，如日之升”。票号取此名，寓意长盛不衰。晋商驰名已久，至清朝中期，山西平遥、太谷、祁县等地的商人有许多在北京等地营商。他们每到年终给老家运钞时，一般都要托镖局押运，而走镖运费高又不安全。北京晋商西裕成颜料庄的掌柜雷履泰和一些同乡商人商定，将钱交给北京的西裕成，然后到平遥的西裕成取现金。起初，雷履泰只为一些亲戚朋友帮忙，也不收汇费和手续费，后来同乡们都觉得这种办法方便，请求兑换的人越来越多，并同意出一些汇费。雷履泰认为这种生意利润大，就与东家李大全商议，将西裕成颜料庄改为日升昌票号，专营汇兑业务。清道光三年（1823 年）李大全出资 30 万两白银，将总号设于平遥县城内的西大街路南。这一举措填补了当时国内没有大宗现银汇兑业务的空白，因此受到全国各地商户的欢迎，日升昌得以迅速在全国开设分号，达 35 处之多，遍布全国大中城市、商埠重镇。日升昌票号以“汇通天下”闻名于世，其鼎盛时期年完成汇兑业务额达 3800 万两白银，可谓“日进千金”。在日升昌票号的带动下，平遥商户形成了开设票号的风潮，小小的平遥县城

图 4-14　平遥日升昌票号其一

图 4-15　平遥日升昌票号其二

成为当时全中国重要的金融中心。

日升昌票号创立之后，先有祁县、太谷的富商大贾竞相效仿，后有南方票号崛起，从而形成了全国性的金融网络，对清末民初商业贸易以及近代工业的发展起到了重大的推动作用。清代票号业极盛之时，山西的票号增加到 43 家，其中平遥票号就有 22 家。现在平遥还保留着雷履泰故居和日升昌、百川通票号旧址。日升昌票号旧址于 1995 年开始大规模整修，现已被辟为中国票号博物馆。

平遥城内日升昌总号在布局与设计上，充分考虑实用性和安全性。建筑为三进院落。第一进院落设柜房、账房、信房、库房，是接待普通客户和对内经营管理的地方。第二进院落的正中设中厅，是接待大客户和商讨分号营业事宜的地方。中厅门上悬挂着“紫垣枢极”匾，意味着这里是日升昌票号的决策及指挥中心。第二进院落还设有大掌柜、二掌柜和三掌柜的住房。第三进院落是生活区，其中的核心建筑为后厅。后厅门楣上挂有金字招牌“汇通天下”匾。日升昌将金库建在地下，并在存在安全隐患的地方设置绳索和铃铛，以作警报之用。整个票号的出入口仅是面向大街的五扇大门，一旦发生险情，只要关闭大门，整个票号就完全封闭。整座建筑合理利用空间，屋舍高低错落、主次分明，生活场所和办公场所相互嵌套，加上符合传统文化的各式设计，如照壁、屏风、楼阁等，使得整个票号既体现出古代商户，尤其是金融业商户的严谨，也体现了明清时期宅邸的华丽与温馨，大大增加了这座古代商铺的艺术美感。

8. 彩塑艺术宝库双林寺

位于平遥古城西南 6 千米的双林寺，是一座具有悠久历史的寺庙，以唐槐、宋碑、明钟、彩塑、元明清建筑闻名于世。双林寺原名中都寺，至宋代取佛经典故“双林入灭”，改名双林寺。因寺内现存的北宋大中祥符四年（1011 年）的石碑上提到该寺重修于北齐武平二年（571 年），可推测双林寺的历史当在 1400 年以上。

双林寺坐北朝南，占地面积约 1.5 万平方米，禅院在东，庙院在西。中轴线前端建有天王殿，前院有释迦殿、罗汉殿、地藏殿、

伽蓝殿和土地殿。中院为大雄宝殿、千佛殿和菩萨殿，其中大雄宝殿是明代时在焚毁的七重楼阁台基上重修的。后院有重建于明正德年间的娘娘殿和贞义祠。

双林寺现存彩塑 1600 余尊，大者丈余，小者尺许，是元明时期彩塑佛教造像的精品。其中释迦殿中的释迦牟尼佛最华贵，佛像仪容端庄慈祥，佛光照耀，显示佛祖法力无边。殿中影壁后墙所塑的渡海观音在十八罗汉的护持下普度众生脱离苦海，他单腿平放坐于莲台之上，衣带飘飘，凭虚御风，充满了动静之感。菩萨殿内的千手观音像仪容端庄而典雅，神态温柔又安详。26 条胳臂每个都塑造得圆润丰满，跟身体的比例恰到好处，毫无生硬、造作之感，达到雕塑艺术中和谐完美的境界。与菩萨殿相对的千佛殿中的韦驮塑像造型夸张，全身呈“S”形，表现出动感和力度。他右臂握拳下垂，肘部外张，给人一种孔武有力、威猛雄健之感，具有强烈的视觉冲击，被推为全国同类作品之冠。

9. 第三古老的木结构万佛殿

镇国寺位于平遥县城东北 12 千米的郝洞村，原名京城寺，明嘉靖十九年（1540 年）改称镇国寺，后经清代多次修葺。现如今的镇国寺为前后两进院，总面积 10892 平方米。中轴线上有天王殿、万佛殿、三佛楼，前院东西两侧有钟楼、鼓楼以及三灵侯、财福神、二郎、土地各殿，后院有观音殿、地藏殿等。

天王殿为元代建筑，单檐悬山顶，内塑天王像四尊。天王殿侧边的钟楼上有金皇统五年（1145 年）所铸的铁钟一口。

镇国寺内万佛殿为我国现存最古老的木结构建筑之一，它建于五代时北汉天会七年（963 年），在我国现存木结构古建筑中，仅晚于五台山的唐代建筑南禅、佛光二寺，名列第三。该殿面貌奇古，斗拱硕大，结构奇特，是国内少有的五代古建筑。虽经金、明、清历代修葺，但木结构原貌犹存。该殿整体梁架结构严密，用材规格符合力学原理，工艺细致精湛，表现出真正的工匠精神，因而历经一千多年的风雨仍岿然不动。万佛殿内共有 14 尊塑像，除 3 尊为明塑外，其余 11 尊皆为五代时期彩塑，为全国仅有。

三佛楼因供奉法身、报身、应身三佛而得名。三佛楼建于明代，清代重修时保留了前代的彩塑和壁画。塑像造型优美，两山墙壁画技巧古朴、娴熟。

镇国寺是我国历史文物中的瑰宝，也是研究我国古代建筑史和美术史的珍贵实物资料。

10. 特色古城民居

平遥古城民居显著特点有五：一是狭长的平面布局和封闭内敛的院落空间；二是“外雄内秀”的整体形态；三是四合院与锢窑[1]的美的结合；四是多样化的院落组合形态；五是丰富的风水信仰和其他民俗事象，比如“平遥古城十大怪”，其中就有“房子半边盖”一说。平遥民居之所以大多为单坡内落水，广为流传的说法是这叫“四水归堂”或“肥水不流外人田”。山西气候干旱，且风沙较大，将外围建筑建成单坡，能增加房屋临街外墙的高度，而临街又不开窗户，既能够有效地抵御风沙又能提高安全系数，而院内紧凑的布局则显示出对外排斥、对内凝聚的性格。

平遥古城民居多为严谨的四合院，有明确的中轴线，左右对称，主次分明，民居建筑结构以抬梁式木构架为主，建在台基上，间数多为一、三、五等阳数（奇数）。同一台基上的若干间组成一座单体建筑，庭院由若干单体建筑围合而成，一般形成“日”字形二进院或“目”字形三进院样式。富人家在院落一侧或院后建花园。正房一般为三间或五间的拱券式砖结构窑洞房，墙面厚实坚固，冬能保暖，夏能纳凉。

图 4-16　平遥民居宅院

1　锢窑，就是在地面上用土坯、砖或石等材料建造的仿窑洞式的建筑。

窑洞房前部加筑木结构披檐（俗称前檐）、柱廊，上覆瓦顶。正房屋顶为平顶，两侧砌砖梯，可登上。亦有屋顶后墙上层建照壁式风水楼或木结构双坡顶楼房。屋顶望板搭接，草泥厚重，筒板瓦合瓦，勾头、滴水、脊饰俱全。房舍前檐窗下筑槛墙。清代后，普遍增添“窗间墙”。左右两厢及倒座等房舍多为木结构单坡瓦顶，坡向内院。大门在中轴线左侧倒座梢间或在中轴线上，大门对面建影壁，或用砖雕，或用琉璃镶嵌成寓意吉祥的图案，也有做成山水图案的。

在南大街、东大街、西大街、城隍庙街、衙门街等主要商业街道两侧，有前店后寝式店铺商号。四合院倒座作为店铺，第一进院为经营管理和接待处，二进院、三进院供居住及贮藏，此类宅院前是商业街，后门接通巷道。有的大宅院在中轴线中端增筑过厅（俗称三截两院过道厅），作为会客和礼仪活动的地方。有的大户将几个三进院或多进院拼联，组成一个大院落。院落之间多用矮墙和垂花门做分隔。

雷履泰（1770—1849）是平遥县细窑村（今龙跃村）人。城中雷履泰故居为清道光年间始建。它坐北向南，为二进院落，中轴线上分别是南厅、中厅、正房，前后两进的东西两侧皆设厢房。南厅面北，面阔三间，现设为雷履泰生平事迹展厅。东、西厢房分别为男、女仆住房。中厅，俗称过道厅，亦面阔三间，为会客之所，所悬“拔乎其萃”金字匾，是雷履泰七十大寿时平遥商界所赠，以褒扬其首创票号之功绩。后院东、西厢房分别为其长子、次子居所。正房晋元楼，高两层，面阔三间，前有廊柱，为下窑上楼格局，是旧居内等级最高的建筑。楼名“晋元”，既可拆字理解为“山西第一楼”，又彰显了“起家三晋，元甲天下”的气魄。

第五章

清朝夏都，五族中心

——承德

在华北平原与内蒙古高原、东北平原的交汇处，原本“名号不掌于职方，形胜无闻于地志”（清康熙《御制溥仁寺碑文》）的小村落迅速发展成为一大都会，这就是清代“夏都”——承德。承德，旧称热河，在历史上由市区的避暑山庄、山庄周围的外八庙、承德府以及市区北部的围场满族蒙古族自治县的木兰围场组成。如今避暑山庄宫殿区为避暑山庄博物馆，园林区设避暑山庄管理处，外八庙设外八庙管理处，热河都统署等历史遗址由市文物部门管理。承德市是1982年国务院公布的第一批国家历史文化名城之一。

承德市位于河北省东北部，距北京200多千米，是因为清代康熙皇帝于四十二年（1703年）在此建立避暑山庄而兴起的。避暑山庄经过康熙至乾隆先后近百年时间的营建，成为一座大型皇家园林，又因清帝在此避暑、治国理政、“木兰秋狝”、演武练兵，而成为清代的副

政治中心。由于这一时期还建造了由理藩院主管的外八庙等大规模宗教庙宇，避暑山庄还成为中华民族团结、统一的见证者和书写者，康熙、乾隆诸帝，都曾在这里接见少数民族的王公贵族和宗教首领。康、雍、乾三帝对以避暑山庄为核心的承德的经营经历了从木兰围场的设置，到避暑行宫的开辟，再到向重要政区的转变，终使承德成为“畿辅东北一大都会”。正如乾隆皇帝于《钦定热河志序》中所说：“皇祖建山庄于此地，非为一己之豫游，实贻万世之缔构。”

2015年河北省人民政府规定承德历史城区范围为北至狮子沟北侧山体山脊，东至磬锤峰山脊、罗汉山西麓及鳄鱼山山脊，西至二道沟公园、佟山公园及石洞子沟公园东侧，南至石油南路、武烈河中心线及承德火车站南界，总面积约39.3平方千米。同时，划定二道牌楼和滦河老街两处历史文化街区。

一 在多民族国家统一进程中诞生

避暑山庄的建立始于康熙二十年（1681 年），康熙皇帝为“肄武绥藩”而创建木兰围场。先有木兰围场，后有避暑山庄。

1. 地处要冲

历史上热河是北方游牧民族聚集之地，也是中原通往东北地区、连接蒙古的中枢要冲，具有重要战略地位。满族统治者入关后，以英勇善战著称的八旗兵战斗力迅速削弱，特别是在平定三藩、收复台湾的战争中“骄逸自安”之态暴露无遗。为保持满族“国语骑射”的优良传统，整军备战，年轻的康熙皇帝决定“行围习武”，重振八旗雄风。于是，他在康熙十六年（1677 年）九月第一次巡狩，选定地处蒙古诸部中心地带的热河一带建立狩猎围场。

2. 肄武绥藩

当初满族统治者能够入主中原，与蒙古诸部鼎力支持密不可分。他们通过结盟、联姻、封爵等方式，与蒙古诸部建立同盟关系。继续巩固满蒙同盟，以蒙古作为安塞固疆的“长城”，成为清朝前中期的基本国策。康熙北巡行围狩猎，除军训骑射、习武强军外，在行围过程中，还通过接见、宴筵、赏赐等方式“加之恩意”来团结蒙古及其他少数民族。康熙二十年（1681 年），康熙皇帝率领王公大臣和八旗官兵出塞北巡。蒙古喀喇沁、敖汉、翁牛特、克什克腾等诸部王公，为祝海宇承平、四方安定，特向朝廷进献牧地；康熙皇帝相度地势，酌设围场，并将其命名为木兰围场。《清朝通典》载：“木兰围场在蒙古各部落中，周一千四百余里。国语（即满语）谓‘哨鹿’为‘木兰’，故以得名。圣祖仁皇帝因喀喇沁、敖汉、翁牛特等诸部落所献牧地置，岁行秋狝。”

3. 天然牧场

木兰围场介于察哈尔、锡林郭勒、卓索图、昭乌达四盟之间，东西间距约 150 千米，南北间距约 100 千米，周边长约 650 千米，总面积 1 万多平方千米。围场境内山峦起伏，清泉、溪流、湖沼散布其间，保持了森林、草地的原始生态，虎、豹、熊、狼、野猪、野兔、狍狲、麋鹿等各种野生动物于此栖息繁殖。

4. 运筹帷幄

木兰围场设立后，康熙每年都率领宗室王公和六部大臣，在满蒙八旗兵的扈从下北巡塞外，在此会见蒙古诸部。这是一场国家军事、政治动员，而不是简单的游山逛水。在避暑山庄建立之前，每当皇帝秋狝时，这里就发挥国家军政中心的作用。当时清军在黑龙江与侵扰我边疆的沙俄军队作战，很多军报文书都送到这里的行宫，康熙又在此发出指令，真正是“运筹帷幄”。康熙二十四年（1685 年），康熙皇帝在秋狝途中得到大军收复雅克萨的捷报，当晚举行祝捷活动。二十八年（1689 年），康熙皇帝在行围途中批准签订《中俄尼布楚条约》，保证了中国东北边疆此后一百多年间的和平安定。二十九年（1690 年），康熙皇帝亲征以噶尔丹为首的蒙古准噶尔部分裂势力，他命大军出京直奔木兰围场，在围场以北的乌兰布通（今内蒙古赤峰市克什克腾旗）与之展开决战，最终消灭噶尔丹军主力。三十年（1691 年），康熙皇帝经木兰围场西部小滦河、御道口一带到达多伦诺尔（今内蒙古锡林郭勒盟多伦县），与内蒙古诸部和新归附的蒙古喀尔喀部举行“多伦会盟”典礼，从而促进了民族团结和国家统一。

二 随“康乾盛世”走向高峰

1. 从热河行宫到避暑山庄

为满足皇帝统率大军在途中的食宿起居和物资储备等需要，从北京至木兰围场之间先后修建了二十多处行宫，其中热河行宫是最大的一座。在木兰围场建立二十年后，康熙皇帝出喜峰口，溯滦河而上，到达叫作上营的据点时，看到这块大小适中的盆地里热河温泉云雾蒙蒙，武烈河水波涛滚滚，不远处磬锤峰昂然挺立，周遭秀岭参差，当中盆地沃野平旷，于是将其视为建立大型御苑行宫的风水宝地。康熙四十二年（1703 年），康熙皇帝正式决定建立热河行宫。

图 5-1　承德避暑山庄匾额

为加快行宫建设，康熙皇帝下令从全国各地征调能工巧匠参加建设工程，至康熙五十年（1711 年），热河行宫建筑已初具规模，康熙皇帝御题“避暑山庄”匾额，并于山庄内选盛景三十六处，皆以四字为名，为区别乾隆皇帝所题三十六景，人们在景前分别冠以两位皇帝的年号。

2. 康熙三十六景

康熙三十六景集中在宫殿区和苑景区的湖区、平原区。在纵贯南北的轴线上分别建置，由前部宫殿区打头，有“烟波致爽”“云山胜地”“万壑松风”。湖区以“芝径云堤”曲径为脉络，连通“环碧”“月色江声”“如意洲”湖中三岛，这取自“东海三仙岛”和汉武帝昆明池以来皇家园林“一池三山”的题材。如意洲上门殿为“无暑清凉”，正殿为“延薰山馆”，后殿为“水芳岩秀”，还有“金莲映日”“西岭晨霞”“云帆月舫”“澄波叠翠”。从“水流云在”往北，沿西湖、半月湖到武烈河水进山庄闸口处，在沿湖两岸山麓、湖畔、原野上分别置景。澄湖之中，以金山岛为中心，有“镜水云岑”“天宇咸畅”。北至热河泉边，有“香远益清”。沿湖为“甫田丛樾”“濠濮间想”“莺

嵉乔木”“水流云在”四座亭子。隔湖相望有“芳渚临流”，旁有“双湖夹镜”，与“长虹饮练”南北相对。西湖两侧有“石矶观鱼”“远近泉声”“曲水荷香”“云容水态”。“锤峰落照”“北枕双峰”“南山积雪”“四面云山”四亭均位于山庄岗峦之巅，遥相呼应。“北枕双峰”与“南山积雪”两亭间的山鞍部有一庭院，即为“青枫绿屿”。北山有“泉源石壁”，与之相对的是一座双层楼阁“暖流暄波”。山区峡谷依山临水有“松鹤清越”“风泉清听”“梨花伴月”“澄泉绕石”等。

3. 乾隆三十六景

乾隆皇帝于六年（1741 年）七月，第一次举行木兰秋狝，特传谕旨阐明此举的重要意义：“古者春蒐（菟），夏苗，秋狝，冬

图 5-2 承德避暑山庄水心榭 姜舜源 摄

狩，皆因田猎以讲武事。我朝武备超越前代，当皇祖时屡次出师，所向无敌，皆因平日训肄娴熟。是以有勇知方，人思敌忾。若平时将狩猎之事废而不讲，则满洲兵弁，习于晏安，骑射渐至生疏矣。皇祖每年出口行围，于军伍最为有益，而纪纲整饬，政事悉举，原与在京无异。至巡行口外，按历蒙古诸藩，加之恩意，因以寓怀远之略，所关甚巨。……朕之降旨行围，所以遵循祖制，整饬戎兵，怀柔属国，非驰骋畋猎之谓。”（《清高宗实录》）这是清代皇帝系统阐述到承德木兰秋狝的意图：利于军事，行围习武；驭边绥藩，按历（即按察）诸藩。因此，乾隆皇帝确定继续每年举行木兰秋狝，并对避暑山庄实施维修与扩建工程。

首先将如意洲上原有的几组建筑进行了调整与改建。乾隆十四年（1749 年），乾隆皇帝为安置母亲崇庆皇太后等，仿照康熙修建松鹤清越，在正宫区东部修建了松鹤斋一区建筑。十六年（1751 年）修建了嘉树轩、乐成阁和永佑寺等建筑。十九年（1754 年）翻修了正宫区，新建了德汇门内一大组建筑——东宫。将原来偏东的正宫门向正南移建，并将形制改为三孔门洞的城台式门楼。乾隆题曰“丽正门”，以汉、满、蒙古、藏、维吾尔五种文字镌刻在正中央门洞的门额上。门前立红照壁、下马碑、石狮。在移建宫门的同时，对行宫南面的宫墙进行了修整，“叠石缭垣，上加雉堞，如紫禁之制”。说明乾隆皇帝把避暑山庄视同副都。至此，避暑山庄的扩建工程告一段落。乾隆将新建的景点和康熙时期修建而没有入景的自然景观以三字命名集成乾隆三十六景，依次为：

丽正门、勤政殿、松鹤斋、如意湖、青雀舫、绮望楼、驯鹿坡、水心榭、颐志堂、畅远台、静好堂、冷香亭、采菱渡、观莲所、清晖亭、般若相、沧浪屿、一片云、蘋香沜、万树园、试马埭、嘉树轩、乐成阁、宿云檐、澄观斋、翠云岩、罨画窗、凌太虚、千尺雪、宁静斋、玉琴轩、临芳墅、知鱼矶、涌翠岩、素尚斋、永恬居。

康熙、乾隆各三十六景，应道家神话传说中的“三十六洞天”；合计七十二景，应“七十二福地”。

4. “移天缩地在君怀”

晚清王闿运《圆明园词》有“谁道江南风景佳，移天缩地在君怀”句，道出清代皇家园林造园艺术特色——集锦式造园。避暑山庄也是这样。

乾隆在位期间曾六下江南，随时将沿途名胜绘图带回，在避暑山庄、圆明园等处仿建，造园工程始终未曾停止。先是将一批批江南名胜景点“移植”至避暑山庄，文园狮子林、烟雨楼、沧浪屿、文津阁等都是这样建造的。接着在西北山区西峪、榛子峪、松林峪、梨树峪、松云峡等自然沟峡中兴工，如西峪建秀起堂、有真意轩、静含太古山房，松林峪建绿云楼、食蔗居，松云峡建山近轩、敞晴斋、宜照斋、玉岑精舍、碧静堂等。乾隆还在这些峰峦叠嶂、沟壑纵横、古木参天的山区中陆续修建了旃檀林、水月庵、珠源寺、西峪龙王庙、鹫云寺、碧峰寺、广元宫等七组宗教建筑，与山庄外的外八庙遥相呼应。

图 5-3　承德避暑山庄烟雨楼 姜舜源 摄

与一般集锦式园林不同，避暑山庄是在真山真水的基础上，整合祖国锦绣河山之精粹。从避暑山庄总体格局看，它就是我国版图的微缩版：山庄西北是山区、高地，东南是湖泊、水乡，西北高、东南低，这正是我国的地势特征；从山庄西北三大峡谷引的溪流，主要是由西向东流的，正如黄河、淮河、长江由西向东奔流，唯有西峪溪水向南注入市区旱河，又似澜沧江南下；北部万树园恰好代表蒙古草原……

避暑山庄在造园艺术上对名园的“写仿”并非机械模仿，而是在传神写照的基础上提炼升华。作为艺术的再创作，它是继承，更是创新。例如，青莲岛上的烟雨楼就是仿浙江嘉兴南湖烟雨楼建造的，但楼的体量、建筑精美程度远高于原景，其开朗、疏阔、浩渺的意境比原景更胜一筹；金山岛是仿照镇江金山设计的，镇江金山最富特色的建筑是慈寿塔，塔与山的比例是 1 ： 2，山庄金山以阁（上帝阁，又名金山亭）代塔，抓住这最重要的特征加以突出，把阁与山的比例扩大至 1.3 ： 1，使上帝阁雄踞山顶之势更加鲜明。

图 5-4　承德避暑山庄金山及上帝阁　姜舜源　摄

这种大胆的创意及营造出的艺术效果，都是原景不曾有的。

避暑山庄是中国现存的最大的皇家园林，占地面积达 564 万平方米，山庄内的洲岛丛林之中、群山峻岭之巅、平原溪谷之间，共有百余组景观，这些古建园林建于“康乾盛世”，其建造规模之大、用工之精、持续之久、耗财之多、艺术水平之高，都超过历代皇家园林，是中国古代皇家园林的收官之作。山庄内的建筑借山形水势突出自然美，而山庄周围的外八庙寺庙群，宏伟轩敞，红墙黄瓦，朱楹彤扉，金碧辉煌。二者相映成趣，表现了皇帝崇简、自抑，而对边疆民族和宗教极尽尊崇。这已经超越建筑、园林艺术范畴，体现出政治的艺术了。

5. 外八庙与“颂清德”“明得意”

我国历史上有一个特殊现象，西北边疆问题与少数民族问题常常是纠缠在一起的。自元代以来，居住在西藏和从新疆北部到蒙古的广大地区的蒙古族人民，信仰藏传佛教。清朝入关前后，也接受了蒙古族影响，信仰或尊崇藏传佛教。雍正帝为蒙古多伦诺尔善因寺御制碑文指出：“稽古圣王之治天下，因其教，不易其俗，使人易知易从，此朕继承先志，护持黄教之意也。”为免蒙古、西藏等边疆兄弟民族政教领袖进京朝觐时感染天花，康、乾、嘉等清代皇帝特在避暑山庄召见他们。为此，自康熙五十二年（1713 年）至乾隆四十五年（1780 年）的 67 年间，在避暑山庄东部和北部丘陵之间，十二座藏传佛教寺庙陆续拔地而起。其中普乐寺、罗汉堂、广安寺三庙，朝廷未安设喇嘛，而由内务府管理，余下的溥仁寺、溥善寺、普宁寺、普佑寺、广缘寺、安远庙、普陀宗乘之庙、

图 5-5　外八庙

殊像寺、须弥福寿之庙九座寺庙由朝廷驻派喇嘛。驻有喇嘛的九座寺庙设置八个管理机构（普佑寺附属于普宁寺），归清政府理藩院管辖，在北京设有八处（办事处），因为这些寺庙地处塞外，所以又称口外八处或外八处，俗称外八庙。

外八庙是清代北方藏传佛教的重要活动中心，与当时清帝处理蒙古、新疆、西藏等边疆地区的事件紧密相关。乾隆在《出山庄北门瞻礼梵庙之作》中指出："山庄城外北山一带，崇建寺庙。如普宁寺，系乾隆二十年（1755 年），平定西陲，四卫拉特来觐，仿西藏三摩耶庙式，建此以纪武成。安远庙，则二十四年（1759 年），因降人达什达瓦部落迁居于此，仿伊犁固尔扎庙式为之。普乐寺，则三十一年（1766 年）所建，以备诸藩瞻觐。至布达拉庙，成于三十五年（1770 年），仿西藏大昭式，敬建以祝慈釐。扎什伦布庙，乃四十五年（1780 年），班禅额尔德尼来热河，为予祝七旬万寿时，仿后藏班禅所居创建者。其他如殊像寺、广安寺、罗汉堂，诸所营建，实以旧藩新附接踵输忱，其俗皆崇信黄教，用构兹梵宇，以遂瞻礼而寓绥怀，非徒侈巨丽之观也。"

此前康熙五十二年（1713 年）康熙皇帝六十寿辰，蒙古各部扎萨克王、贝勒、贝子、台吉等"亲诣阙廷叩祝万寿，常贡之外，又贡进银二十万两，请建庙于热河"。康熙允其所请，在山庄外武烈河畔建立了溥仁寺和溥善寺，作为与蒙古诸部聚会之所。"溥善"意为大清皇帝施政如同传法，溥善于天下四方。

这些具有各民族风格的寺庙群，环绕避暑山庄，如众星拱卫北辰，体现"华夏一统，天下归心"的思想，正如乾隆皇帝所称："八纮和会，万里目前，遐迩由斯一体，中外所以一家。" 在乾隆皇帝看来，平定蒙古各部及新疆、西藏，是清朝最大的功劳。这些寺庙建成后，若边疆地区发生重大事件，乾隆皇帝即仿秦始皇琅琊刻石、泰山刻石等以"颂清德""明得意"，于相关庙内树碑立传。如乾隆二十年（1755 年）建造普宁寺，为纪念平定准噶尔部达瓦齐叛乱，乾隆皇帝还亲撰《平定准噶尔勒铭伊犁之碑》，分别在伊犁城和普宁寺勒铭纪念。之后不久，准噶尔部阿睦尔撒纳又制造叛乱，乾隆皇帝命清军于二十二年（1757 年）二度进军新疆，平定叛乱。次年，乾隆皇帝仍依前例，撰《平定准噶尔后勒铭伊犁之碑》，分别在伊犁城和普宁寺刻石立碑。三十六年（1771 年），蒙古土尔扈特部摆脱沙俄统治，千里东归。乾隆皇帝又撰《土尔扈特全部归顺记》《优恤土尔扈特部众记》纪念此事，并在普陀宗乘之庙的碑亭内刻碑立石。

下面简要介绍一下普宁寺和须弥福寿之庙。

普宁寺建筑形式为汉藏结合，前半部采取汉式伽蓝七堂传统格局，从南往北依次为山门、碑亭、钟鼓楼、天王殿、东西配殿、大雄宝殿，后半部则以藏式建筑为主体，利用起伏的山势在大雄宝殿的后面修建高大的金刚墙并以此为界，依照西藏三摩耶庙内的曼陀罗规制修建。大乘之阁代表佛国世界的中心须弥山；大乘之阁东西两侧分别建有日殿、月殿，表示日月绕世界中心运行；在大乘之阁东、西、南、北四方正中修建的四座形状各异的台殿，代表四大部洲；四座台殿的两侧各有一座藏式平顶白台，共八座，代表八小部洲；在大乘之阁的四角各建一座喇嘛塔，代表佛教中的“四智”。这十九座建筑及金刚墙组成的庞大的曼陀罗样式，将统一向心的建筑布局与佛教宇宙观相融合，体现了佛教“万法归一”的思想。

大乘之阁在我国古代建筑史上具有极高的艺术价值，其面阔七间，进深五间，通高 37.4 米，依山就势构成南面、东西两面、北面，各出六、五、四层檐，暗合佛教的“六合”“五大”“四曼”寓意。阁南北设窗，东西两侧以实墙封闭并在墙面饰有藏式梯形窗。大乘之阁造型华美、气势恢宏，在其阁顶突出一个大金顶，加之阁上簇拥着四个小金顶，形成五顶攒尖组合，体现奇特的美感。阁内供奉着世界最大的金漆木雕千手千眼观世音菩萨像，像通高 23.51 米，由松、柏、榆、椴、杉五种木材雕成，是我国木雕艺术之瑰宝。

须弥福寿之庙建于乾隆四十五年（1780 年），是乾隆皇帝

为前来祝寿的西藏政教首领六世班禅仿照西藏日喀则扎什伦布寺而建的。该庙占地面积 3.79 万平方米，是外八庙中规模较大的一座。须弥福寿，即是藏语“扎什伦布”的意译，意为福寿像须弥山一样大。庙门南向，庙内有山门、碑亭、琉璃牌楼、大红台、妙高庄严殿、御座楼、吉祥法喜殿、生欢喜心殿、金贺堂、万法宗源殿、琉璃万寿宝塔。妙高庄严殿为大红台的主体建筑，为六世班禅在承德期间讲经说法之所。妙高庄严殿东侧为乾隆御座楼，是乾隆来看望班禅时休息的地方。大红台西北角为班禅的寝宫吉祥法喜殿，殿高两层，下层为居室、上层为佛堂。妙高庄严殿和吉祥法喜殿的殿顶全部采用镏金铜瓦，在妙高庄严殿的屋脊上共有八条铜镏金行龙，每条重 300 多公斤，蔚为壮观。

乾隆四十五年（1780 年）七月二十一日，六世班禅一行跋涉万里，历时一年多抵达避暑山庄。乾隆在澹泊敬诚殿隆重地接见了班禅一行。而后班禅在六皇子和章嘉活佛的陪同下来到须弥福寿之庙。班禅在庙期间，乾隆多次来庙内看望班禅，请班禅讲经说法，并问询了达赖的情况，氛围极为融洽。六世班禅朝见乾隆，为统一的多民族国家的巩固和发展做出了杰出的历史贡献，而须弥福寿之庙也见证了一段民族团结的历史佳话。

三 一座避暑山庄，半部清代历史

1. 苑中宫，“塞外紫禁城”

避暑山庄是一座皇家园林，并且集办公、居住、休闲于一体，为满足功能需要，避暑山庄采取前宫后苑、宫苑结合的布局，宫廷区在前，园林区在后。宫廷区位于山庄的南端，包括三组并列的宫殿建筑群，分前朝和后寝两部分。

澹泊敬诚殿为前朝主殿，是清代皇帝举行重大庆典的场所，或在这里庆寿，或在这里召见王公大臣、各族政教领袖，其地位相当于北京紫禁城里的太和殿。因殿材为珍贵的楠木，故俗称楠木殿。大殿面阔七间，进深三间，为卷棚歇山顶，普通陶瓦覆顶，大理石铺地。整座大殿保持楠木本色，不饰彩绘，自有一股古朴典雅、庄

图 5-6 澹泊敬诚殿内景 孙卫军 摄

重肃然之气。殿内中央设紫檀镶黄杨木雕地坪，上置御座，御座背依紫檀木浮雕围屏一架，屏风上雕刻着《耕织图》，以劝课农桑。东西两壁原来张挂着当时以最先进的测绘手法绘制的清朝全国地图《皇舆全图》。北壁书橱原有《古今图书集成》一部。殿顶天花板有楠木雕"五福捧寿"等吉祥图案。宝座上方的内檐正中悬康熙御笔"澹泊敬诚"横匾。"澹"同"淡"，"澹泊"源自《易经》：

图 5-7　澹泊敬诚殿外景　孙卫军 摄

“不烦不扰，澹泊不失。”这四个字表达了康熙皇帝追求宁静无为以明德政，不忘真诚敬守祖法的意愿。澹泊敬诚殿东西配殿各五间，配殿之南各有乐亭一座。殿前庭院植松三十六株，蓊蓊郁郁，即使在盛夏，院内也是凉风习习。

从澹泊敬诚殿转过回廊是一处恬静的院落，中有一座五间大殿。康熙题额“依清旷”，之后乾隆增题“四知书屋”。“四知”取自《周易·系辞下》：“君子知微知彰，知柔知刚，万夫之望。”乾隆皇帝临朝前后在此殿休息、更衣，平时也常在这里会见群臣。

四知书屋北为硬山顶式的万岁照房（俗称十九间房，其中正中三间为迎六世班禅，曾作为“宝筏喻”佛堂，后成为太监、宫女侍班及存放物品之处）。正宫以万岁照房为界，前为前朝，后为后寝。

过万岁照房，进入后寝庭院，主体建筑就是康熙三十六景第一景烟波致爽殿。殿面阔七间，前后围廊，为卷棚歇山式瓦顶。整座殿俯湖依山，风景秀丽。康熙为避暑山庄三十六景题定景诗时，在《烟波致爽·并序》中言道：“热河地既高敞，气亦清朗，无蒙雾霾氛，柳宗元记所谓‘旷如’也。四围秀岭，十里澄湖，致有爽气。云山胜地之南，有屋七楹，遂以‘烟波致爽’颜其额焉。”殿内明间中央悬康熙御题“烟波致爽”匾，下设宝座，两侧有康熙和乾隆题的楹联。皇帝平时在此接受后妃的请安。西次间为佛堂，西稍间为西暖阁，即皇帝的寝室，咸丰曾在这里批准奕䜣作为清廷代表签署丧权辱国的《北京条约》。东次间为帝后闲坐叙话之所，内有一面“戒急用忍”匾。殿左右

跨院为东、西所，咸丰在此避难时，皇后钮祜禄氏（即后来的慈安太后）住东所，懿贵妃叶赫那拉氏（即后来的慈禧太后）住西所。咸丰驾崩后，慈禧太后在这里与恭亲王奕䜣密谋策划了宫廷政变，趁咸丰梓宫回京之际，将载垣、端华、肃顺等顾命八大臣下狱，宣布两宫太后垂帘听政，史称“辛酉政变”。

烟波致爽殿北为康熙三十六景第八景云山胜地楼。楼面阔五间，高两层，内不设楼梯，而是凭借楼前假山蹬道上楼。云山胜地楼一楼西间原设小戏台，帝后日常在此听曲看戏。二楼西间为佛堂，乾隆皇帝御题“莲花室”，室内原陈设玉观音一尊。

云山胜地楼北即正宫最后一重建筑——岫云门。岫云门为悬山式垂花门，名称化用晋陶渊明《归去来兮辞》中的“云无心以出

图 5-8 烟波致爽殿内景 孙卫军 摄

岫”。出岫云门，避暑山庄园林区风光便映入眼帘，切情切景，情景交融，可谓珠联璧合。

2. 宫中苑，“政事悉举”

避暑山庄作为离宫别苑，是清前中期第二政治中心。接见、筵宴、赏赐等活动，除在宫廷区澹泊敬诚殿、四知书屋和卷阿胜境举行，也在湖区如意洲的延薰山馆、平原区的万树园举行。

乾隆十八年（1753 年），厄鲁特蒙古杜尔伯特部首领三车凌因不堪准噶尔部欺凌而率部投归清政府。为了表彰他们的功绩，乾隆皇帝于次年在澹泊敬诚殿接见三车凌等人，分封他们为亲王、郡王、贝勒、贝子、台吉等。接着连续数日设宴款待三车凌。宫廷画家郎世宁绘制的《万树园赐宴图》记录的便是这次事件。

在清朝皇帝感召之下，继杜尔伯特部之后，准噶尔达什达瓦、哈萨克、土尔扈特等西北各部相继来归。

四十五年（1780 年）乾隆七十寿辰，西藏政教领袖六世班禅主动前来为乾隆皇帝祝寿。乾隆皇帝为其在山庄外仿照日喀则班禅驻锡地扎什伦布寺修建了须弥福寿之庙，还学习了西藏文语，以备晤谈。七月二十一日，六世班禅一行在六皇子和内蒙古章嘉活佛陪同下到达避暑山庄。乾隆皇帝在澹泊敬诚殿予以接见，班禅敬献吉祥哈达，行叩拜大礼。乾隆皇帝下座相扶，并用藏语与之交谈，更破例引班禅进寝宫参拜佛堂，然后又亲送班禅至岫云门，用御用黄盖肩舆将班禅送至须弥福寿之庙休息。第二天，乾隆亲自去庙内看望班禅一行，拈香礼佛。八月十三日，万寿庆典在澹泊敬诚殿举行。乾隆携班禅登上宝座，共同接受文武百官和各族王公、外国使臣的庆贺。

乾隆晚年，每年几乎有半年的时间驻跸避暑山庄，万寿庆典和重大的政治、外交活动均在这里举行。乾隆五十八年（1793 年），英国政府第一个正式外交特使马戛尔尼率领使团来华。乾隆在避暑山庄万树园接见马戛尔尼一行，马戛尔尼向乾隆敬献了英国国王的书信和礼品。到了乾隆八十三岁寿辰当天，马戛尔尼在大臣的引导

下至澹泊敬诚殿“行庆贺礼”，而后观看了盛大的阅兵，并参与万树园的宴会，观赏焰火。

嘉庆皇帝继位后，遵守康乾定制，巡狩塞外十余次，但清朝国势已由盛转衰，木兰围场也逐渐无兽可猎。嘉庆皇帝去世后，继位的道光皇帝实行紧缩政策，为免劳民伤财，在位三十年间未举行过木兰秋狝，避暑山庄也处于半维持状态。乾隆皇帝御制《避暑山庄后序》明文言道，顾虑经其扩建的承德避暑山庄，“较之汉唐离宫别苑，有过之无不及”，后代继承人若耽此享乐，就会误国亡国，故特著此文，王公大臣届时可持此文谏阻。岂料七十多年后，咸丰皇帝在英法联军攻打北京之际，躲到此处避难并逝于烟波致爽殿内。

避暑山庄及周围部分寺庙，于1961年被国务院列为首批全国重点文物保护单位之一；避暑山庄及周围全部寺庙，于1994年被联合国教科文组织列入《世界遗产名录》。承德市文物局和避暑山庄博物馆等各部门，数十年来持续推进文物古迹、园林建置的保护与修复工作。

避暑山庄见证了中国统一的多民族国家最后形成的历史，见证了清朝由初创走向兴旺再由盛转衰的全过程，见证了近代的苦难，也正在见证中华民族的伟大复兴！

第六章
丝绸之路，艺术之路
——敦煌

敦煌是1986年国务院公布的第二批国家历史文化名城之一。提起敦煌，人们自然而然就会想到莫高窟。实际上，作为历史文化名城，敦煌的自然遗产与文化遗产都极其丰富。三危山、鸣沙山、月牙泉、雅丹国家地质公园、敦煌古城、阳关遗址、玉门关遗址等闻名遐迩。

图6-1 莫高窟牌楼门

一 丝路明珠，咽喉要地

1.“开广西域，故以盛名”

敦煌置郡，始于汉武帝元鼎六年（公元前 111 年），“乃分武威、酒泉地置张掖、敦煌郡”（《汉书・武帝纪》）。东汉学者应劭解释为“敦，大也；煌，盛也”。唐李吉甫《元和郡县图志》进一步解释：“敦，大也。以其开广西域，故以盛名。”《汉书・地理志》记载当时敦煌郡“户万一千二百，口三万八千三百三十五”。《大清一统志》对其历史沿革及地理环境记载最详：“《禹贡》‘雍州’之域，古西戎地……汉为敦煌郡地，后汉因之……水有县泉之神，山有鸣沙之异，川无蛇虺，泽无兕虎。雪山为城，冥水为池，前阳关而后玉门，控伊西而制沙漠，全陕之咽喉，极边之锁钥。”

敦煌位于甘肃省河西走廊的西端，地处甘肃、青海、新疆三省（区）的交汇点，东临三危山，南望鸣沙山，北枕天山余脉，西接浩瀚无垠的库姆塔格沙漠，是古代连接中原与西域的咽喉之地，地理位置异常重要。此地三面环山，中有绿洲，承党河水流淌滋润，土地肥沃，四季分明，是难得的城市选址佳处，这奠定了敦煌在古代社会中不可动摇的地位。

2. 西出阳关无故人

敦煌附近的阳关和玉门关，是汉时重要的军事关隘和丝绸之路必经之地，一个在南，一个在北。出敦煌西行必然经过其中一关。西汉时，阳关为都尉治所，魏晋时设置阳关县，唐代设寿昌县。唐《元和郡县图志》记载：“沙州（即敦煌）寿昌县，阳关在县西六里。以居玉门关之南，故曰阳关。”盛唐诗人王维在《送元二使安西》中写道“西出阳关无故人”，说明盛唐时期此处官家驿站还在使用中。而据近代发现的敦煌文书 P.5034《沙州地志》记载，阳关在唐代后期已开始被毁坏：“阳关，东西二十步，南北二十七步，右在县西十里，今见毁坏，基址见存。西通石城、于阗等南路。以在玉门关南，号曰阳关。”宋代以后，随着海上丝绸之路的兴起，陆上丝绸之路衰落，阳关被逐渐废弃。乾隆皇帝《御制阳关考》：“阳关、玉门关均在党河以西。阳关西而偏南，故有阳名，详核形势正应在今党河西南与红山口附近。”

经过考古发现，当今学界基本认同阳关位于今敦煌市西南 70 千米外的南湖乡境内的古董滩[1]。

3. 春风不度玉门关

玉门关因相传西汉时西域和田的美玉经此关口进入中原而得名。盛唐边塞诗人岑参的《玉门关盖将军歌》提到当时的关口形势及守关兵力：“玉门关城迥且孤，黄沙万里白草枯。南邻犬戎北接胡，将军到来备不虞。五千甲兵胆力粗，军中无事但欢娱。”同为边塞诗人的王之涣在《凉州词》中咏道：“黄河远上白云间，一片孤城万仞山。羌笛何须怨杨柳，春风不度玉门关。”北宋仁宗景祐三年（1036 年）西夏占领整个河西走廊后，中原地区通往西域的陆上丝绸之路被阻断，玉门关逐渐淡出历史。

但关于玉门关的关址，历来看法不尽一致。原来，玉门关伴随着中原王朝经营西域政策的改动及中西交通路线的变化，关址有过几次改徙：西汉最早设置的玉门关，位于今甘肃省嘉峪关市石关峡，置关时间约在汉武帝元鼎六年（公元前 111 年）或稍后；西汉太初三年至四年（公元前 102—公元前 101 年）李广利第二次伐大宛之际，玉门关西迁至敦煌西北一带；东汉永平十七年（74 年），随着瓜州径通伊州（哈密）伊吾路的开通，玉门关又东迁至今瓜州县双塔堡附近；五代宋初，作为瓜沙归义军政权与甘州回鹘政权的

1　因这里的地面经常露出古钱币、箭头、饰品、陶片等而得名。

天然分疆之地，玉门关又重新设在石关峡。

现在的汉玉门关遗迹，俗称小方盘城，因其是一座四方形小城堡而得名，位于敦煌市西北 90 千米的戈壁滩上，为汉代玉门都尉的治所。现存城垣较为完整，呈方形，东西长 24 米，南北宽 26.4 米，残垣高 9.7 米，全为黄胶土版筑，面积 600 多平方米。开西、

北两门，在城堡的东南角，有一条窄小的通道可直达城堡顶部。

玉门关关城南有盐碱沼泽地，北临哈拉湖，再往北是长城，长城北是疏勒河故道。东西走向的长城蜿蜒逶迤，一望无际，每隔5里或10里便有一座方形烽火台。在东西长城之南，另有一南北走向的长城，绕过玉门关西侧，向南直达阳关。关城北坡东西走向的车道可直通中原与西域诸国。出玉门关西行5千米，有一段全国最独特的用土坯芦苇筑成的汉代长城，现仍保留完整，并配有烽燧。烽燧旁堆放的积薪垛已成为化石，仍保持原堆状，实为罕见的古物。玉门关及长城烽燧遗址于1988年被国务院列为全国重点文物保护单位之一。

在如今的玉门关景区，可以欣赏到一望无际的戈壁风光、虚无缥缈的海市蜃楼、形态逼真的天然睡佛以及戈壁中的沙生植物。这些景物共同构成了辽阔壮美的神奇画面。

图6-2 戈壁滩上敦煌汉代玉门关遗址 姜舜源 摄

二 科学揭秘鸣沙山、月牙泉

1. 沙漠奇观，孪生姐妹

唐李吉甫《元和郡县图志》载：“鸣沙山，一名神沙山，在（敦煌）县南七里。今按其山积沙为之，峰峦危峭，逾于山石。四面皆为沙垅，背有如刀刃，人登之即鸣，随足颓落，经宿风吹，辄复如旧。有一泉水，名曰沙井，绵历古今，沙填不满。水极甘美。”北宋乐史所撰地理著作《太平寰宇记》记载：“鸣沙山，一名沙角山，亦名神沙山，在（敦煌）县南七里。《辛氏三秦记》：‘河西

有沙角山，峰崿危峻，逾于石山。其沙粒粗黄，有如干糒。又山之阳有一泉，云是沙井，绵历古今，沙填不满。人欲登峰，必步下，入穴即有鼓角之声，震动人足。’《河西旧事》云：‘沙州，天气晴明即沙鸣，闻于城内。’又云：‘人游沙山，结侣少或未游，即生怖惧莫敢前。其沙或随人足颓落，经宿却自还山上。’”如今所见的鸣沙山，位于敦煌市南5千米处，山由细沙积聚而成，绵延40多千米，宽20多千米，沙垄相衔，峰如刀刃，远看连绵起伏如虬龙蜿蜒，又似大海风起云涌，波浪滚滚。沙粒分红、黄、蓝、白、黑五色，晶莹闪亮，不沾一尘，如遇摩擦振动，便会发出雷鸣般的响声，鸣沙山之名因此而得。

月牙泉，处于鸣沙山环抱之中，因形状酷似一钩弯月而得名。又因为湖畔生长的七星草、湖中的铁背鱼皆可入药，而被称为药泉。泉内星草含芒，铁鱼鼓浪，与鸣沙山相映成趣。

图6-3 敦煌鸣沙山和月牙泉

千百年来，绵绵沙山环泉而立，流沙随时可将一泓清泉湮没，而始终未曾湮没；月牙泉地处干旱沙漠之中，泉水却不浊不涸。沙山抱泉，泉映沙山，山泉共处，沙水共生，被誉为塞外风光一绝。鸣沙山、月牙泉两个自然奇观，如同大漠戈壁中的一对孪生姐妹，从古至今引起多少人的遐思妙想。

2. 月牙泉五推测

关于月牙泉泉水为什么能保持恒久，不少科学家曾做过种种推测，主要有五种看法：第一种，认为月牙泉是下部承压水通过天窗向上产生补给的自流泉，或称之为“上升泉”；第二种，认为月牙泉是因地质形成的“断层泉”；第三种，认为月牙泉是“风成湖”，即风蚀达到潜水面的深度时，在新月形沙丘的内湾部分形成月牙泉；第四种，推断月牙泉是南部基岩裂隙水或沙漠区地下水补给的溢出泉；第五种，认为月牙泉是古河道残留湖。持最后一种看法的人比较多，他们认为月牙泉是党河的一段古河道，是若干万年前古党河改道，从鸣沙山南麓流过，此后河道又发生改变，原来的古河道大部分被埋没，仅月牙泉一段残留下来，由于地下潜流在此处露出，形成了众多泉眼，进而聚集成湖，湖水不断得到地下潜流的补给，因而持久不涸。

随着科学技术的进步，为更好地保护月牙泉，甘肃省地质环境监测院于2010年对月牙泉进行了科学调查研究，经过地质勘探证明月牙泉是第四纪以来地质历史发展过程中，在内外动力地质作用和水文地质条件综合影响下的一种自然产物，是因具备松散的地质结构、低洼的地形条件和区域性地下水位较高这三方面条件而形成的。

3. 三要素形成月牙泉

首先，第四纪以来，由于地质构造的上升和沉降运动，党河和西水沟形成并不断发育，并且南部山区大量碎屑物质源源不断地被搬运到盆地中沉积下来。泉域大厚度的第四纪松散堆积物奠定了月牙泉下部较为单一的、松散的地质结构，这为泉域地下水的贮存和运移提供了有利的空间条件。

其次，低洼的地形条件是月牙泉形成的又一个重要因素。月牙泉洼地的形成，一方面与其所处的古地理环境有关，另一方面与区内风力地质作用有一定关系。第四纪以来，敦煌盆地松散物质的堆积物，基本以沙枣园和西水沟为中心，由南向北呈辐射状扩散，并形成以这两地为轴心的沉积区域，随着沉积物堆积逐渐增厚，最后形成目前所见的党河和西水沟这两处一大一小的冲洪积扇地形。这两大冲洪积扇的地形特点是扇顶及轴部地形较高，向边缘地面逐渐降低并趋于平缓，党河冲洪积扇和西水沟冲洪积扇的位置分别在月牙泉的东、西两侧。随着两个冲洪积扇不断扩展，沉积物不断堆积，两扇体相邻的两个边角逐渐靠拢并形成对接。由于沉积物堆积主要分布在水流流线辐射范围之内，而辐射区外围，特别是扇间洼地，一般很难接收到大量沉积物或者只能接收到少量细颗粒堆积物。这种物质地域上堆积的不平衡性，又直接控制着地形的高低和起伏。以两扇对接的内边和月牙泉南部断层为边界所组成的三角形区域，属于党河水流和西水沟水流流线辐射范围之外，基本上为沉积物难以进入的死角区。在外部不断接受沉积物和地形逐渐增高的同时，该三角形区域内则成为相对的低洼地形。该洼地的形成，为月牙泉的发育提供了有利的地形条件。第四纪全新世中后期，区内气候逐渐趋于干旱，风积、风蚀作用加强。风积作用使月牙泉南部及其周边堆积了大量松散的风积沙层，在地貌上形成了一个向南部弯曲的弧形沙丘；风蚀作用使沙丘内弯部分的洼地不断加深。

最后，区域性地下水位较高，则是月牙泉形成的关键。缺少这一关键条件，月牙泉不可能形成；失去这一条件，也将失去月牙泉。从水文地质条件来看，月牙泉周边除东部外，其他三面均有沙山。尽管现代风沙的堆积使西部和北部构成了泉域与外围冲洪积平原的地表分水岭，但由于现代风沙下部均为数百米厚的第四纪松散堆积物，泉域地下水与外围平原区地下水仍然保持着一种天然的补、径、排关系和水力联系，它的补给和排泄始终维持着一种动态

平衡。泉域地下水主要来自西北部冲洪积平原区地下水的补给，在大型水利工程修建和地下水被大量开采之前，敦煌盆地区域地下水位普遍较高。在这种较高水位条件下，西北部平原区地下水通过地下径流进入泉域，在地形较低的洼地溢出地表，于是形成月牙泉。所以说，较高的区域性地下水位，是月牙泉形成的关键条件，也是月牙泉数千年不干涸的基本保证。

实际上，近几十年来随着全球缺水现象日趋严重，月牙泉泉域地下水水位下降严重。例如，20 世纪 60 年代末，月牙泉水域面积仍保持在 22.3 亩，最深处达 7.5 米，到了 2006 年，最大水位已下降至 1 米，湖面积减小到 7.8 亩，千百年恒存的月牙泉面临着干涸枯竭的威胁。2000 年以来，政府采取一系列措施，补充地下水源。其中的月牙泉恢复补水工程是在月牙泉周围修建多个渗水池向地下渗水，不断补充月牙泉周边的地下水，从而保持并提高月牙泉的水位。这一工程的主体部分已于 2017 年 10 月完工，月牙泉水位得到稳定并逐步提升，暂别了消亡危机。

4. 四阶段造就鸣沙山

中国科学院寒区旱区环境与工程研究所的敦煌戈壁荒漠生态与环境研究站，对敦煌鸣沙山—月牙泉的金字塔沙山三维风速、上升气流、地表流场、沙丘沙粒等方面特征进行了实地观测，于 2016 年发表了针对鸣沙山—月牙泉地形的研究报告。

鸣沙山属于金字塔形沙山，沙丘南北宽 10 至 15 千米，东西长约 30 千米，海拔 1250 至 1600 米，相对高差 300 米左右。鸣沙山的高大沙山下覆着类似“岩石核”的基底，这足够大的基底，为高大沙丘的形成奠定了基础。风沙堆积到一定高度时，上升气流及风速放大作用逐渐形成和发展，使沙丘形态的发育与气流的互馈作用增大。当沙丘大小达到“临界尺度”以后，次级气流产生。沙丘在金字塔形态得以维持的前提下，体积不断增大，能够经受风向改变的影响，不因吹蚀发生形变和移动。鸣沙山形成、演化包括四个阶段。

第一阶段是小型纵向沙垄的形成阶段。鉴于偏西风及偏南风是两组较强的风，且纵向气流强于横向气流，纵向沙垄的头部会有一个典型的类似横向沙丘的落沙面。当落沙坡小于一定高度时，偏东风特别是上升气流相对较弱时，对落沙面有一定影响，沙垄进一步发展。偏东风对沙垄前部落沙坡的作用也逐渐增强，形成小型纵向沙垄。

第二阶段是下覆地形作用阶段。当小型纵向沙垄延伸遭遇地形障碍时，沙垄可顺势爬升，且受下覆地形影响，对扩展沙垄基底面积具有重要作用。沙垄基底扩大，沙垄前部的落沙面也顺势逐渐变宽变高。基底的形成，为高大沙山的形成奠定了基础。

第三阶段是金字塔形沙丘的形成阶段。当沙垄丘体达到"临界尺度"时，偏东风的上升气流及风速放大作用逐渐显现并增强，东、西、南三个面气流的聚积有利于沙山的增高。典型落沙坡演变为偏东风作用下沙丘的迎风面，从而形成典型的金字塔形沙丘。

第四阶段是金字塔形沙山的发育阶段。随着金字塔形沙丘越来越高大，风阻区的偏东风上升气流得到进一步加强，沙丘形态与上升气流的互馈作用进一步增强，金字塔形沙丘逐渐演化为高大的沙山。

以上各种作用相辅相成，长期维持平衡状态，使得鸣沙山不增不减，如同苏轼在《赤壁赋》中形容月亮那般，"盈虚者如彼，而卒莫消长也"。

三 中西交汇，艺苑奇葩

1. 三线要冲，“华戎所交”

汉代开始兴旺的陆上丝绸之路是中西商贸的交通纽带，而古人在进行经济活动的同时似乎特别在意文化生活。丝绸之路沿线的地上文物遗存及层出不穷的地下出土文物，无不表明当时丝绸之路文化艺术之繁盛。丝绸之路堪称艺术之路，而敦煌莫高窟正是这条艺术之路上的璀璨明珠。

位于甘肃省河西走廊西端与南北丝绸之路交汇处的敦煌，是汉唐时期丝绸之路的咽喉要塞，也是丝绸贸易的货物中转地。由敦煌东进，经河西走廊，可至长安、洛阳等地；西出敦煌，过西域，可入中亚、西亚及南亚诸国，还可远达欧洲；向北翻过马鬃山，便是北方草原；向南越过阿尔金山，可接唐蕃古道。敦煌壁画中就有中原地区商人与西域商人在丝绸之路上东来西往、相望于道的情景，像北周第296窟《福田经变》，一边是高鼻深目的胡商，牵着驮货的骆驼，另一边是北周商人骑着马，赶着满载货物的驮队，双方在桥头相遇。

敦煌同时也是中外文化的交汇之地，南朝人刘昭评价敦煌是“华戎所交，一都会也”；《魏书·释老志》称：“敦煌地接西域，道俗交得其旧式，村坞相属，多有塔寺。”公元4世纪到14世纪，历代艺术家、僧俗民众在这一带陆续营建了大量洞窟。敦煌石窟内容以中原汉族文化为主，也有鲜卑、吐蕃、回鹘、羌、吐谷浑、蒙古等各少数民族的文化，还有中亚粟特、南亚印度、西亚波斯文化，甚至包括了欧洲希腊罗马文化。敦煌石窟是以中国古代多民族文化

图 6-4　唐代第 323 窟　汉代张骞出使西域图

为主的欧亚文化交流、融合的结晶。比如，莫高窟中唐代的第 323 窟描绘了汉代张骞出使西域的场景；唐代的第 203 窟和五代的第 98、61、72 窟描绘了名僧刘萨诃西行求法并活跃于河西走廊的画面；而东来传教的僧人康僧会、佛图澄则在唐代的第 323 窟有所描绘。

2. 乐僔、法良，开启莫高

敦煌石窟是古敦煌地区所有佛教石窟寺的统称，主要包括敦煌市的莫高窟、西千佛洞，敦煌附近的瓜州县榆林窟、东千佛洞，肃北蒙古族自治县五个庙石窟等。

敦煌莫高窟是敦煌石窟的代表，为 1961 年国务院公布的第一批全国重点文物保护单位之一，在我国加入联合国教科文组织《保护世界文化和自然遗产公约》后，于 1987 年被批准列入《世界遗产名录》。

敦煌莫高窟位于敦煌市东南 25 千米的鸣沙山东麓，前临宕泉，东望祁连山支脉三危山。它在晋时曾称仙岩寺，十六国前秦时正式

名为莫高窟。关于“莫高”的出处，有多种说法，最流行的说法是“沙漠高处”，由“漠高”变为“莫高”。笔者猜测，“莫高”之名应出自《文子·上德》：“高莫高于天也，下莫下于泽也，天高泽下，圣人法之。”在此用以形容佛法至高无上。

根据敦煌研究院藏武周圣历元年（698 年）《李君修慈悲佛龛碑》记载，莫高窟始建于前秦建元二年（366 年）：“莫高窟者，厥初秦建元二年（366 年），有沙门乐僔，戒行清虚，执心恬静，尝杖锡林，行至此山（三危山），忽见金光，状有千佛，遂架空凿险，造窟一龛。次有法良禅师，从东届此，又于僔师窟侧，更即营建。伽蓝之起，滥觞于二僧。”

已有研究揭示，莫高窟等石窟最初只是由少数僧人开凿而成，用于修行坐禅，例如现存最早的北凉禅窟第 268 窟（该窟有 4 个禅室，编号分别为 267、269、270、271，合编为第 268 窟）。525 至 576 年，先后任瓜州刺史镇守敦煌的北魏宗室元荣和北周建平公于义，各续建一大窟。在莫高窟开窟造像之风渐盛，不少王公贵族、平民百姓都参与以莫高窟为首的敦煌石窟营造。莫高窟至今保留着十六国、北魏、西魏、北周、隋、唐（分初、盛、中、晚四期）、五代、宋、西夏、元等各个政权所建洞窟，形成南北绵亘 1600 多

图 6-5 敦煌莫高窟远眺

米的石窟群。莫高窟现存的735个石窟分布在15到30多米高的断崖上，呈1至4层排列不等，分为南、北两区。南区492座洞窟，主要是礼佛场所，拥有彩塑2000多身，壁画45000多平方米，唐宋木构窟檐5座；北区243座洞窟，主要为僧侣修行、居住、瘗埋的场所，其中还有土炕、灶坑、烟道、壁龛、灯台等，但一般没有彩塑和壁画。

3. 彩塑、壁画

限于当地地质条件，敦煌石窟基本上开凿于石质结构不均匀的砾岩之上，与大同云冈石窟的细砂岩、洛阳龙门石窟的碳酸盐岩有所不同。因为砂岩无法精雕细刻，于是古人因地制宜，以泥塑彩绘和壁画为主要艺术表现形式，使这里成为彩塑佛国。

彩塑是敦煌石窟艺术的主体，是信众崇拜的主要偶像，一般置于石窟佛龛、中心塔柱龛或佛坛的显著位置，并与周围的壁画内容相连，浑然一体。匠人首先制作木骨架，上束苇草，外敷粗泥以塑大概形态，再用细泥刻画肌肤、表情、须发、服饰等细节，最后施加彩绘，塑造出

图6-6 菩萨、迦叶、天王彩塑及身后壁画

栩栩如生的人物形象。

壁画是敦煌石窟艺术的重要组成部分，适于表现复杂的场面和丰富的内容，与居主体位置的彩塑相互衬托，二者相得益彰。敦煌壁画是在汉晋传统绘画基础上，吸收、融合外来艺术因素创造的具有中国风格的民族佛教艺术。在石窟开凿工程完成后，工匠们在石壁上涂抹两三层草泥，再用细泥收尾（这一过程称为制作地仗），制成坚实平整的墙面、天棚。画师们可以直接在地仗表面作画，或者刷上一层粉作为铺底后再绘制，这就形成了壁画。敦煌壁画、天顶画绘制的佛门故事和神话传说极富佛教艺术感染力，绘制的人间宫殿、亭台楼阁、世俗生活极富史料价值，成为建筑史、民俗史等学术研究的宝库。敦煌石窟艺术是集建筑、彩塑、壁画于一体的综合艺术。敦煌石窟因历史悠久、规模宏大、内涵深邃、保存完好而享誉国内外，是我国乃至世界的艺术宝库。

图 6-7 第 96 窟外观——九层楼，俗称大佛殿

4. 千年遗构，目不暇接

莫高窟石窟形式多样，有禅窟、殿堂窟、中心塔柱窟、大像窟等且规模不一，最小的第 37 窟高不盈尺，最大的第 16 窟达 200 多平方米，最高的是第 96 窟，其外附岩而建的九层楼是莫高窟的标志性建筑。

敦煌研究院根据洞窟的形式和功能，将莫高窟现存的735个洞窟，分为九种类型。

中心塔柱窟 这类洞窟的前半部是人字披顶，后半部有方形柱支撑窟顶，称为塔柱，这是仿照佛塔形式建造的，塔柱四面开龛，中置佛像，是早期石窟结构形式，并结合了印度支提窟形式与汉式建筑人字披顶。这一洞窟形式除受印度和之前的新疆造窟形式影响外，还与佛教徒当时修习禅行、绕窟巡礼、坐禅观像有密切关系。其中的第254、248、428窟等可谓是莫高窟中心塔柱窟的典型。

北周第428窟是敦煌早期最大和最典型的中心塔柱窟。前部的人字披顶严整写实，用红色颜料画出梁、檩、椽等木结构建筑的构件。中心塔柱四面各开一圆券形大龛。窟内壁画内容丰富，北壁绘说法图、降魔变等；西壁绘宝塔品、涅槃变、二佛并坐等；南壁绘说法图、卢舍那佛等；东壁为佛本生故事画，其中南侧绘有萨埵太子舍身饲虎的故事。话说，国王大车的三个儿子一日入山狩猎，

图6-8 第428窟 中心塔柱窟

图 6-9　第 428 窟　萨埵太子本生场景（局部）

见一雌虎领数幼虎，雌虎因饥饿将食其子。三太子萨埵愿舍身救济，以木刺伤身体，投身崖下，以身饲虎。两位兄长将萨埵饲虎之事还告父母。国王夫妇赶至山谷，抱尸痛哭，收拾遗骸起塔供养。这一故事画均以三条横卷相接，呈连环画构图，用笔简练，手法写实。图案化的群峰和树木，既表明了故事发生的环境，又具有装饰效果。此外，本窟中还绘有供养人像一千多身，是敦煌石窟中供养人像最多的洞窟。根据这些画像推测，该窟可能是由当地各寺院比丘共襄义举、集资所建的。

覆斗顶形窟　这类洞窟因窟顶形如覆斗而得名。这种形制受汉墓构造形式的影响，洞窟平面呈方形。窟内多在西壁开凿一个佛龛，也有少数洞窟在南、西、北三壁各凿一龛，有的没有开凿佛龛。覆斗顶形窟是敦煌石窟的主要形制，在莫高窟中最多，各时代都有，主要集中在隋唐两代，例如西魏第 249 窟，北周第 296 窟，隋代第 420 窟，初唐第 220 窟，盛唐第 328、45 窟，中唐第 159 窟及晚唐第 156 窟等。

第 420 窟为覆斗形顶，平面呈方形。南、西、北三面各开一龛，西壁为圆券龛，龛口略方，为内外两层，龛内塑一佛、两弟子、四菩萨。南北两壁开方形浅龛，龛内各塑趺坐佛和胁侍菩萨。此窟塑像体形结实，形象端庄，菩萨像肩宽腰细，比例匀称，面部轮廓分明。裙上所饰联珠纹构成的圆环形中，又有狩猎纹图案。这种狩猎联珠纹图案属于波斯艺术风格，是隋朝经营河西，重新打通丝绸之路后，东西文化交流活跃的结果。

此窟南、东、北三壁大面积绘制千佛。在东壁门上利用矩形空间绘制说法图：佛居中呈结跏趺坐，左为观音，右为大势至，十大弟子分列于后，上方华盖高悬，菩提树青翠繁茂，两身飞天手持鲜花前来礼佛。整体构图平稳均衡，着色浑厚朴实。

图 6-10　第 420 窟　藻井

此窟窟顶是斗四莲花藻井，井心绘三兔纹样花饰，内、外岔角分别绘童子飞天和有翼兽，方井外框饰以忍冬狮子联珠纹。窟顶四披，绘巨幅经变画。学术界主流观点认为四披内容为法华经变，西披和北披为序品，东披为观音普门品，南披为譬喻品。整个窟顶四披的经变画以树石花卉、塔庙寺院、流泉莲池、行云飞花等景物作为各种场面的分界，构图自由，考虑周到，人物聚散疏密适当。此窟壁画的辉煌成就印证了中国传统绘画的发展至隋朝发生质的飞跃，完成了由人物画向山水画的发展演进。这座隋朝石窟，与存世最早的山水画卷——隋展子虔的《游春图》相互辉映，是中国绘画发展史上里程碑式的经典之作。

殿堂窟　与覆斗顶形窟大致相同，但殿堂窟的布置更接近宫殿，大多是大型洞窟，建于唐代后期及五代。洞窟中心是佛坛，坛上塑有佛像，坛前有阶陛，坛后部有背屏[1]与窟顶相接，也有个别洞窟无背屏。坛四周与四壁之间保持一定的距离，起通道的作用，信徒可围绕佛坛右旋环通，礼佛瞻佛。典型的殿堂窟有晚唐第85、196窟，

1　背屏是在凿窟的同时预留下的一面石壁，由于坛上主尊塑像就安置在这面石壁前，故而得名。

五代第98、146窟，元代第61窟等。

第146窟建于五代时期，又名宝贝佛殿。窟顶藻井有保存完好的团龙鹦鹉井心，卷草舒展、垂幔自然；四角是怒目圆睁的四大天王，用来镇窟护法。窟内西壁绘劳度叉斗圣变故事，画面诙谐幽默、生动活泼。四壁下部以屏风画形式绘制的贤愚经变，情节曲折离奇。五代时期的敦煌壁画，虽然保持了唐代壁画人物丰满、圆润的特征，但在用色、线描、构图及创新等方面已不如唐代恢宏、细腻。这种演变，显然是受制于敦煌地区历史环境的变化。

大像窟 大像窟的特点是在主室正壁像台上塑一尊高于真人的石胎泥塑大像，典型例子有莫高窟塑北大像的初唐第96窟和塑南大像的盛唐第130窟等。

第96窟窟宇轩敞，主室平面呈方形，纵向上小下大，窟顶为覆斗形。前壁上、中部各开一大型明窗，用以采光。内塑弥勒佛（北大像），像高35.5米，两膝间宽度为12米，为莫高窟的第一大佛。据敦煌遗书《莫高窟记》记载，佛像为武则天证圣元年（695年）禅师灵隐和居士阴祖等所建。该佛像为石胎泥塑，即在崖壁的岩体上先凿出佛像躯体轮廓，再用草泥垒塑、麻泥细塑，最后彩绘着色。这尊双腿下垂的弥勒说法像，与武则天称帝有关。武则天欲取代李唐，命僧人造《大云经疏》，宣称自己是弥勒下世。这尊大佛历经多次重修，已非唐塑原貌，但仍不失雄伟壮观、大气磅礴的风范。窟前搭建的木结构楼阁，初为四层，晚唐时期改建成五层，宋初重修加固，到了民国时期才改建成现今的九层楼样式。

第130窟开凿于唐开元、天宝年间。窟内有莫高窟第二大佛，因位于存有第一大佛的第96窟之南，故习称南大像，与北大像同为石胎泥塑弥勒倚坐像。佛像高26米，仅头部就有7米，若从人体结构看，不符合比例；但从视觉艺术的角度看，却巧妙地解决了信众仰望时佛像头小身大的视觉差，使佛像庄严、慈悲的面容清晰地呈现在人们的眼前。这实际上是借鉴了高台建筑的结构处理手法，比如山顶亭楼，其屋顶与檐柱的比例是远远大于地面建筑的，硕大

图 6-11　北大像（左）与南大像（右）

的屋顶在低处看来反而正合比例。洞窟窟形为上小下大的覆斗顶形窟，窟顶为北宋时期的浮塑团龙华盖藻井。主室南北壁各绘一高约 15 米的巨型菩萨坐像，上部的飞天每身达 2 米左右，是莫高窟中最大的飞天图像。

涅槃窟　这类洞窟为券顶、横矩形窟，西壁有横贯全窟的佛床，佛床上塑有佛陀的涅槃像。莫高窟大型涅槃窟包括盛唐第 148 窟、中唐第 158 窟两座。这类窟按形制应称为横长形券顶窟，但因为一开始就称为涅槃窟，所以此称沿用至今。

据第 148 窟前室《唐陇西李府君修功德碑》所记，此窟是李大宾于大历十一年（776 年）开凿的，平面呈横长方形。主室佛坛上塑有长约 15 米的佛祖涅槃像。涅槃，指释迦牟尼八十岁时达到不生不灭、常乐我净的最高境界。佛右胁而卧，面型丰满、双目微闭，

左手自然放于左腿之上，一副安然入睡的情景。涅槃像后是菩萨、弟子、天人、各国王子举哀群像。

此外，第148窟西壁还绘有莫高窟规模最大的涅槃经变。东壁门南北两侧分别绘有观无量寿经变和药师净土变，规模宏大。其间殿堂、角楼、院落、回廊、水榭等建筑结构复杂，布局严谨，绘制精细，是研究唐代建筑的珍贵资料。前室现存中唐塑造、清代重修的二力士、二天王、二狮子。

第158窟和第148窟一样，该窟主尊也是涅槃像，该像为石胎泥塑，身长15.8米。窟内平面为长方形，横长17米左右，进深7米左右，后部有1米多高的横长大台，大台上又有较矮的小台，其形状犹如卧榻，佛像即侧卧其上。

图6-12　第158窟　涅槃像头部特写

佛像双目微闭，唇角微翘，露出一丝笑意，仿佛安然入睡，而丝毫不见凡人弥留之际对尘世的留恋不舍乃至痛苦万状，表现了超越生死、寂灭为乐的涅槃境界。该窟涅槃像的精美，不仅体现在佛像本身的艺术成就，还体现在主尊彩塑与壁画二者之间的完美结合，构成全景画式的艺术空间：涅槃像身后西壁绘制两排举哀者像，上排19身菩萨像，下排17身罗汉像，又绘14身天龙八部护法神像；南壁涅槃像头部上方绘释迦牟尼的大弟子迦叶奔丧和十大弟子举哀图；北壁涅槃像足部上方绘有以吐蕃赞普和中原帝王为首的帝王举哀图；佛坛下方绘须跋陀罗先佛入灭、末罗人歌舞、鸟兽助悲等内容。

内涵丰富、多姿多彩的人物形象与涅槃像浑然一体，共同构成一种庄严景象，该窟是敦煌涅槃窟的代表之作。

禅窟　禅窟是主窟左右两壁各开凿仅供坐禅用的几个小型洞窟，也叫僧房、精舍等，是禅僧习禅修行、礼佛观像之所，如北凉第 267 至 271 组窟、西魏第 285 窟。

第 285 窟是开凿于西魏时期的禅窟。此窟主室为覆斗顶形窟，地面正中有一低平方坛。正壁（西壁）开一大、二小共三个圆券形佛龛，内置塑像，南北两壁对称地各开四小窟，小窟窟门呈圆券形，窟内约一米见方，部分窟内或门口还留有元代所修小塔的部分塔身。

值得一提的是南壁中段通壁绘制的五百强盗因缘故事画，描写了官兵围剿、强盗被俘、国王审讯、挖眼放逐、山中受苦、眼睛复明、佛陀说法、出家为僧、深山修行等场面。作品意在惩恶扬善，既是疾恶如仇的表现，也是对在丝绸之路上拦路抢劫甚至杀人越货的强盗们的谴责。以形象化的寓言故事警示熙攘于途的世人，是典型的宗教艺术语言，具有强烈的艺术感染力。

僧房窟　僧房窟主要供僧人生活起居及修禅打坐使用。此类洞窟形无定制，窟内几乎没有壁画、塑像。

影窟　影窟是为纪念高僧而建的影室，有的也是该高僧生前修禅的禅窟。顶为覆斗形，窟内塑高僧像，有的洞窟壁面上绘侍女像等，如晚唐第 17、139 窟，五代第 137 窟。

第 16、17 窟是两个相连的联窟，是晚唐背屏式影窟。第 16 窟是大型背屏式洞窟，主室中央设马蹄形佛坛。位于第 16 窟甬道北壁的第 17 窟，建于唐大中五年至咸通三年（851—862 年），是晚唐河西释门都僧统洪辩的影堂，属纪念性建筑，内有洪辩塑像。洪辩俗姓吴，幼时即出家，通吐蕃语，转译佛经，精通佛理，在当时河西享有崇高地位，受朝廷敕封为京城内外临坛供奉大德，兼河西释门都僧统，摄沙州僧政、法、律三学教主，并被赐予紫衣等信物。

此窟高出甬道地面，洞窟平面近乎方形，窟顶为覆斗形，窟顶至地面约 3 米。正壁（北壁）有一与壁面联结的禅床式低坛，洪

辩真容彩塑像即安置在此坛上。西壁嵌石碑一通，镌刻唐宣宗大中五年（851年）洪辩告身敕牒。

这尊洪辩彩塑像造型写实，保存完好，是敦煌彩塑艺术的代表作之一。该像身着袈裟，结跏趺坐，作禅修状。该像头部颅顶丰隆，面部饱满，额角和颧骨轮廓分明，额部和眼角有皱纹，目光含蓄有神，眉头略蹙，若有所思，神态庄重沉稳，生动地展现了这位德高望重的大唐高僧的精神面貌。

图6-13　第17窟　洪辩塑像及壁画

洪辩彩塑像背景为壁画。画中绘菩提树，树枝上悬挂净水瓶、挎袋；树两侧是执扇比丘尼和执杖、持巾近事女。这处壁画描绘精细，设色自然，衣褶晕染、树叶正背面不同颜色等都生动写实，使得画面层次丰富，整体效果圆满。

到11世纪初，因一些尚未确知的原因，大量的佛经、佛画、法器以及其他宗教、社会文书等秘藏于此窟，故而该窟又俗称藏经洞。

瘗窟　瘗窟是安葬僧人尸骨的洞窟，形无定制，大多集中在莫高窟北区。

四 莫高窟藏经洞与敦煌学

11 世纪初叶，有佛经、佛画、法器以及其他宗教、社会文书等 5 万多件文物被秘藏在莫高窟第 17 窟中。直到 1900 年，这一秘室被道士王圆箓在清理淤沙时偶然发现，这些文物在沉睡了 900 多年后重见天日。这些文物包罗万象，内容涉及 4 世纪到 11 世纪古代中国政治、经济、军事、文学、史地、医药、科技、民族、宗教、艺术等各领域。除汉文写本外，还有古藏文、回鹘文、于阗文、粟特文、突厥文、梵文等为数不少的其他民族文字资料。大批珍贵的历史文献，吸引了我国及英、法、俄、美、日等许多国家的学者，由此兴起了一门新的国际性学科——敦煌学。

但令人痛心的是，自 1905 年至 1915 年，先后有英国人斯坦因，法国人伯希和，日本人桔瑞超、吉川小一郎，俄国人鄂登堡等闻讯赶来，他们用低廉的价格从王道士手中骗购文书、经卷和其他文物近 4 万件。

1. 王道士其人及藏经洞重见天日

王道士大约出生于道光二十九年（1849 年），死于民国二十年（1931 年），活了 80 多岁。据莫高窟前沙地上他的弟子为其所立墓碑记载，王道士名圆箓（在文献中又写作王圆禄、王元禄、王园禄等），法号法真，湖北麻城人，后因家乡连年灾荒，于是“逃之四方”，也曾当过兵，在“历尽魔劫，灰心名利”后，在酒泉出家当了道士。后来他云游至敦煌，在莫高窟附近定居下来。

光绪二十六年（1900 年），王道士在清理第 16 窟的淤沙的过程中，偶然发现了藏经洞。据记载，当时的藏经洞“约丈余大，有

白布包等无数，充塞其中，装置极整齐，每一白布包裹经十卷。复有佛帧绣像等则平铺于白布包之下”。当代书画鉴定专家、画家谢稚柳在他的著作《敦煌石室记》中留下了这段记录。

2. 甘肃地方官失察

王道士虽然没有读过多少书，但面对如此海量的经本、画卷，还是能猜测出其有一定的“价值”。于是他不断拿出一些书写精美的经卷、精美的绢画，送给附近的官绅和过往的官僚士大夫们，以期得到官方的重视。但这些人都不识货，并不追问经卷、绘画的来处。据说王道士曾把两箱文物送给时任安肃兵备道的道台廷栋，这位自负的官员竟觉得这些古代写经的书法还不如自己的好。

1902 年，湖北通山县人汪宗翰出任敦煌县令，王道士把一些很好的经卷和绢画送给了他。1902 年至 1906 年，金石学家叶昌炽出任甘肃学政，致力于搜罗甘肃的金石资料，尽心进行研究，不仅大大推进了甘肃金石学研究的深度与广度，还为推动甘肃地方金石保护作出了积极贡献。汪宗翰把从王道士那里得到的《水月观音像》《大般涅槃经》等转送给他。敦煌文人王宗海也送给叶昌炽《大般若经》《开益经》《于阗公主供养地藏菩萨像》等写本和绘画。叶昌炽在他的《缘督庐日记》中第一次判定了敦煌文献和绢画的重要学术价值，但对汪宗翰所称的只有“藏经数百卷”，“各人分取，已经分光”等谎言信以为真，没有追根求源。

后世对这段历史众说纷纭，有的说王道士向地方官报告藏经洞的情况了，但时值清政府风雨飘摇，根本无人理会此事；也有的说王道士根本没有报官。不管怎么说，王道士还是不断地把一些写卷拿出来送人。但没有一位当地官员名宿在看到忽然现世的写经、绢画后肯西行一步，打探究竟。重新现世的敦煌宝藏就这样与中国人失之交臂。

3. 外国人巧取豪夺

1907 年 3 月，在中国新疆已经盗掘了大量古物并将其运回伦敦的英籍匈牙利人斯坦因到达敦煌莫高窟，耐心等待外出化缘的王道士回来。5月间，王道士回到莫高窟，斯坦因编造花言巧语，自称是玄奘的信徒，骗得王道士信任，见到了藏经洞中的文物。他在中国积贫积弱、有关人员愚昧无知的情况下，用极卑劣、极不光彩的手段获取了大量的写本、佛画、手稿等珍贵文物，从而成为获得藏经洞文献最多的人。

1908年2月，由法国人伯希和率领的探险队到达敦煌。由于可以讲流利的汉语，他很快就被王道士允许进入藏经洞内拣选写卷。伯希和知道自己无法获得洞内所有的资料，因此为自己确定了一些选择标准，在挑选文书时，他重点选取非汉语的文书、带有写经题记的卷子、估计未入佛藏的典籍与文书。最后，伯希和竟以500两银子从王道士手中赚取了藏经洞宝藏的精华。

4. 结束“敦煌在中国，敦煌学在国外”的历史

1930年，年近七十的斯坦因最后一次来到中国，但他已经被中国人民和当时的国民政府认定是不受欢迎的人，并于次年不得不选择离开中国，无功而返。

1943年，曾留学于法国学习绘画的常书鸿先生，带领自己千辛万苦组来的队员来到敦煌，从此结束了列强劫掠敦煌文物的罪恶历史。1944年，国立敦煌艺术研究所成立，常书鸿任所长。中华人民共和国成立后，敦煌石窟及其宝藏才真正回到国家和人民手中。1950年，敦煌文物研究所（前身即国立敦煌艺术研究所）归属中央人民政府文教委文化事业局，1984年敦煌文物研究所扩建为敦煌研究院。

改革开放以来，敦煌研究院文物科学保护和敦煌学学术研究均获得极大发展。从敦煌石窟抢救性维修，到全面保养维护；从80年代初《敦煌研究文集》出版，到学术期刊《敦煌研究》创办出版并成为国际敦煌学界首屈一指的优秀刊物；从编修《敦煌学大辞典》，到举办一届届的敦煌学国际学术研讨会；等等。经过几代人的努力，“敦煌在中国，敦煌学在国外”的历史终告结束。

第七章

运河名城，商贸之都

——扬州

作为国务院第一批公布的国家历史文化名城之一，扬州是最典型的因运河而兴、因运河发展而走向繁荣，最终扼江控淮、连江达海的历史名城和商贸大都会。2016年江苏省人民政府公布扬州历史城区保护范围为东、南至古运河，西至二道河，北至北护城河，面积约5.09平方千米。东关、仁丰里、湾子街和南河下4个历史文化街区保护范围面积分别约为32.47公顷、12.07公顷、32.50公顷、22.35公顷。

一 “腰缠十万贯，骑鹤上扬州”

扬州地处江苏中部，东临东海，南临长江，北达淮河，京杭大运河纵贯其间，瓜洲古渡是大运河与长江的航运中转枢纽。地缘优势使扬州很早就成为商贸都会，也使扬州成为最典型的随漕运而兴的城市。

“扬州”之名，源自《尚书·禹贡》：“淮海惟扬州。”今扬州市区附近古时地名叫“邗”，春秋末年周敬王三十四年至三十六年（公元前486—公元前484年），吴王夫差为北上伐齐（今山东及苏北一带），在距齐国较近的长江以北筑邗城做据点，并开挖邗沟，引长江、淮河入邗沟，开通漕运以运送军需物资。北魏郦道元《水经注》记载：“昔吴将伐齐，北霸中国，自广陵城东南筑邗城，城下掘深沟，谓之‘韩江’，亦曰‘邗溟沟’，自江东北通射阳湖……西北至末口入淮。”由此可见，邗城就是为了邗沟漕运而设的。后来战国七雄之一的楚国占领邗城，改称其为广陵。直到西汉建立，这一带还很落后。汉高祖刘邦封侄子刘濞为吴王，都城设在广陵。经刘濞的大力经营，扬州进入历史上第一个繁荣时期。

三国时期，连年战乱，国家南北分裂，漕运地位下降，扬州也随之衰落。但此地是北方曹魏预计南下灭吴的水陆交通要道。《三国志·魏书》记载，魏文帝黄初六年（225年）冬十月，曹丕统率十万大军沿运河南下到达广陵故城，临江阅兵，“戎卒十余万，旌旗数百里”。可惜这一年入冬早，而且天气特别寒冷，运河水浅，舟船冻在运河里无法开进长江，曹丕只好罢兵。（是岁大寒，水道冰，舟不得入江，乃引还）

但正因为北方持续战乱，东晋和南北朝时期，出现了历史上首次中原汉族士大夫大举南迁的现象，史称“衣冠南渡”。掌握大量资源和先进科学技术、文化艺术的贵族阶层、知识分子，为逃避战乱从中原地区迁移到长江以南今江浙一带。于是江南地区得到空前发展，成为当时举世闻名的“鱼米之乡”，南京、杭州、绍兴等成为江南名邑。江南的繁荣发展，实际上已经为扬州继两汉之后再创辉煌做足了准备。

可以肯定的是，到南北朝时期，扬州已经是闻名遐迩的繁华地带了。南朝梁殷芸《商芸小说》中记载这样一则故事：“有客相从，各言所志。或愿为扬州刺史，或愿多赀财，或愿骑鹤上升。其一人曰：‘腰缠十万贯，骑鹤上扬州。’欲兼三者。”这四人一起畅谈心愿。一位有志于仕，说希望当扬州刺史；一位有志于商，说希望获利发财；一位有志于道，说希望像王子乔那样骑鹤升仙；第四位则想得到升官、发财和得道成仙各项好处，说自己的心愿是“腰缠十万贯，骑鹤上扬州”。

二 国家统一，“漕为国本”

在以汽车、轮船、火车为代表的近现代交通运输工具发明之前，以河运为代表的水运是最经济高效的交通运输途径。

589 年隋朝实现统一，拉开历史上又一次大一统的盛世序幕。隋文帝杨坚在扬州设立江都总管府，并于开皇十年（590 年）任命儿子杨广为扬州总管。杨广在此任上一干就是十年，深知江南财货丰富。在当了皇帝之后，杨广于大业元年（605 年）下令修运河。《资治通鉴·隋纪》总结：“发河南、淮北诸郡民，前后百余万，开通济渠。自西苑引谷、洛水达于（黄）河，复自板渚（今河南荥阳汜水东北）引（黄）河历荥泽入于汴。又自大梁（今河南开封）之东，引汴水入泗，达于淮。又发淮南民十余万开邗沟，自山阳（今江苏淮安）至杨子（今扬州南）入江。”

图 7-1 大运河扬州段

杨广任扬州总管之前，曾任北方并州（今山西太原）总管，因此对北方的军事战略地位也有清醒的认识，当皇帝后在开通南方漕运的同时，又开凿直达涿郡（今河北）的永济渠。

概括言之，隋炀帝从 605 年起，开凿通济渠，连接北方黄河、淮河，并与邗沟（不是春秋吴国邗沟，而是东汉陈登开凿的新的邗沟运道）相接，再向南延伸直至浙江杭州，打通钱塘江、长江、淮河、黄河四大水系，连通了东都洛阳与杭州之间的水运交通，使全国最富庶的东部南北连贯起来；由黄河北拓永济渠至华北北部海河流域，最终奠定了后世所称“京杭大运河”的基本格局，使其成为纵贯南北方经济的大动脉。大运河北至北京、南达杭州，南北绵延 1800 千米，纵贯钱塘江、长江、淮河、黄河、海河五条大江大河，组成一张水上交通网。这张交通网在我们统一的多民族国家的发展中表现出深远的战略意义，恰如后世元代道士张留孙归纳道：“漕为国本。”

三 唐宋税赋所仰，富商聚集之地

隋炀帝修大运河夹带不少为个人享乐计的私货，“渠广四十步，渠旁皆筑御道，树以柳；自长安至江都，置离宫四十余所”。大运河全线贯通后，他三幸江都，其中在第三次到江都后，他的大臣即后来的唐高祖李渊在长安发动政变，与隋末农民起义军相呼应，隋炀帝在江都行宫被逼自尽。近年，专家在扬州发现了他和萧皇后的合葬墓，墓中出土了残缺不全的墓志，其中提到“惟随（隋）大业十四年（618年），太岁戊寅三月十一日，帝崩于杨（扬）州”。

图7-2 隋炀帝墓志局部

隋朝开凿大运河可以说是未蒙其利、先受其害，倒是取而代之的唐朝受益颇多。唐高祖李渊在位期间，每年由江淮漕运一二十万石粮食到国都长安，以后逐渐增加，中唐李肇《唐国史补》记载：“转运使岁运米

二百万石输关中，皆自通济渠入（黄）河而至也。”自唐代中后期起，江淮地区便成为国家主要财源，所谓“赋之所出，江淮居多”。中唐宰相权德舆在《论江淮水灾上疏》中指出，国家赋税主要依赖漕运所出，军国财源仰仗江淮一带。（赋取所资，漕挽所出，军国大计，仰于江淮）而扬州也成为富商巨贾的聚集地，“广陵为歌钟之地，富商大贾，动逾百数”。据统计，宋初的漕粮是 400 万石，最多时为 700 万石。扬州作为江淮漕粮、盐运的中心，长期是最富庶的商业城市。即使到了南宋，虽不必往淮河以北运粮，但扬州作为中转、储运中心的地位继续得到加强。

四 身系南北京，终成文化城

经过魏晋南北朝、宋元，中原士大夫多次“衣冠南渡”，以南京为都会的江浙一带发展成国家经济文化中心；而安史之乱之后，西、北边疆战事不断，随着北方边疆地区少数民族的崛起，北京变成军事中枢。因此从元代起，特别是明清两代，封建王朝实施的总体发展战略是，以北京为首的北方地区为国家政治、军事中心；以南京为首的江南地区为国家经济、文化中心。〔盖天下财赋出于东南，而金陵（南京）为其会；戎马盛于西北，而金台（北京）为其枢。……用东南之财赋，统西北之戎马，无敌于天下矣〕而京杭大运河正是连接国家两个中心的纽带，是国家的命脉。扬州作为其间的交通枢纽，身处南北两大中心之间，终在明清两代达至极盛。

这是因为明成祖朱棣设南北两京制，对国家实行更有效的掌

图 7-3 高旻寺行宫远景

控。京杭大运河是连接两京的主动脉和中枢神经，扬州对南北两京亦是至关重要。比如，明代建设北京城的许多建材都是通过大运河运输的：四川、湖广的木材都是在重庆、宜昌入江，放筏至扬州，再沿大运河北上；砖瓦则在大运河附近的山东临清烧造，然后沿运河运到北京；金砖在苏州烧造好后沿运河北上。为此，明成祖任命大臣陈瑄总督漕运治理，这首先打通了国家政治经济的大动脉。

继唐代将扬州作为盐铁集散地之后，明初起实施的将边防地区与内地盐、粮运销挂钩的开中法，进一步发挥了扬州商贸中心的作用。到了清代康、雍、乾、嘉时期，这里的盐商巨贾富甲天下，

明代已出现的“以儒饰贾”的营商之风，进一步发展至士商结合、交游酬唱的高度。《扬州画舫录》记载，这150多年间，本土画家及外来画家中稍具名气者就有一百数十人之多，其中不乏当时的名家。达官贵人、富商名贾、艺术家，紧密联系互动：“扬州八怪”（当时虽有八怪之名，而实际人数不止八人，且并无固定之人名）中的高凤翰、郑板桥与两淮盐运使卢见曾互为知己；高翔、汪士慎则与大盐商马曰琯、马曰璐兄弟毗邻而居；李鱓与盐商贺君召交厚；金农与盐商徐赞侯、马氏兄弟交情深厚；黄慎一度寓居于当地富商的李氏园、双松堂和刻竹草堂；陈撰、杨法也与盐商关系密切。清代扬州本土画家袁耀，以写实的笔触，创作纵165.2厘米、横262.8厘米的巨幅横轴《邗江胜览图》，描绘出扬州辉煌时期的富贵之景，这是扬州商贸发达、文化繁荣的历史见证。

图7-4　清代袁耀《邗江胜览图》

五 遗迹层积深厚，古迹内涵宽广

纵观扬州城现存的历史文物及古迹，其突出特点如下：

1. 历史层积深厚

根据文献记载，扬州城可以分为春秋邗城、楚汉六朝广陵城、隋江都宫城和东城、唐扬州子城、宋宝城和明清扬州城等几个历史时期。唐代以前扬州城址位于蜀冈之上，从邗城到宋宝城，经过1700余年；而蜀冈之下的扬州城，则肇始于隋唐而沿用至明清。唐宋时期的扬州城范围覆盖蜀冈上下，明清时期的扬州城集中在宋大城东南一隅。唐代扬州城有子城和罗城；五代后周时期，在唐罗城东南隅修筑周小城；北宋时期沿用周小城；南宋时期修堡城，筑夹城，到了南宋晚期截堡城西半筑宝祐城，构成了大城、夹城和宝祐城蜂腰形三城格局；明清时期的扬州城，以小秦淮河为界，分为新、旧二城，呈现东市、西府的双城格局。

扬州城在历史上有名的繁盛时期是隋唐两朝，然而迄今考古发掘出来的多为南宋时期的遗迹。究其原因，南宋时期的扬州城作为抗金、抗元的桥头堡，应战争需要进行过多次较大修缮，特别是南宋晚期，筑宝祐城，包平山堂城，在宝祐城东、北、西三面新开挖或拓宽城壕，还在城壕外围堆筑土垄，用以抵御蒙古骑兵，结果造成唐代残存城址在南宋时期被大量破坏，而南宋遗迹保存最多。经过数十年的考古发掘与研究，考古学家对南宋堡城、宝祐城与唐子城的关系以及南宋宝祐城城池的基本形制等情况已大致了解清楚。

2016年年初，由中国社会科学院考古研究所、南京博物馆、扬州市文物考古研究所联合组成的扬州唐城考古工作队，在蜀冈古代城址发掘清理出首个南宋时期的东门外壕桥遗存：由木桩和柱洞组成的平面呈“〕〔”形，中间平行部分为南北方向，东西约5.3米、南北长约5.7米，与主城墙夯土东边壁的距离为18米。此外，工作队还清理了宋代东主城墙的夯土东西边缘，发现了少量唐宋时期的砖瓦、陶瓷器等遗物。

2. 现存建筑遗址文物古迹内涵宽广

遗址古迹种类广泛，几乎无所不有（见下表），既体现了中国传统文化，也体现了西方宗教文化，充分反映了这座商贸名城的包容性、开放性和国际化。一座城市拥有如此丰富多彩的文物古迹，实属罕见。

衙署	如明清两淮都转盐运使司衙署门厅，明清两淮巡盐御史衙署旧址，明清扬州府衙旧址，明清江都县衙旧址，清代甘泉县衙署门厅，明清广陵驿旧址等
城门、关隘	如钞关旧址、龙头关、镇淮门遗址、东圈门、便益门遗址、宋大城东门遗址
会馆	如湖北、湖南、岭南、山陕等会馆，四岸公所，盐务会馆
名人故居	如清代书法家包世臣、思想家魏源及各大盐商等的故居
墓葬	如隋炀帝陵，伊斯兰教先知穆罕默德的十六世裔孙普哈丁墓园，史可法纪念馆等
寺庙、祠堂	如在昭明太子文选楼旧址上建起的奉祀抗金将领岳飞的旌忠寺，在唐代席氏园遗址上建起的静慧寺旧址，伊斯兰教仙鹤寺，为迎接乾隆南巡建起的天宁寺行宫，清末“扬州教案”旧址
书院、学校	如扬州府学旧址、江都县学旧址、慕究理中学（教会学校）、梅花书院
住宅园林	如个园、何园、萃园、汪氏小苑等私家花园
亭台楼阁	如文昌阁、文峰塔、《四库全书》南三阁之一的文汇阁遗址等
古街巷	如宋元遗迹“旧城仓巷”，明代扬州参将所在的参府街，纪念汉代董仲舒两任江都相的董江都大儒坊等
河道、码头	如贯穿城市中心的汶河、小秦淮河、“御马头”、漕河、古邗沟遗迹、东关古渡等

六 著名文物古迹览胜

扬州城最著名的文物古迹包括瘦西湖、大明寺、瓜洲古渡、古运河、隋炀帝陵、史可法纪念馆、扬州八怪纪念馆等。

1. 瘦西湖：浓缩的扬州历史

瘦西湖为我国著名的湖上园林，坐落在扬州市西北，自古以来便是游览胜地。湖由隋、唐、五代、宋、元、明、清等各时代城壕连缀成带状景观，与大运河相通，是浓缩的扬州城历史。

蜀冈—瘦西湖风景名胜区，位于扬州古城西北部，面积6.35平方千米。与西蜀四川相距数千里的扬州城内为何会有一“蜀”冈呢？近年有学者考证，繁体字“独”为形声字，古代“蜀”“独”同音，“蜀冈”就是“独冈”，扬州地处长江三角洲平原，地势平坦，只有“独冈”一处高地，故名。六朝之后“蜀”“独”异读。

瘦西湖里有烟雨长堤、净香园、熊园、清华堂、春雨廊、杏花春雨之堂、怡性堂、翠玲珑馆、涵虚阁、“长堤春柳”亭、桃花坞、徐园、园中园“小金山”、静香书

屋等景点或遗迹。正如南唐李后主所咏江南风光“春花秋月何时了”，瘦西湖的美景也在春秋两季中如梦似幻。

2.“二十四桥明月夜”

唐代诗人杜牧一首《寄扬州韩绰判官》，使扬州二十四桥流传千古。关于二十四桥，有泛指、实数、一座桥名三种解释。笔者更倾向于第二种解释。

图 7-5 蜀冈—瘦西湖一带，老扬州城区

首先，从杜牧诗本身看，“青山隐隐水迢迢”，风景线拉得很长，其间怎么会就一座桥呢？“玉人何处教吹箫”是诗家语，为了格律诗“平平仄仄仄平平”而调整词序，本意是“何处教玉人吹箫”。诗的后两句意思是，在明月照耀下，一路繁华的官河二十四桥桥畔，处处笙歌，在哪里听歌女吹箫呢？这明明是咏叹扬州之繁华的。

其次，唐宋诗人吟咏二十四桥的诗很多，都不是单指一座桥。例如晚唐诗人韦庄的《过扬州》：“当年人未识兵戈，处处青楼夜

夜歌……二十四桥空寂寂，绿杨摧折旧官河。”官河上当然不会只有一座桥。北宋欧阳修《西湖戏作示同游者》：“菡萏香清画舸浮，使君宁复忆扬州。都将二十四桥月，换得西湖十顷秋。”二十四桥月，西湖十顷秋，二者旗鼓相当。同样的还有苏轼《轼在颍州，与赵德麟同治西湖，未成，改扬州。三月十六日湖成，德麟有诗见怀，次韵》：“二十四桥亦何有，换此十顷玻璃风。”

图 7-6　扬州瘦西湖内二十四桥一景

而北宋沈括《梦溪笔谈·补笔谈卷三》："扬州在唐时最为富盛，旧城南北十五里一百一十步；东西七里三十步，可纪者有二十四桥。最西浊河茶园桥，次东大明桥（原注：今大明寺前），入西水门有九曲桥（原注：今建隆寺前），次东正当帅牙南门，有下马桥，又东作坊桥，桥东河转向南，有洗马桥，次南桥（原注：见在今州城北门外），又南阿师桥、周家桥（原注：今此处为城北门）、小市桥（原注：今存）、广济桥（原注：今存）、新桥、开明桥（原注：今存）、顾家桥、通泗桥（原注：今存）、太平桥（原注：今存）、利园桥，出南水门有万岁桥（原注：今存）、青园桥，自驿桥北河流东出，有参佐桥（原注：今开元寺前），次东水门（原注：今有

新桥，非古迹也），东出有山光桥（原注：见在今山光寺前）。又自衙门下马桥直南有北三桥、中三桥、南三桥，号‘九桥’，不通船，不在二十四桥之数，皆在今州城西门之外。”二十四桥列出二十二桥之名：茶园桥、大明桥、九曲桥、下马桥、作坊桥、洗马桥、南桥、阿师桥、周家桥、小市桥、广济桥、新桥、开明桥、顾家桥、通泗桥、太平桥、利园桥、万岁桥、青园桥、驿桥、参佐桥、山光桥。虽然不够二十四之数，但可以断定，二十四桥绝对不是一座桥。桥梁及其他建筑经常会有拆建，总数常常是变化的，就像说故宫宫殿九千九百九十九间半，如果一定拘泥此数，那简直太迂腐了。同理，若以为扬州城在唐朝289年时间里，就是二十四座桥一成不变，

图7-7　晴日瘦西湖

那也太不知变通了。沈括在所列桥下，有的自注“今存”，可知至北宋不存者多，有两桥已不可考。沈括是严谨的学者和科学家，他的考据是实事求是的，故此说可信度较高。

南宋王象之《舆地纪胜》记：“广陵志序：长淮之区，绵亘数千里，扬其都会也。迷楼九曲，风池萤苑之名，甲于前代，而十里珠帘，二十四桥风月之景，尤为东南佳丽。以至春风荡城郭，满耳沸笙歌，与夫重城向夕，绛纱万户，珠翠填咽于街陌者，又天下所无也。”说的便是此地一片繁华。现在瘦西湖重建了二十四桥景区，根据清代《扬州画舫录》“二十四桥即吴家砖桥，一名红药桥，在熙春台后”，可知此二十四桥并非唐代二十四桥。

图 7-8　扬州大明寺及栖灵塔

3. 大明寺见证唐代国际城市

大明寺位于蜀冈主峰上，是扬州著名古刹之一，始建于南朝宋大明年间，故有此称。该寺是唐代高僧鉴真大师的祖庭。寺前牌坊四柱重檐，正中两面为清光绪时盐运使姚煜题篆“栖灵遗址”“丰乐名区”。牌楼前石狮为元代遗物。

大明寺山门为券门三座，门内依次为天王殿、大雄宝殿。大雄宝殿东北面为鉴真纪念堂。鉴真（688—763），唐代高僧，俗姓淳于，广陵郡（今江苏扬州）人。14 岁在扬州大云寺出家为沙弥，早年周游长安、洛阳，研究学习佛教三藏，修律宗（中国佛教宗派之一，发源地为唐代长安净业寺），积累了精湛的佛学知识，兼通文学、艺术、医学、建筑。55 岁驻锡大明寺，成为名满江淮的佛教领袖。天宝元年（742 年），日本僧人荣叡、普照特来大明寺邀请鉴真东渡日本传戒授法。鉴真慨然应邀。历时十余年，在五次东渡失败后，终在天宝十二载（753 年），他搭乘日本第十批遣唐使返还的船只，抵达日本九州，受到日本皇室等的热情欢迎，于次年即被迎入首都奈良的东大寺，授予“传灯大法师”封号。他把中国建筑技术带到日本，在东大寺卢舍那佛殿西建戒坛院，按照唐代建筑规制建唐招提寺，作为授戒传律的基地。他带去了大量佛经、佛像、药品、工艺品，对日本文化发展起到巨大影响。他圆寂之前，弟子们为他摹造了真影，此像至今仍供奉在奈良唐招提寺开山堂里。鉴真大师无私无畏、大爱弘法的壮举，反映了中国人民对世界文明的贡献，也从侧面反映了唐代扬州是一座向世界开放的国际城市。

栖灵塔位于大明寺东部，始建于隋文帝仁寿元年（601 年），是为庆祝隋文帝杨坚六十大寿

所建，后遭焚毁，宋代景德元年（1004年）复建，现在见到的是1995年修建的新塔。大明寺东有平远楼，建于清雍正十年（1732年），楼名取自北宋画家郭熙画论“三远”之“自近山而望远山，谓之平远”。

平山堂是大明寺景区的著名建筑，是北宋著名文学家欧阳修于庆历八年（1048年）任扬州知州时所建的。因“江南诸山，拱揖槛前，若可攀跻”，故名平山堂。南宋诗人叶梦得在《石林避暑录》中写道：“欧阳文忠公在扬州作平山堂，壮丽为淮南第一。”堂后为谷林堂，是苏轼调任扬州知州时为纪念欧阳修而建的。堂名出自苏轼《谷林堂诗》：“深谷下窈窕，高林合扶疏。”东坡居士信佛，故诗句常存佛理，此诗末尾说：“古今正自同，岁月何必书。”一如苏轼游览扬州各处史迹后，感慨此地历史文化之厚重而发出的心声。

第八章
巴蜀故国，三峡重镇
——重庆

重庆位于中国西南部、长江上游地区，其北有大巴山，东有巫山，东南有武陵山，南有大娄山，地势由南北向长江河谷倾斜。北纬 28° 10′ 的地理位置让重庆的绝对温度不会太低。夏秋时节，长江湿热的水汽借东南风逆江而上抵达重庆地区，被曲折的山脉阻挡了前行的脚步，从而滞留在这片土地上。最终在副热带高压的笼罩下，重庆变得既闷又热，

图 8-1　重庆

成了中国的“火炉”之一。重庆以丘陵和低山为主，地势高低错落，是名副其实的山城。重庆年日照时数为1000小时至1400小时，日照百分率仅为25%~35%，是中国年日照最少的地区之一，尤其是在冬春两季，山水间蒸腾的云雾历久而不散，所以重庆又被冠上了“雾都”的称号。

在距今200多万年的旧石器时代早期，中国最早的人类巫山人就生活在今天重庆市巫山县一带。距今2万年至3万年的旧石器时代晚期，重庆地区孕育出了铜梁文化。萌发于巫峡山水间的巴国文明曾在今天的重庆市涪陵区、渝中区、合川区建都。三国时期，蜀汉章武三年（223年），刘备在白帝城（位于今奉节县东白帝山上）托孤。宋孝宗淳熙十六年（1189年），赵惇（即后来的宋光宗）先被封王，后继帝位，自诩“双重喜庆”，于是下令升恭州为重庆府，重庆由此得名。清光绪十六年（1890年），中英签订《新订烟台条约续增专条》，重庆开为商埠，第二年重庆海关在朝天门设立。抗战时期，重庆升为陪都。

而在飞速发展的现代化城市建设中，重庆的历史文化印记逐渐消退，尤其是近半的抗战遗址因保护不力而消失。2018年7月26日，重庆市人大常委会第四次会议审议通过了《重庆市历史文化名城名镇名村保护条例》，这是重庆针对历史文化名城名镇名村保护出台的首部地方性法规。该条例于2018年9月1日起施行。据统计，至2018年重庆主要的历史文化资源包括6个历史文化街区，20个主城区传统风貌区，18个中国历史文化名镇，28个市级历史文化名镇，1个中国历史文化名村，28个重庆历史文化名村，74个中国传统村落，25908处不可移动文物，176处历史建筑等。

一 巴山渝水有故国

1. 从部落到国家

“巴”既是一个古老的部族，也是一个古国的名字。历史文献中有很多关于巴人起源的传说，如《山海经·海内经》记载：“西南有巴国，大皞生咸鸟，咸鸟生乘厘，乘厘生后照，后照是始为巴人。”这里认为巴的远祖是大皞（即太昊，伏羲氏）。今人对于“巴”的含义和巴人的起源有多种说法。有的认为“巴”指动物，如蛇、虫、鱼、蚕；有的则将“巴”解释为对山、水、石头的称呼。近年有学者指出，“巴”就是“虎”，“巴”是巴人称呼老虎的一种发音。据史书记载，巴人自认为是老虎的后代，自称虎人。《后汉书》记载：“廪君死，魂魄为白虎，巴氏以虎饮人血，遂以人祠焉。”巴人崇虎，以白虎为祖先和图腾，已被近来的考古发现所证实。

在商朝时期，巴已发展成一个带有部落联盟制特征的国家，甲骨卜辞中称之为巴方。巴与商连年征战，经商王多次讨伐，巴方最终臣服于商朝。商朝末年，周武王伐纣，巴人为其前锋，作战勇猛异常。武王克殷以后，“以其宗姬封于巴，爵之以子”，巴成为最早受周王室分封的姬姓诸侯国之一。

2. 巴国兴亡

巴国受封，获得了进一步发展的便利条件，作为周王室控制南土的一个重要战略基地，巴国不断向南扩张。春秋时期，巴国一度与楚国结成联盟，扫平江汉间诸多小国。随着两国势力的不断增强，巴楚反目，经过反复交战，巴人最终战败，不得不放弃故土，举族西迁，重新开辟疆土。战国时期，在楚国的打压下，巴国蜷缩

于今阆中一带，国力贫弱，经常受强国攻击，最终于公元前 316 年被秦国吞并。

3. 巴国的副业和手工业

巴渝一带气候湿润、土地肥沃，巴人在此地渔猎畜牧，垦殖农耕。

从渔猎畜牧转变为定居耕种，巴人的生产效率大大提高。随着谷物种植面积的扩大，粮食也有了一定剩余，可以用来酿酒。巴地特产的清酒，是向周王朝交纳的贡品之一。从秦昭襄王与板楯蛮（巴族的一支）所订立的盟约来看：“秦犯夷，输黄龙一双；夷犯秦，输清酒一锺。”所谓“黄龙”是刻有龙纹的玉璧，其价值不菲。而一锺清酒能与一对美玉相提并论，除了有秦对巴地不反抗者的笼络和让步之意以外，也足见巴地酒质之佳。

巴国的手工业也比较发达，其中青铜工艺业、制盐业、矿冶业的成就都很突出。巴人制造青铜器技术娴熟，其风格具有浓郁的地方特色。春秋战国时期，青铜文化成为巴文化中最具特色的部分，根据对巴地出土青铜器的科学分析，尤其是战国时期，巴国在青铜合金比例方面已经达到与中原地区相比也毫不逊色的先进水平。

巴国青铜器出土较多，主要为礼器、兵器、乐器、工具及杂器，其中錞于是巴国青铜器艺术的典型代表。錞于是我国古代一种铜制的打击乐器，以绳系钮，悬于架上，是《周礼》所载“六鼓四金”之一，用于号令军士行动。錞于在以重庆为中心的川东地区及湘西、鄂西等地均有发现，而巴式錞于因其钮为虎形，又称为虎钮錞于。

此外，巴国的纺织业也较为发达，秦灭巴国后，巴人每年向秦交纳纻布作为赋税。

二 夜发清溪向三峡，思君不见下渝州

1. 巴渝风云

秦灭巴国以后置巴郡，重庆地区则成为巴郡郡治。为适应当地情况，巴郡在建制上是郡县制与原有的部落、氏族制并存。巴蜀地区在秦统一六国的过程中起到了至关重要的作用——在很大程度上牵制了楚国。秦末战争中，巴人随刘邦进入关中，为汉朝的建立作出了贡献。为表彰其功，汉高帝刘邦对板楯蛮减免赋税，以示优待。在秦汉的统治下，巴蜀地区相对比较安定，到了西汉晚期，这里已经成为全国著名的经济区之一，号称“天府之国”。（史籍虽然往往将巴、蜀并称，但巴郡的经济水平明显是低于蜀郡的。）

东汉建安十六年（211 年），刘备引兵入川，三年后占领益州，建安二十六年（221 年），刘备称帝，建立蜀汉政权。曹魏灭蜀汉后，司马炎为加强对巴蜀的控制，派王濬为巴郡太守。王濬因俗而治，成效显著，在随后平定东吴的战争中，巴蜀军队起到了决定性的作用。从西晋至隋朝建立的 300 多年间，政权更迭，政局动荡，战争不断，民不聊生，巴蜀地区人口锐减。这一时期，重庆地区的区划变迁亦相当频繁，如南朝梁时于此置楚州，西魏时改称巴州，北周时又改回楚州。

隋唐之际，巴蜀地区一直较为安定。隋文帝开皇元年（581 年），裁郡设州，因渝水（嘉陵江重庆段的古称）绕城，隋朝就将楚州更名为渝州，这是重庆简称渝的来历。渝州之名经唐至北宋晚期，使用了 500 多年。

2. 双重喜庆始为城

北宋徽宗崇宁元年（1102 年），宋国子博士、渝州人赵谂在回乡省亲之时，与同乡言语悖逆，被人告发谋反，最终本人伏诛，全家遭流放。其家族原为渝州南部少数民族，因率族党归顺北宋被赐以国姓。赵谂事件发生后，宋徽宗取“恭行天罚”之意，改渝州为恭州。

南宋绍兴三十二年（1162 年），宋孝宗即位，同年九月封其第三子赵惇为恭王。淳熙十六年（1189 年），孝宗禅位给儿子赵惇，后者即南宋光宗。赵惇先封王，后称帝，自诩“双重喜庆”，于当年八月升恭州为重庆府，“重庆”之名由此而来，至今已有 800 多年。南宋淳祐二年（1242 年），四川制置司移驻重庆，是重庆城市大发展的开端，重庆从普通州府成为西南地区的政治、军事中心。

2009 年底，在渝中区危旧房改造工程施工过程中，几位在巴县衙门老鼓楼拆迁工地施工的工人发现了刻有“淳祐乙巳”铭文的墙砖。后经重庆市文化遗产研究院研究论证，确定该遗址是南宋抗蒙山城体系的指挥核心——四川制置司的所在地，也是南宋重庆府衙的所在地。经重庆市文物局批准，考古专家对遗址进行抢救性发掘。老鼓楼衙署遗址位于渝中区解放东路望龙门街道巴县衙门片区，这里已出土珍贵文物 3200 余件，标本数万件。经专家论证，该遗址是重庆市已发现的等级最高、价值最大的宋代建筑遗存。老鼓楼衙署遗址于 2012 年入选“年度十大考古新发现”，于 2013 年被公布为第七批全国重点文物保护单位之一。

3. 钓鱼城下的顽强抗争

13 世纪，从草原上崛起的蒙古部落以摧枯拉朽之势横扫亚洲。当西辽、西夏、金、大理都成为其囊中之物时，蒙古人把战火推到了南宋边境。蒙古军进攻南宋可分为三个时期，在每个时期四川都是其主要进攻对象。四川在当时除了经济发达以外，战略位置也较为重要（四川位于长江上游，顺流而下占据吴越容易成功）。蒙古对南宋的正式进攻是从南宋端平二年（1235 年）开始的，蒙古借口南宋破坏盟约，分兵进攻南宋，其中一路由窝阔台之子阔端率领，进攻巴蜀地区。次年，成都一度失守，整个四川处在蒙古的威胁之下。要阻挡蒙古骑兵，必须加强成都和重庆的防御能力，尤其是重庆，它位于长江、嘉陵江两江汇合处，有险可凭。嘉熙元年（1237 年），彭大雅在任职四川制置副使兼知重庆府时，曾经组织军民扩修重庆城，并“立四大石于（城）四门之上，大书曰‘某年月日，大雅筑此城，为蜀之根本’”。彭大雅筑城为南宋的西部国防建设奠定了基础。

图 8-2 固若金汤的钓鱼城

战争又持续数年，至淳祐元年（1241 年），川蜀再次告危，但因大汗窝阔台去世，诸王公忙于争夺汗位，蒙古对南宋的攻势减弱。南宋借此良机，对各个战场的防御进行调整、充实。次年，

图 8-3　重庆合川区南宋钓鱼城当年炮台基座遗迹

在两淮抗蒙战争中战绩颇著的余玠被调往四川主持防务工作。余玠一入四川就广纳贤良，集思广益，采取了一系列政治、经济和军事措施，其中最重要的是创建了山城防御体系。余玠采纳冉琎、冉璞两兄弟的提议，迁合州（今合川区）于钓鱼山。在合川城区东北 5 千米处，有一座被嘉陵江、涪江、渠江环绕的 300 多米高的峻岭——钓鱼山，它形势陡绝，倚天拔地，雄峙一方。南宋朝廷在这里依山筑城，设防守险，以备与蒙古大军生死对决。据《宋史》等史料记载，当时所筑山城有十多处，大部分在江河港汊之地，以山为垒，既是军垒也是民居。这十余处山城形成了一道叉状防御网，各城之间有水域可互相沟通联系，而钓鱼城是全川的防御重点，是重庆的屏障。钓鱼城分为内城和外城，外城筑在悬崖峭壁之上，城墙系条石垒成，具有依恃天险、易守难攻的特点；内城有大片田地和丰富水源，周围山麓也有许多可耕田地，这又使钓鱼城具备了不惧长期坚守的必要条件。

淳祐十一年（1251年），成吉思汗的孙子蒙哥登上大汗宝座，稳定了蒙古政局，并积极策划对宋的战争，制订了先取巴蜀、后图江南的计划。次年，蒙古军队复攻成都，围嘉定五十余日，被余玠带军解围。然而次年，宋理宗听信谗言，解除余玠兵权，召其还朝，余玠知有变故，愤懑成疾，在四川暴卒，传闻称其服毒自尽。

余玠虽亡，但钓鱼城仍在。宋宝祐六年（1258年），蒙哥率大军分三路攻宋，自己亲率主力四万攻打四川，以期出峡东下。蒙哥主力经过近一年的艰苦攻战，堪堪打到钓鱼城下。此时王坚任合州知州，他到任后把钓鱼城修建得更加坚固完善。从开庆元年（1259年）二月到六月，蒙古军与守城宋军展开激战。在王坚、张钰的带领下，钓鱼城军民顽强抵抗。蒙古军队屡攻不克，损失惨重，蒙哥自己也在攻城时身受重伤，不治而亡（一说病死）。蒙哥去世后，其弟忽必烈弃鄂州北上与阿里不哥争夺汗位，蒙古此次的侵宋战争也终告失败。钓鱼城军民的顽强抗争最终让南宋得以多延续二十年之久。

宋蒙（元）战争从1235年全面爆发，至1279年以宋室覆亡告终，延续近半个世纪，它是蒙古征服亚洲以来遇到的耗时最长、耗力最大的一场战争，而发生于1259年的重庆合川钓鱼城之战，则是其中一场影响巨大的战事。钓鱼城于1996年被公布为第四批全国重点文物保护单位之一。2015年，钓鱼城古战场遗址正式启动申报世界文化遗产工作。

4. 老城门里寻重庆

明清两代，重庆城是川东道、重庆府、巴县三级衙门的所在地。当时的重庆府城与巴县县城同为一城，城址就在今天的白象街一带。

明初，戴鼎扩建重庆旧城时，建造了象征九宫八卦的九开八闭共十七座城门，现如今，仅通远门、东水门、太平门、人和门留存下来。

东水门是重庆古城正东的大门，门上城楼已不复存在，仅存大门残迹。清代时，这里对重庆城来说具有非常重要的战略意义，当时的客商大多走水路到达重庆，而当时最繁华的码头就在东水门下。湖广会馆便坐落在东水门一侧的芭蕉园街上，它是清代“湖广填四川”大移民历史的重要物证。湖广会馆位于东水门正街 4 号，由禹王宫、广东公所、齐安公所等部分组成。整座会馆依山而建，屋舍鳞次栉比，规制恢宏，是国内现存规模最大的古会馆建筑群。会馆群始建于清康熙年间，乾隆、道光、光绪年间又不断得以扩建、改建，现存的会馆群为道光和光绪年间重建的，距今已有近 200 年历史，它既是清代重庆作为繁华商埠的历史见证，也是清代前期到民国初年重庆的移民文化、商业文化和建筑文化的重要标志。湖广会馆于 2006 年被公布为第六批全国重点文物保护单位之一。

图 8-4　禹王宫

通远门旧址在七星岗路口，虽历经几届政府的改造，却奇迹般的被保留下来，只是被包围在了纵横交错的马路中央，像一座孤岛一样面对着熙攘的车流。通远门曾经是重庆古城通往外界的唯一陆路通道，出了城门向西就是佛图关，是通往成都的交通要道。为纪念通远门在古代战争中的重要战略地位，现今渝中区七星岗一段通远门老城墙旧址上下树了一组为争夺城墙而进行攻防战的人物雕塑。走进通远门，城门下是新修的休闲广场，广场上有一些展示老重庆风土人情的塑像，重现了旧时重庆人的生活。站在城墙之上，下面就是通往解放碑道路上川流不息的车流。这里是新时代重庆城的中心，拔地而起的高楼大厦早已把当年的地标解放碑给湮没了。

太平门是现存四座城门中发现最晚的一座。据介绍，太平门高达 4.9 米、宽 4.4 米，而且还有瓮城。除了具有军事作用，太平门还紧邻城市的政治中心重庆府、巴县衙门，经济中心白象街等，堪称记录重庆城市演变的“历史化石”。又因太平门挨着整座城市的政治中心，自宋末定位后，便一直没有变动过，按过去的数法，重庆的城门以太平门为首，所以太平门还有“第一门”之称。

人和门是现存四座城门中唯一的闭门，与太平门相邻。值得一提的是，闭门都比开门小，比如人和门高约 4 米、宽 2.6 米，较太平门要“娇小”很多。来自重庆师范大学历史与社会学院的邓晓教授认为八闭门并不是真正的关闭。地图上所谓的“闭门”是通路的，应该是多用于城内居民的日常生活，如取水、交通等。而“闭门”这一称谓主要是针对外商而言。

2013 年，东水门及通远门遗址以“重庆古城墙”的身份成功入选第七批全国重点文物保护单位。后发现的太平门与人和门也得到了文物部门的高度重视。

三 近现代的屈辱、磨难与机遇

1. 开埠通商，通江达海

今天的重庆是中国的直辖市、国家中心城市之一，是西南地区最大的工商业城市和综合交通枢纽，也是西部开放开发重要支撑和长江经济带西部中心枢纽。而早在清光绪十六年（1890 年），中英签订《新订烟台条约续增专条》，重庆开为商埠。次年，重庆就在朝天门（重庆十七座古城门之一，后毁于火灾）设立了海关。重庆成为中国西部地区最早对外开埠通商的城市。

重庆正式开埠后，金融、商业逐渐繁盛起来。白象街、海关巷、邮政局巷等建筑都记录了当年开埠的历史。

相传白象街得名于街上的白象池，池中立有一汉白玉雕成的石象，恰好和南岸玄坛庙的一青石狮子遥遥相对，形成了“青狮白象锁大江”之势。如今，白象池了无踪影，只剩街名，但白象街的商业气息却未曾淡薄。20 世纪上半叶，美、英等国在白象街修建了许多办事机构，众商云集之下，这里一度变得寸土寸金。旧时的白象街充满了中西合璧风格的建筑。位于白象街 154 号的重庆海关报关行旧址（大清邮局）是砖木混合结构建筑，高三层，青砖外墙，细部有西式风格的装饰；而 142 号的美国大来公司旧址是白象街最具魅力的一栋老洋楼，楼高四层，青砖砌筑，窗洞多为传统的欧式拱券造型，附有雕花镂空的花格窗。沿邮政局巷往东前行，可看到一条石阶梯，即海关巷，如今这里是老城区改造的核心地段。

领事巷则充满了异国风情。1890 年，英国在重庆开设了领事馆，这是列强在重庆设立的第一个领事馆。英国领事馆旧址的主楼是二层砖木结构，外观经过一定整修，墙面刷成了浅黄色，带着券廊风格。

紧邻英国领事馆的是山城巷的仁爱堂旧址。1900 年，清政府把山城巷的上半段划给了各国领事馆，下半段划给了法国的天主教会。1902 年，法国人在这里修建了仁爱堂医院、教堂和修道院。现存的仁爱堂并不完整，当年的仁爱堂医院已经被拆掉了，剩下的只是当年的部分建筑。

出了仁爱堂，就近从重庆长江大桥越过长江，可到达对岸的南岸区南滨路。这里曾分布着开埠后外国人创立的众多洋行，如立德乐洋行、隆茂洋行、太古洋行、安达森洋行等。

建于 1891 年的立德乐洋行，是重庆最早的洋行，距今有 120 多年的历史。洋行大门为石质重檐牌楼式仿古建筑，主楼屋面是中式重檐斜山式屋顶，加上西式的壁炉烟囱，呈现出中西结合的特色。

位于海狮路 2 号依山而建的是安达森洋行。安达森是瑞典人，重庆开埠以后，他来到重庆买地建房开设洋行，主要经营鬃毛、腊肉及百货等。抗战全面爆发后，为确保安全，故宫文物被迫南迁。1938 年 5 月，故宫文物全部运到重庆后分三处保藏，其中一处就是安达森洋行的 4 个仓库，共存放了 3694 箱文物。1938 年开始，日军对重庆进行了长达五年半的轰炸。据说，每当天空出现飞机时，洋行老板安达森就会派人将瑞典国旗挂上房顶或平铺在空地上，以求安全，最终安达森洋行幸免被炸，藏于此的故宫文物毫发无损。后因山城雾多且空袭危险大，南迁文物又以宜宾为转运站，迁至乐山市安谷镇保藏。2017 年，安达森洋行被纳入慈云寺—米市街—龙门浩历史文化街区的保护修缮中，修缮工作由中国著名建筑设计大师张永和主持设计。修缮后的安达森洋行作为故宫学院重庆分院，记录了故宫文物南迁、中国文脉辗转的坎坷之路，在中国文化传承上有深刻的纪念意义。

2. 战时陪都

1937年7月7日，抗日战争全面爆发，11月20日，国民政府宣布迁都重庆。从此，重庆就开始承受日军最猛烈的轰炸。据不完全统计，从1938年春到1943年秋，总共五年半的时间里，重庆军民承受了日机近万架次、20000多枚炸弹的轰炸，直接伤亡超过25000人，房屋毁损17000多幢。重庆百姓的抗战岁月伴随着躲避轰炸、逃难、抢救伤亡的记忆。当时日军企图通过对重庆实施轰炸来削弱中国军民的抗战意志，然而重庆市民不仅未曾退却，反而在炮火中激发出更加坚韧的抗战意志。

重庆大轰炸惨案遗址位于重庆渝中区的磁器街。1987年7月6日，为纪念七七事变五十周年，日本侵略者轰炸重庆纪事碑落成仪式在较场口大隧道举行。附近还有国民政府立法院、司法院及蒙藏委员会旧址，国民政府行政院旧址以及重庆抗战金融机构旧址群。这些战时遗迹分散于城市建设中，于2013年被公布为第七批全国重点文物保护单位之一。

在南岸区南山风景区的黄山上，有一组抗战旧址群，现已被规划成重庆抗战遗址博物馆。旧址群共有15处抗战遗迹，包括蒋

图8-5 黄山抗战旧址群（局部）

介石官邸云岫楼、蒋经国和马歇尔办公居住地草亭、宋美龄别墅松厅、美国军事援华代表团驻地莲青楼、宋庆龄别墅云峰楼、何应钦办公地松籁阁、国民党空军总司令周至柔旧居、黄山小学、孔园、望江亭、防空洞、炮台山、警卫室、侍从室、发电房。这其中最为重要的是云岫楼。云岫楼在国民政府迁都重庆后便成为蒋介石重要的办公和寓居场所,现在这里展出的是抗战时一些重要的文史资料,包括 4 枚 1942 年新四军佩用臂章,朱德与国民党将领李宗仁等合著的《抗战必胜论》原著,1938 年蒋介石致朱德、彭德怀的嘉勉电稿原件,1939 年 1 月蒋介石关于游击部队作战手令稿等。此外,云岫楼内还复原陈列了当年的会议室、会客室、侍卫休息室、蒋介石办公室及休息室等。

重庆黄山抗战旧址群通过大量实物及史料陈列,展示了中国抗战期间国共两党团结合作、共御外侮的历史。该旧址群于 2013 年被公布为第七批全国重点文物保护单位之一,于 2016 年入选首批中国 20 世纪建筑遗产名录。

第九章
海上花园，中西共融
——澳门

因为“一国两制”等原因，澳门并未像内地其他一些城市一样入选国家历史文化名城，但澳门无疑是一座中西文化荟萃的历史文化名城。2005年7月15日，在南非共和国德班（Durban，South Africa），联合国教科文组织第二十九届世界遗产委员会会议一致同意将中国申报的“澳门历史建筑群”作为世界文化遗产，列入《世界遗产名录》。教科文组织的专业咨询机构国际古迹遗址理事会（ICOMOS）建议，经缔约国同意，并经世界遗产委员会认定，将关联这一处世界遗产属性、范围和内涵的遗产地名称改为“澳门历史城区”。至此，澳门历史城区成为我国第31项世界遗产。这座又称为“东方蒙特卡洛”的港口城市，以中西共融的文化魅力享誉世界。

一 港口城市，中西交融

澳门特别行政区包括澳门半岛和氹仔岛、路环岛两个离岛，其中澳门半岛最大，大约9.1平方千米。澳门历史城区就在澳门半岛中部至西南部一段狭长的地带内，占据核心地带1.23平方千米，是澳门的整体形象代表和旅游热点地区。它由两个片区组成：一片是西望洋山与大炮台山之间的范围，另一片为东望洋山地区。

东望洋山地区是昔日以葡萄牙人为主的外国人居住的旧城区，包括22处被评定的历史建筑物——妈阁庙、港务局大楼、郑家大屋、圣老楞佐教堂、圣若瑟修院及圣堂、岗顶剧院、圣奥斯定教堂、何东图书馆、民政总署大楼、三街会馆（关帝庙）、仁慈堂大楼、主教座堂（大堂）、卢家大屋、玫瑰堂、大三巴牌坊、大三巴哪吒庙、旧城墙遗址、大炮台、圣安多尼教堂、东方基金会会址、基督教坟场（包括马礼逊教堂）、东望洋炮台（包括圣母雪地殿圣堂及东望洋灯塔），以及8个前地（类似广场一类的空间）——妈阁庙前地、亚婆井前地、岗顶前地、议事亭前地、板樟堂前地、大堂前地、耶稣会纪念广场和白鸽巢前地。这几个前地由一条叫“龙嵩街”的主干道串联起来，在各个前地上，一般会有各式各样的文化表演，包括新年节日舞龙、神诞节庆上演神功戏等。

澳门历史城区的价值，首先在于它保存了中国最古老的西式建筑群、最早居住在中国的欧洲人聚居地和亚洲早期贸易港的完整面貌，包括大量独具特色的民间建筑，这些都表现出东西方建筑在空间结构概念、建筑风格、美学观念、建筑工艺技术等方面的相互

影响；其次是它在中西文化交融方面发挥的历史作用。

联合国教科文组织总结澳门历史城区的世界遗产特性和价值道：“澳门是一个繁华兴盛的港口，在国际贸易发展中有着重要的战略地位……澳门历史城区保留着葡萄牙和中国风格的古老街道、住宅、宗教和公共建筑，见证了东西方美学、文化、建筑和技术影响力的交融。城区还保留了一座堡垒和一座中国最古老的灯塔。此城区是在国际贸易蓬勃发展的基础上，中西方交流最早且持续沟通的见证。”著名的世界遗产保护专家郭旃先生将澳门世界遗产的特点概括为两方面：港口城市、中西文化的交融。

图 9-1　大三巴牌坊

二 海上升“莲花”，西人闻“妈阁”

澳门半岛原来只是个近海小岛，后因西江带来的泥沙的堆积作用，在它与大陆之间逐渐形成一道沙堤，最终变为半岛。又因澳门半岛状如莲花，这道通往澳门的沙堤被称为莲花茎。清乾隆前期，印光任、张汝霖所撰的《澳门纪略》称：“出南门不数里，为莲花茎，即所谓一径可达者……茎以一沙堤亘其间，径十里，广五六丈。”之后道光时林则徐赴粤查禁鸦片，上疏道光帝《关闸地方矾石洋面叠将敌船击退折》，称：“前山营赴澳门经由旱路，两边皆海，中有天然甬道一条，因在莲花峰脚下，土人象形名之为‘莲花茎’。”走过莲花茎便进入澳门了。据考古学者在路环岛黑沙的考古发现，澳门地区在距今5000年至6000年前已有人类活动迹象，与珠江三角洲地区属同一区域文化系统。现藏于澳门艺术博物馆的彩陶盘，其制作风格与工艺技术除具有本地区域文化特色外，亦显现出曾受中原新石器时代彩陶艺术的影响，由此证明澳门与内地自古以来一脉相连。澳门在秦时属南海郡番禺县，晋时属新会郡封乐县，隋时属宝安县，唐时属东莞县。南宋绍

图9-2 澳门艺术博物馆藏品

兴二十二年（1152 年）升香山寨为香山县，澳门划归香山县管理。据研究，澳门最早的居民主要集中在今妈阁、望厦、沙梨头等一带。

澳门的英文名是“Macao”，这源自葡萄牙文“Macau”，为“妈阁”的葡萄牙语音译。相传明嘉靖十四年（1535 年），葡萄牙商人在澳门停靠进行贸易，当时葡萄牙人是从妈祖阁（妈阁庙）附近登陆的，他们向当地渔民打听这里叫什么名，当地人便告以妈阁，于是澳门便被葡萄牙人称为“Macau”。

三 西洋人托故窃居，南欧风小城诞生

据明郭棐撰《万历广东通志》记载，嘉靖三十二年（1553 年），葡萄牙人借口商船遇到风浪，水湿贡物，求借澳门一带晾晒。广东海道副使汪柏收受贿赂，允其上岸。开始时，葡萄牙人只搭建些帐篷，日久天长就偷偷“运转瓦木石为屋，若聚落然”，他们就这样一步步在澳门安营扎寨。以葡萄牙人为主的外国人，于嘉靖三十六年（1557 年）开始陆续定居澳门。

葡萄牙人住下之后，开始修建教堂、住宅等建筑，不到几年，就发展出上千个居住区，俨然建成了一座海滨小镇。嘉靖四十三年（1564 年）浙江巡按庞尚鹏上朝廷《抚处濠镜澳夷疏》，称：“近数年来，（葡萄牙人）始入濠镜澳（即澳门）筑室，以便交易。不逾年，多至数百区，今殆千区以上。”嘉靖四十四年（1565 年），曾到澳门游历的文人叶权称：“今数千夷团聚一澳，雄然巨镇。”当时的西班牙神父冈萨雷斯写信说：“以此在十二年的时间内，在称为‘Macau’的一陆地顶端形成了一巨大的村落。有三座教堂，一所济贫医院及一所仁慈堂。现在已成为拥有五千基督徒的村落。”葡萄牙人于万历十一年（1583 年）自行组织议事会来处理内部事务，包括市政、治安、司法、社会福利等。至万历十四年（1586 年），葡属印度总督宣布澳门为“自治城市”，称为“天主圣名之城”（葡文为“Cidade do Nome de Deus”，英文为“City of the Name of God”）。

到了 17 世纪中叶，葡萄牙人对澳门的城市建设已初具规模，并建立起城防设施，配置火炮等武器。明末清初广东学者屈大均亲

临澳门，在《广东新语》中记载：“澳有南台、北台。台者，山也。以相对，故谓澳门。番人列置大铜铳（即火炮）以守。其居率为三层楼，依山高下，楼有方者、圆者、三角者、六角者、八角者、肖诸花果形者，一一不同，争以巧丽相尚。己居楼上，而居唐人（即原居民）其下，不以为嫌。”澳门的城市建设给屈大均留下深刻印象，他的组诗《澳门》第一首即说：“广州诸舶口，最是澳门雄。”西方方面，雷戈的《澳门的建立与强大记事》称：“在这短短的几年里，本市在教会以外的方面发展也不小；无论从建筑物的规模或豪华来看还是从居民人数来看，它到今天都算是东方最主要的城市之一。”这是因为当时西方城市建设落后于中国，所以在他看来澳门已属规模宏大。另一位西方人博卡罗所著《要塞图册》称：“（澳门）是东方最繁华的城市之一，与各地来往贸易兴盛，有大量各种财物和珍贵物品。”

在广东地方政府默许下，葡萄牙人在“天主圣名之城”四周修筑城墙和炮台，炮台设在山顶高处及主要海港出入口。从中国第一历史档案馆藏康熙年间《广东澳门图》可见，当时葡萄牙人聚居的“天主圣名之城”四周城墙环绕、炮台森立，城内则楼房、教堂、广场、码头井然分布。到乾隆前期成书的《澳门纪略》记载，其时澳门城建有四个城门，大门一，曰三巴门，小门三，曰小三巴门，曰沙梨头门，曰花王庙门；炮台有六座，最大者为三巴炮台，其次则为东望洋炮台、西望洋炮台、娘妈角炮台、南环炮台、噶斯兰炮台。城内为数众多的教堂给当时的中外人士留下了深刻印象。康熙十九年（1680 年）到澳门圣保禄学院学习的华人修士陆希言在《澳门记》中记载当时有八座教堂，曰：圣伯多禄堂、圣保禄堂、圣多明我堂、圣方济各堂、圣奥吾思定堂、圣安多尼堂、圣老楞佐堂、圣辣匝罗堂。

总的来说，到 17 世纪的时候，一个南欧式的小城已出现在中国的南海之滨，它由城墙和众多炮台拱卫着，有众多的教堂和修院。这个南欧式的小城，就是今天澳门历史城区所覆盖的地方。

四 澳门半华夷，明清西风窗

1840年鸦片战争爆发，1841年英国派兵占领香港岛。1844年葡萄牙当局趁火打劫，单方面宣布澳门为自由港；1849年停止向中国缴纳澳门地租；1851年占领氹仔岛；1864年再占路环岛；1883年占领望厦及青洲；1887年葡萄牙政府和清政府先后签订不平等的《中葡会议草约》和《中葡和好通商条约》，强行要求“葡国永驻管理澳门以及属澳之地，与葡国治理他处无异”。

与被英国强占的香港不同，澳门自清朝起就是华洋杂处、中西文化共存和相互交融的地方。同治二年（1863年）夏天，中国近代文化名人、著名书法家何绍基专程考察澳门、香港，写下长篇记行诗《乘火轮船游澳门与香港作，往返三日，约水程二千里》明确指出：“澳门半华夷，香港真外国。”400多年来，澳门在中西文化交融方面发挥了特殊作用，至今仍是我国与一些葡萄牙语国家交往的特殊平台。

由于历史上葡萄牙拥有天主教在远东地区传教的所谓“保教权”，大部分到中国及亚洲其他地区的传教士都需经葡萄牙首都里斯本至澳门，再转到各自的目的地；再加上1575年，教宗格里高利十三世下令成立澳门教区，故从16世纪中叶以后，澳门一直是天主教传教士在中国乃至远东地区传教的基地。明清时代进入宫廷的外国传教士，例如早些时候的利玛窦、汤若望、南怀仁，清康雍乾时期的徐日昇、张诚、白晋、戴进贤、郎世宁、王致诚等人都先抵达澳门，在那里学习中文和中华文化，然后北上北京或去往中国各地。像清代著名宫廷画家郎世宁，就是在澳门圣保禄学院学习的，今大三巴牌坊和大炮台一带都是圣保禄学院的遗址。

如今澳门历史城区内，圣奥斯定教堂、玫瑰堂均有昔日天主教修会会院的遗址；至今保存完整的圣若瑟修院，记录了天主教耶稣会在中国的传教故事和中西文化交流的事迹。同时，圣老楞佐教堂、圣若瑟修院及圣堂、圣奥斯定教堂、玫瑰堂以及圣安多尼教堂组成了中国最古老并且至今仍然运作的天主教教堂群。至于19世纪初传入中国的基督新教，其第一位来华传教士英国人马礼逊牧师，除了以澳门为传教基地外，他的遗体亦葬在澳门的基督教坟场内。而历史城区内以在澳门受洗的中国第一位新教徒蔡高命名的中学，亦见证了澳门与基督新教一段深厚的渊源。因此，著名学者季羡林先生认为：“在中国五千多年的历史上，文化交流有过几次高潮，最后一次也是最重要的一次是西方文化的传入，这一次传入的起点从时间上说是明末清初，从地域上来说就是澳门。”

澳门历史建筑在分布上体现了不同思想、不同宗教信仰共存，并无畛域之分的情况。例如，供奉中国海神的妈阁庙与供奉葡萄牙人航海保护神的圣老楞佐教堂近在咫尺；葡萄牙人生活区的亚婆井前地旁坐落着中国近代著名思想家郑观应的大宅；圣若瑟修院则是专为培养进入中国传教的修士而设的神学院；岗顶前地上有葡萄牙人“大会堂”的岗顶剧院，也有中国富绅何东的旧居；在议事亭前地，除了至今仍是澳门市民欢庆集会场所的中心广场外，其周围既有中国商人聚会交流的三街会馆，也有葡萄牙人的慈善机构仁慈堂；与美丽的玫瑰堂相邻的是澳门华人最早的市集营地街市；与巍峨的大三巴牌坊并峙的，是精致小巧的哪吒庙；东望洋炮台的圣母雪地殿圣堂中则有结合西式内容与中式技法的壁画。

中西文化的交融，体现了人们追求与人为善、互利共赢的美好愿望。当下，中西兼容、相互尊重、和平共处，已经成为当地华人和土生葡人的共同意愿。到访澳门的来宾，往往会感受到澳门人特别的友善和诚挚。

五 历史城区，中西合璧

早在 1992 年，澳门楹联学会、澳门摄影学会、澳门历史学会、澳门中华诗词学会、中区扶轮社、澳门美术协会、澳门狮子会和澳门教育文化艺术学会 8 个社会团体，依据历史性、时代性、可观性、连续性原则评选出“澳门八景”。其中的妈阁紫烟、三巴圣迹、灯塔松涛、卢园探胜，分别是如今历史城区内的古建筑：妈阁庙和妈阁庙前地、大三巴牌坊和大三巴哪吒庙、东望洋炮台（包括圣母雪地殿圣堂及灯塔）、卢家大屋等。八景中其余景观有镜海长虹、普济寻幽、龙环葡韵、黑沙踏浪。

1. 三巴圣迹

三巴圣迹即圣保禄教堂的遗迹，位于澳门大三巴街附近的小山丘上，历来被视为澳门的重要标志。它前面有 68 级宽敞的石头台阶，侧面紧邻著名的大炮台。圣保禄教堂又称圣保罗教堂，原本由一名意大利籍的耶稣会神父设计，由日本工匠协助建造，因此糅合了欧洲文艺复兴时期与东方的建筑风格。它在当时是东方最大的天主教堂，曾经是天主教远东教区的大本营，兴盛一时，“相逢十字街头客，尽是三巴寺里人”可谓是当时的真实写照。圣保禄教堂在建成后的几百年间共经历了三次火灾。1835 年 1 月，教堂第三次被大火烧毁，仅残存大部分的地基、教堂前的石阶以及教堂正面前壁部分——即我们现在看到的大三巴牌坊。

圣保禄教堂的前壁由花岗石建成，属于巴洛克式建筑风格，但在一些设计和雕刻上却带有明显的东方色彩，这在全世界的天主教堂中是独一无二的，由于造型很像中国古代的石牌坊，所以它又被称为大三巴牌坊。其建筑构造呈叠柱式，上下分五层，高 25.5 米，面阔 23.5 米。牌坊顶端高耸着十字架，十字架下的第一层中间有一只铜鸽，旁边围有太阳、月亮及星辰的石刻，象征圣母童贞怀孕的一刹那。之下的三层，每层的壁龛均藏有一铜像。第二层正中间是一尊耶稣圣婴像，两侧有耶稣受难的刑具浮雕，再外侧是四支壁柱，柱间以天使浅浮雕点缀。第三层正中刻着一尊童贞圣母雕像，旁边以牡丹和菊花两种花朵围绕，两侧各有三个天使浮雕。圣母雕像右方从内到外还刻有精神之

图 9-3　大三巴牌坊上部分石雕

图 9-4　圣保禄教堂历史文物展览　曾坤　摄

泉、一艘在海星圣母指引下的葡式帆船及一只面目狰狞的魔鬼；左方对应刻有生命之树、圣母足踏七头之龙和一具骷髅。第四层有四位圣人铜像。牌坊的底部有三面大门，正门上刻有“MATER DEI”字样，意为“天主圣母”，相当于中国建筑的牌匾，两侧门的门楣上刻有耶稣会的会徽“IHS”的浮雕图案。整座牌坊历经风雨沧桑，更加古朴典雅。舒缓伸延的台阶，烘托出一种庄严的宗教气质，给人以美的感受。

在牌坊后面的地下墓室里，存放着 17 世纪一些日本及越南殉教者的骸骨。墓室旁边是天主教艺术博物馆，其中展品有宗教画、雕刻和礼仪装饰品等，都是从澳门教堂和修道院的藏品中精选出来的，极具欣赏价值和历史价值。

大三巴牌坊附近的大

图 9-5 大炮台上的铸铁古炮 曾坤 摄

图 9-6 大炮台上的古钟

炮台，位于柿山（炮台山）之巅，葡萄牙于 1617 年至 1626 年修建成圣保禄炮台，澳门居民多称其为大炮台。它占地约 8000 平方米，呈不规则四边形，是当时澳门防御系统的核心，并与其他炮台一起构成覆盖东西海岸的宽大火力防卫网。它气势雄伟，造型古朴，历经 400 多年风雨侵蚀而不垮，被视为澳门建筑的奇迹。登临大炮台平台，不仅能够看到巨型的铸铁古炮，还可以饱览澳门历史城区的全貌。

2. 妈阁紫烟

妈阁庙是澳门最古老的庙宇，原名妈祖阁，又称天后庙，崇祀中国海洋保护神妈祖。澳门由渔村演变为城市大约用了 400 年，而妈阁庙开山至今已有 500 多年的历史。庙内有史可考的弘仁殿，建于明弘治元年（1488 年），是澳门年代最早的古建筑遗迹。同时，妈阁庙还与普济禅院、莲峰庙合称澳门三大禅院。

妈阁庙位于澳门半岛的西南端，背山面海，沿崖而建，周围古木参天，风景优美。整座庙宇包括神山第一殿、正觉禅林、弘仁殿、观音阁等四座主要建筑，是一处富有中国文化特色的古建筑群。妈阁庙各部分分建于不同时期，现存整体规模是在清道光年间形成的。

妈阁庙大门为牌楼式的花岗石建筑，门楣上是“妈祖阁”三个金字，两侧书对联“德周化宇，泽润生民”。大门顶部覆盖绿色琉璃瓦，中间屋脊正中置瓷制宝珠，两侧有相向而立的鳌鱼，造型华丽。庙门口有一对石狮，雕工精美，传说是300多年前清人的杰作。入得山门，是一座三间四柱的花岗石牌坊，柱头雕石狮，门楣书“南国波恬”，有祈求海上平安之意。大门、石牌坊、神山第一殿和半山腰上的弘仁殿，按中国古代建筑轴线布局，建在一条直线上。

图 9-7　妈阁庙大门

石牌坊后是妈阁庙前殿，门楣上悬“神山第一”牌匾，两侧楹联为“瑞石灵基古，新宫圣祀崇”。建筑主要由花岗石及砖砌成，两边墙体均开有大面积琉璃花砖方窗，较高位置的气窗则为圆形。石造的屋顶上还铺设了琉璃瓦，琉璃饰件装饰着正脊、垂脊。屋顶分两部分，朝拜区的屋顶为歇山卷棚顶，神龛区上方为正殿，是重檐庑殿顶。

图 9-8 妈阁庙神山第一殿 曾坤 摄

正殿旁的庭院内一块名为“洋船石”的巨石上，刻有一艘古代的三桅海船，船的桅杆上挂着一面写有“利涉大川”的幡旗。这句话出自《周易·涣·彖传》：“利涉大川，乘木有功也。”传说明朝万历年间，一位福建商人乘船来澳门的途中遇到风浪，幸得妈祖相救，转危为安。商人于是建殿、立石并刻船及“利涉大川”四字以作纪念。

庭院另一侧为正觉禅林，它始建于清代中期，不管在规模上还是在建筑形式上都较为讲究。正觉禅林由供奉天后妈祖的神殿和静修区组成。神殿为四架梁结构建筑，为一院落式布局，前为天井，天井两侧的侧廊为卷棚式屋顶，主建筑的屋顶为琉璃瓦坡顶，两边侧墙顶部为金字形“镬耳”山墙，有防火、防风的功能，具有浓郁的闽南特色。在天井前的正立面，纵分为五部分，中间最高两边渐低，墙身有泥塑装饰，墙顶则以琉璃瓦装饰，而在琉璃瓦檐下是三层装饰性斗拱花饰。此外，中部开有一半径为 1 米多的圆形窗洞，窗洞上方刻有“万派朝宗”，而琉璃瓦顶上的飞檐及瓷制宝珠装饰亦显示出此殿的重要性。

沿着山麓石径向上，是建于巉岩巨石间、就石窟凿成的弘仁殿。弘仁殿规模最小，面积只有 3 平方米左右，正上方刻有其名称即“弘仁殿”，两侧对联为“圣德流光莆田福曜，神山挺秀镜海恩波”。殿顶覆盖绿琉璃瓦，屋脊有琉璃宝珠等作装饰。殿内四壁雕刻着色彩斑斓的海魔神将，中央供奉着妈祖娘娘。

由弘仁殿蜿蜒向后到观音阁，沿途山崖有不少石刻。观音阁位于整个庙宇最高处，供奉的是观音菩萨。

图 9-9 “万派朝宗”

整座妈阁庙主要供奉的是海上女神、天上圣母——妈祖，其原型是宋朝福建湄洲渔家女林默。她一生在海上行善救人，助人化险为夷，死后受到人们的供奉及历代统治者的加封。妈祖的影响力由湄洲传开，遍及五湖四海，千百年来，妈祖在南北方沿海地区广受崇奉。妈祖文化对东亚海洋文化也产生重大的影响。在澳门，妈祖信仰相当兴盛，供奉妈祖的庙宇遍布澳门半岛、氹仔岛和路环岛。妈祖信仰对于澳门的渔民来说尤其重要，每年渔民们都会举办祭拜仪式。妈阁庙平时香火不绝，每年农历除夕和三月二十三日的天后诞，庙中香火更甚，并有丰富多彩的节目助兴。妈阁庙上紫烟弥漫，一派祥和，故称“妈阁紫烟”。2014 年，“妈祖信俗”被列入国家级非物质文化遗产代表性项目名录。

3. 议事亭前地

议事亭前地坐落在民政总署总部对面，因为在澳门议事会（即今民政总署大楼）前，故而得名。其周围一带的建筑物极富欧洲特色。广场中央有一座圆形喷水池，是此地的标志性建筑之一。这里的地面也极富特色。20 世纪 90 年代初，澳葡政府重金聘请葡萄牙技师，用从葡萄牙运来的黑白两色碎石把前地及相连街道地面铺成黑白相间的波浪状，成为具有葡萄牙城市风格的行人专用区。此地为澳门的中心区域，澳门回归前，历届澳门总督均在此举行上任仪式。

图 9-10　澳门民政总署总部

图 9-11 议事亭前地

广场周围的建筑物有旅游司、邮政局、仁慈堂、龙记酒家等，其中仁慈堂是亚洲地区最古老的慈善机构。每逢年节及国际艺术节等盛会，官方和广大市民就会在这里举办欢庆活动。

4. 三街会馆

三街会馆位于议事亭前地左侧。“三街”指澳门最早的三条街道——营地大街、关前街和草堆街；“会馆”则是由三条街道的商行组成的工会团体。这里既是华人商贾们联络感情、沟通商情的场所，也是清政府发布公告的重要场所。日子一久，三街会馆成

图 9-12 葡萄牙风格小街

为澳门华人的议事场所，而后来的澳葡政府也以会馆作为联系华人的重要机关。

会馆整体为两进三间的中式建筑，以青砖为主要砌筑材料，其入口一侧为一社坛，社坛上刻有“荣宁社”三字。入口木门最上方书“关帝古庙”，下书“三街会馆”，两侧挂有对联“舞凤跃龙旋地轴，矗云飞藻耀台垣”。建筑内部采用屏门将第一进空间与大厅相隔，大厅是建筑的主体，厅内正中就是供奉庙宇主神的关帝殿。关帝殿的两侧分别为财神殿、太岁殿。庙内有丰富的匾联，内容多为赞颂关帝的词句。此外，还有几块重要的碑刻，为了解建筑的历史起到重要作用。

三街会馆具体的始建年份暂未确定，一般认为是清代乾隆年间。会馆建立的初衷是为华商们提供一个结社集会的场所。在建筑主要用作商业活动的时期，关帝已经受到供奉，但主要是作为华商群体在会馆内的信仰，而非建筑的主体功能，直到 1913 年该建筑的功能发生了较大转变。是年澳门商会的成立，导致这一建筑作为商业会馆的功能逐渐淡化直至消失。该建筑转而演变为纯粹祭拜关帝的庙宇，故被人直呼为关帝庙，该称呼一直沿用至今。

5. 哪吒庙

哪吒庙位于大三巴斜巷，毗邻著名的大三巴牌坊，前者是中国的传统庙宇，后者是西方宗教建筑的典型代表，两者在空间上的共存，显示了澳门文化的多样性和包容性，故哪吒庙、大三巴常被视为澳门中西文化和谐相处的象征。该庙建于清光绪十四年（1888 年），为两进式砖木建筑，中间并无天井过渡，这在传统中式庙宇中十分罕见。建筑主体由门厅和正殿组成，建筑整体面积较小，平面呈长方形，长 8.4 米、宽 4.51 米，面积仅约 38 平方米。门厅三面以黑色木栅栏环绕，正上方悬“保民是赖”匾，两侧石柱上书楹联：“何者是前身，漫向太虚寻故我；吾神原直道，敢生多事惑斯民。”正殿正门悬“哪吒庙”牌匾，两侧立柱的楹联为“乾坤圈镇妖邪灭，风火轮添泽国安”。庙宇门口设三足香炉鼎，鼎上有“风调雨顺”“国泰民安”等吉祥词汇，左右两耳均采用飞龙造型。

哪吒自然是庙宇供奉的主神，此外庙里还供奉观音、关帝、和合二仙等。在澳门，哪吒信仰较为兴盛，以之为主神的庙宇，还有哪吒庙斜巷的柿山哪吒庙。每年农历五月十八日是哪吒诞辰，两座哪吒庙均会举行盛大的庆祝活动，包括贺诞粤剧表演及哪吒圣像巡游等。2014 年，“哪吒信俗”作为民间信俗之一，被正式列入国家级非物质文化遗产代表性项目名录。近年在大三巴哪吒庙旁兴建了大三巴哪吒展馆，展出哪吒民俗活动的历史照片、节庆影像、漫画，哪吒出巡的兵器、罗伞、舞狮头、香炉、花炮神像、鼓、圣水桶、御舆等民俗文物，为哪吒信俗的相关活动提供了丰富而又生动的实物资料。

6. 玫瑰堂

玫瑰堂由圣多明我会（又称道明会）于 1587 年创建，是该会在中国的第一所教堂。教堂初建时用木板搭建，故被华人称为板障庙，后称板樟庙，因教堂供奉玫瑰圣母，故又称玫瑰堂。1874 年教堂因雷击起火而焚毁，重建后则成现在的规模。如今的教堂呈现出华美的巴洛克式风格，浅黄色外墙和醒目的绿色窗吸引无数游人驻足观赏。教堂内的天花板上布满了图案装饰，形状各异的彩色玻璃片组成各种图案，把教堂装扮得富丽堂皇。教堂右侧的三层“圣物宝库”收藏着 300 多件澳门天主教的珍贵文物。

7. 郑家大屋

郑家大屋是澳门现存建筑面积最大的民居建筑群，位于今西望洋山麓的龙头左巷，与亚婆井前地相邻，其建筑既具有广东传统民居的特征，同时也糅合了很多外来文化因素。

郑家大屋由郑观应之父郑文瑞始建，根据大屋内楹联的落款日期可知，其建筑日期最早可追溯至同治八年（1869 年）。其后，郑观应及其兄弟陆续修建，郑家大屋规模不断扩大。郑家大屋自始建起到 20 世纪初期，由郑观应家族居住使用。20 世纪五六十年代，郑家后人分居各地各自发展，郑家大屋多处空间被分租出去，一度

曾有300多人在内居住。超负荷的使用对建筑造成很大的损坏，常年的风吹雨打以及不时的回禄之灾令建筑饱受摧残。至2001年，郑家大屋八成以上的区域都有不同程度的损毁，且僭建、改建现象严重，部分建筑原貌已模糊难辨。2002年起，特区政府开始对郑家大屋进行科学修复工作，历经八年，郑家大屋昔日面貌得以基本恢复。

郑家大屋现占地约4000平方米，建筑沿妈阁街方向纵深达120余米，由多座不同风格的建筑及开放空间组成，大小房间有60多间，呈不规则狭长形，是澳门少见的家族式建筑群。按照顺序依次为大门、辅助房区、门楼及主房区。入口处放置有灰塑门官，名曰“旺相堂”，两侧有“添福”“添禄”“生财”“生子”等吉语。入口门楼的墙身中部有大量不同题材的灰塑，如“鲤鱼跃龙门”“年年有余”等。其后便可经过月门，步入一条长长的廊道。昔日郑家在此居住时，来访客人会在此下轿，然后步入宅第，故这条廊道又称轿道。轿道与主房区之间采用了一座“荣禄第”门楼作为过渡，门楼后上方挂有“崇德厚施”牌匾，是时任山西巡抚曾国荃赠送给郑家的。在1877年至1878年，山西发生旱灾，郑家尤其是郑观应从民间筹集了大笔款项，为山西渡过这场灾害作出了重要贡献，曾国荃因此赠匾致谢。主房区由两座四合院式建筑构成主体，分别取名余庆堂和积善堂。“余庆”“积善”出自《周易·文言·坤》“积善之家必有余庆，积不善之家必有余殃”，体现了中国传统文化对郑家的影响。

郑家大屋除了建筑艺术价值外，也蕴含了丰富的文化内涵。中国近代名人郑观应就在此完成《盛世危言》这一划时代巨著。该著作是中国近代版本最多的著作之一，目前所见有超过20个版本，可见其传播范围之广泛和影响之深远。

8. 卢家大屋

卢家大屋，又名金玉堂，位于大堂巷7号，是晚清澳门著名商人卢华绍（卢九）家族的旧居。卢氏最初所建房屋占据大堂巷一边，包括第 3、5、7、9 号，但只剩下 7 号房屋遗留至今。据屋内左次间天井檐口的题诗年份显示，卢家大屋约于清光绪十五年(1889 年）建成。卢氏家族在此大屋居住至 20 世纪初，后家族没落，大屋被分租，导致屋内建筑遭到了严重破坏。特区政府从 2002 年开始对其进行修复，现已恢复其盛时原貌。

整座建筑由大青砖建造，是典型的中式两层大宅，同时体现了晚清岭南民居温婉纤细的建筑风格。建筑坐东向西，采用两层三进三开间的传统中式院落布局。一层楼的明间按照顺序依次为门官厅、天井、轿厅、天井、正厅。进门后首先步入的就是门官厅，供奉门官神位的神龛嵌于左侧墙壁中，额上浮雕“福”“禄”“寿”，四周还雕有象征吉祥的花、鸟、铜钱等，神牌上以“门官土地福德正神”为主祀，右侧伴奉“年月招财童子”，左侧则是“日时进宝仙官”。神龛两侧还有一副对联：“门从积德大，官自读书高。”轿厅是过去达官贵人来访时，乘轿直接经过门官厅后的停轿之处。除有停轿用途外，轿厅还具备奉膳的功能。依次通过轿厅和天井后，便到达正厅，正厅是全屋最主要的厅堂，为主人接待宾客的场所。

二楼的神楼是全屋最神圣的地方，主要以牌位的形式供奉着卢家的祖先。大屋内的装饰既有岭南地区常见的砖雕、灰塑、槅扇门、蚝壳窗等建筑元素，又有假天花、满洲窗等西式建筑元素。假天花用于遮挡楼板木材，上面的孔有助于空气流通；满洲窗则镶以彩色玻璃，颜色鲜艳耀眼，在酷夏里透过这种特殊的玻璃看窗外树木宛如遭冰雪覆盖，令人心生消暑之感。

卢华绍，是晚清时澳门华商的代表，被称为澳门第一代赌王。此外，他还经营其他一些生意，并开发了澳门沙岗一带，如今在这一地区还有一条名为“卢九街”的街道。卢华绍对澳门社会也作出过很大贡献：他的捐资助学推动了澳门华人教育事业的发展，他还对镜湖医院有所帮助，并领衔创建了同善堂（一家慈善组织）。

9. 普济禅院

普济禅院俗称观音堂，建于明朝末年，后于清嘉庆、咸丰年间两度重修扩建才形成今日的规模，它是澳门最大的禅院，也是澳门最具规模的庙宇。禅院共三进，正殿第一进是庄严宏伟的大雄宝殿，内奉三尊三宝佛像；第二进为长寿殿，供奉消灾延寿药师佛；第三进为观音殿，供奉观音菩萨。禅院整体占地广阔，除了正殿外，还有偏殿、方丈室、妙香堂等，后山有花园和碑廊。

图 9-13　普济禅院大门 曾坤 摄

中国岭南画派大师高剑父在抗日战争时期曾寓居于禅院内，作画授徒，并在这里创立了“春睡画院”。

普济禅院后花园中的一张圆形石桌和四条长石凳，铭记着中华民族近代的苦难。1844 年 7 月初，就在这张石桌上，由代表清政府的两广总督耆英与美国专使顾盛签订了比《南京条约》更苛刻的《中美五口贸易章程》（俗称《望厦条约》）。

图 9-14　签订《望厦条约》的石桌 曾坤 摄

10. 莲峰庙与澳门林则徐纪念馆

位于罅些喇提督大马路的莲峰庙，为澳门三大古庙之一，初建于明代，至清代经历多次修缮，始成今日规模。整座庙宇面阔三间，前后两进，庙门有副楹联："莲花涵海镜，峰景接蓬瀛。"首进的中殿供奉天后娘娘，二进的中殿供奉观音菩萨。此外，庙里还供奉着多位其他神祇，如关帝、仓颉、沮诵、神农、医灵大帝、金花娘娘等。庙内亦设有澳门目前唯一的庙学——普济莲峰学校。

莲峰庙曾是当年官吏和华人商贾的议事之所，直至清朝嘉庆、道光年间仍为官员临澳办案的驻节处。发生在此处最著名的历史事件当数林则徐巡澳。1839 年 9 月 3 日，在广东主持查禁鸦片的钦差大臣林则徐携同两广总督邓廷桢巡阅澳门，并在莲峰庙接见澳葡理事官利马，向他申明禁令，论以安分守法，不许囤贮鸦片，不许徇庇奸夷（指走私鸦片的英美烟贩），取得了澳葡当局在查禁鸦片方面的合作。

为了纪念林则徐禁烟的丰功伟绩，弘扬他伟大的爱国精神，澳门莲峰庙管理当局联系澳门各界，于 1997 年在庙前空地设立林则徐全身雕像并在此建造了澳门林则徐纪念馆。纪念馆为两层框架建筑，底层为展览馆，楼上是礼堂。走进堂皇的仿古官门，正中安放着一尊威严的林则徐半身铜像，铜像背后是北京人民英雄纪念碑碑座的虎门销烟石雕抄版屏风。展览馆分为五个展区，分别以"林则徐生平""放眼世界""虎门销烟""巡阅澳门""永恒纪念"作为主题，展区内布置了大量的图片和珍贵的历史文物。

11. 东望洋炮台

东望洋山，俗称松山，主峰海拔约 91 米。这座澳门半岛最高的山丘，在古时被称为琴山，因其远远望去就像一台横卧的瑶琴而得名，它是澳门地区地理坐标的标志点。很早以前这里是一座光秃秃的荒凉山岗，19 世纪初因遍植松树才得以改变旧貌并成为澳门的风景名胜。山上所立航海灯塔，称东望洋灯塔。东望洋灯塔与另外两座古迹——圣母雪地殿圣堂和东望洋炮台，共同构成了"东望洋山三古迹"。这座由葡萄牙人设计的灯塔建于 1864 年，是中国沿海地区第一座欧式灯塔。它从 1865 年 9 月 24 日起开始运作，为

过往航船引路。灯塔内部构造简单实用，塔端的射灯最初是煤油灯。1874 年 9 月，灯塔因风暴受损，经长时间维修，塔内机械全部更新并用上了电灯，于 1910 年 6 月 29 日重放光明。

圣母雪地殿圣堂于 17 世纪建于东望洋山的炮台上，堂内供有雪地圣母和圣若翰洗者的圣像和画像。1996 年澳葡当局对圣堂进行内部保护和修复时，发现了壁画遗迹。壁画上的《圣经》故事和人物运用中国绘画的技法来描绘，整个画面展现了中西方文化和艺术的大融合，这种特色在本地区众多教堂中是独一无二的。到 2001 年，修复工作基本完成，教堂重新对外开放。

东望洋炮台位于澳门半岛最高的东望洋山上，为中国现存最古老的西式炮台建筑群中的一部分。炮台建于1622年，1637年扩建，翌年完工，有哨房、火药库、楼塔等。该炮台原来主要用作军事防御和作为观察站，故一直被列为军事禁区，只有每年 8 月 5 日圣母诞及农历九月初九重阳节才对公众开放。1976 年葡萄牙军队撤出澳门后，炮台被辟为旅游点，游客可在此远眺澳门全景及珠江口的壮丽景色，领略古今历史变迁。

澳门半岛、氹仔岛、路环岛林立的高楼，繁荣的街道，幸福的市民……这些澳门回归 20 多年获得的令人惊叹的发展，真的超过此前 400 年的总和！民族英雄林则徐和一代代仁人志士追求的中华民族伟大复兴，在此正变成现实！

第十章
京畿重地，直隶督府
——保定

太行山自北京市西山起，向西南绵延400多千米，至晋豫交界的王屋山为止，是华北平原和黄土高原的分界线，也是我国众多的地理区划的分界线。太行山山势西缓东陡，高原上发育的众多河流，自西向东横切太行山，从险峻的山体东麓陡然跌落，成为塑造太行山东部地貌的主要因素。随着山陕高原黄土地貌的形成，太行山系河流含沙量增大，山体东麓逐渐发育出数量众多的山前洪积扇，最终形成了面积巨大的冲积平原——华北平原。在更适宜人居的山前冲积平原上，自古就孕育了众多的聚落，而后发展成村落、市镇、都城，而古城保定就是其中重要的一座。

地处太行山前的保定，沃野千里、河湖密布，从很早开始就成为人类活动的地方。保定是传说中帝尧的故乡，在春秋战国时期又先后是燕国、中山国的地界，宋为保州，元代将保州由州治升为路治，明代建府，清代

为直隶省会。尤其是自元代定都北京以来，保定凭借得天独厚的地理优势，北通京津、南抵冀中，素有“北控三关，南达九省，畿辅重地，都南屏翰”之称，至新中国成立，保定一直是河北的政治、经济、文化、军事中心，是“京畿重地”“首都南大门”。

有着3000多年历史的保定，于1986年被国务院公布为第二批国家历史文化名城之一。保定市域内文物古迹众多，其中为全国重点文物保护单位的亦不在少数。

一 燕、赵分界之地

在中国几千年的文明发展史中，各个地域因部落、民族或政权的不同，形成了各具特色的地域文化，今保定所在的河北地区自战国以来就有一个别称——燕赵。

据中国第一篇区域地理著作《尚书·禹贡》记载，燕赵在古时属冀州之地。此地在春秋时为燕、晋诸国所据，战国时为燕、赵、中山以及魏、齐等国所据。传统观念中，以北京为中心的是燕，以邯郸、邢台为中心的是赵，而燕、赵的分界线在保定。

多年以前，在保定南门外的南大街路西边的一家店铺墙角，有一块露出地面不足一尺，被人手摸脚踩得光滑溜圆的青石头。因为石头上有一丝裂缝，保定当地人都管它叫“大裂瓜”，说它就是原来燕、赵两国的分界石。当年这块石头无人看管、没有围栏、不见文字说明，却因对它的种种传说而显得异常神秘。

然而，传说不可作数，猜测也会终止。20 世纪八九十年代，南大街扩路工程轰轰烈烈地进行，工人们的铣镐一齐对准了“大裂瓜”，不消几下就轻而易举地把它“请”了出来。原来，所谓的“大裂瓜”，只是一块比西瓜大不了多少的带裂纹的青石头。后来“大裂瓜”被存放在保定城内的钟楼里。

钟楼位于保定市裕华路，以楼内所藏的大钟闻名。该钟铸成于金大定二十一年（1181 年），比西安钟楼的大钟早了 203 年。大钟钟体通高 2.55 米，口径 2 米，唇厚 17 厘米，造型庄重，比例科学，选料考究。大钟以生铁为原料，采用我国传统工艺无模铸造法浇铸而成。千百年来，它历经风雨沧桑，至今完好无损，展现了我国古代冶炼技术的高超水平。

图 10-1　保定钟楼

二 中山靖王墓，隐匿的王国

1. 王国重现

陵山位于满城县西南约 1.5 千米处，西望太行山脉，东临华北平原，是一座孤零零的石灰岩小山，因其形如落凤，又名凤凰山。陵山的三个山峰连在一起呈“品”字形。在山脚下、山峰之间以及东南平原地带分布着大大小小许多村庄。在众多村庄中，有个名为守陵村的村落。

关于陵山究竟因何得名，守陵村又是守护着谁的陵墓的传说众多。当地居民发现每当大雪覆盖整个陵山时，总有两处积雪融化得特别快，但这些并未引起他们更多的注意。直到 1968 年，解放军某部队奉命到河北省满城县陵山执行一项施工任务。在来满城之前，部队对施工地点陵山的情况了解甚少。在靠近山顶的地方，他们炸开了一个坑道，在坑道里发现了一个洞，战士们顺着洞下去，发现下面是一个很大的洞穴，里面藏着许多瓶瓶罐罐和泥人。于是他们停下任务，汇报情况，省里派考古专家来实地勘察，很快确定这是一座未被盗掘过的汉墓。陵山发现文物及古墓的消息马上就传到了中央。周恩来总理对发现的古墓十分重视，在百忙中听取汇报，还向时任中国科学院院长的郭沫若谈在满城县发现汉墓的事情，并叮嘱其尽快提出处理意见。随后郭沫若精心挑选考古研究所专家，组成了考古发掘队，赴陵山开始组织发掘工作。

1968 年 6 月 27 日，中国科学院考古研究所、河北省文物管理处和解放军工程兵联合组成的考古发掘队，正式开始对汉墓进行清理。工作在秘密状态下有序地开展，为避免可能出现的麻烦，他们

没有雇用民工，也没有惊动当地政府。发掘队经过近两个月的奋战，准确地测量出墓穴大小，探实了墓葬布局，并完成对墓里所有文物的清理工作。

至此，发掘队确认了此墓属于2000多年前的中山靖王刘胜。一个隐匿的地下王国由此揭开了神秘的面纱。

2. 金缕玉衣

中山靖王刘胜，《史记》《汉书》均有记载，他是汉景帝刘启的儿子，汉武帝刘彻的庶兄。汉景帝在位时，刘胜被封为中山王，封地就在今天的保定一带。远离长安的中山靖王无心谋权，就在封地过起了诸侯王骄奢淫逸的生活，终日以声色自娱。

据《汉书》记载，刘胜“乐酒好内，有子百二十余人”。中山靖王刘胜生前的生活可以从他的墓葬中得以窥见一二。位于今保定市满城区的中山靖王墓包括刘胜及其妻窦绾的两座墓葬。刘胜墓全长约52米，最宽处约38米，最高处约7米，由墓道、车马房、库房、前堂和后室组成。窦绾墓和刘胜墓的形制大体相同。两墓的随葬品堪称奢侈，共出土金器、银器、铜器、铁器、玉器、石器、陶器、漆器、丝织品等器物1万余件，其中包括长信宫灯、错金铜博山炉、镏金银蟠龙纹铜壶以及墓主人的两套金缕玉衣等著名器物。

刘胜和窦绾均以金缕玉衣下葬。刘胜的金缕玉衣长1.88米，共用玉片2498块，金丝约1100克。窦绾的金缕玉衣略小，全长1.72米，共用玉片2160块，金丝约700克。

玉衣是汉代皇帝和高级贵族死后的殓服，外观似人形，由头部、上身、袖子、裤筒、手套和鞋六部分组成，用玉片制作，玉片间以金丝、银丝或铜丝编缀，又称玉匣或玉柙。由于等级不同，玉衣有金缕、银缕、铜缕之分，根据《后汉书·礼仪志》记载，皇帝用金缕，诸侯王、列侯、始封贵人、公主用银缕，大贵人、长公主用铜缕。刘胜是诸侯王，如按《后汉书》所载，只能使用银缕玉衣，而实际出土的却是金缕玉衣，有人以此佐证刘胜的野心，但根据考古发掘，山东临沂刘疵（可能是列侯）墓、徐州狮子山楚王墓、河北定州中山怀王刘修墓都曾出土过西汉时期以金丝编缀的玉衣、玉面罩等。因此有学者认为，西汉时期玉衣的使用尚未形成定制，而《后汉书》所载的使用制度当系东汉所用。

3. 王国的华美“大器”

长信宫灯出土于刘胜的夫人窦绾的墓中。灯高 48 厘米，通体鎏金，作宫女跪坐执灯状。灯盘、灯座、灯罩以及宫女的头部、身躯、右臂等各部分是分铸而成的，可以随时拆卸，但结合起来又构成了一个完美的整体。灯身有 9 处铭文共 65 字，因其中有“长信”二字，故此灯被命名为长信宫灯。它的灯盘可以转动，灯罩在圆形轨道内可以开合，所以能根据需要来调节亮度和照射的方向。宫女右手衣袖与身躯均为中空，烛火的烟和烟灰可以通过宫女的右臂进入并积存在灯身内部，以保持室内的清洁，展现了中国古人极高的科学技能和环保意识。关于此宫灯的主人，李学勤等学者认为是汉武帝之姊阳信长公主；也有学者认为是阳信侯刘揭。总之，最终此灯辗转归于中山靖王刘胜，得其夫人青睐并用以陪葬。

图 10-2 长信宫灯

错金铜博山炉出土于刘胜墓。错金是金银镶嵌工艺的一种，又称金银错，最早见于商周时代，春秋后期开始普及，战国至两汉成为青铜器的一种流行装饰。汉代

是此项工艺的鼎盛时期。博山炉是香熏炉的一种，古代贵族用以焚烧香料，作玩赏或熏衣之用。博山炉的形制始于汉代，多用青铜铸成，后世常有仿作。博山是汉人倾慕的海上仙山之一，错金铜博山炉是专门模拟传说中博山的景象而制作的一种造型特殊的香炉。错金铜博山炉高 26 厘米，足径为 9.7 厘米，身似豆形，分为炉座、炉身、炉盖三部分，通体采用刚柔相济的金丝和金片错出舒展的云气纹。炉身上部和炉盖铸出高低起伏、挺拔峻峭的山峦，以象征陆地和群山。炉盖上就山势镂孔，雕塑出生动的山间景色：山峦间有神兽出没、虎豹奔走，机灵的小猴或是蹲在山峰高处，或是骑在兽背上嬉戏玩耍，猎人则在山中巡猎。炉座把上透雕成三条蛟龙腾出、波涛翻滚的海面状，以龙头擎托炉身。在炉座把上的山海之间饰龙纹，蕴含着龙为沟通天、地、人三界的神兽的时代观念，也是汉代“天人感应”思想的一种间接体现。

图 10-3 错金铜博山炉

中山靖王墓于 1988 年被公布为第三批全国重点文物保护单位之一，于 2001 年被评为“中国 20 世纪 100 项考古发现”之一。

三 古城兴衰

1. 乱世风云

春秋战国时期，今保定一带先为燕国和中山国属地；公元前295年，靠“胡服骑射”强国的赵武灵王联合燕、齐二国灭了中山国，燕、赵两国重新划定疆域，保定南部属赵国，北部属燕国，故而历史上保定有“燕南赵北”之说。此后保定逐渐成为燕国南部重镇，为此，燕国以保定为中心修筑南长城作为防御工事。据《弘治保定郡志》记载，燕昭王曾于此筑黄金台招贤纳士，建广养城放牧战马，这是保定建城的开始。

三国两晋南北朝，是我国历史上的分裂期，保定地处农耕文明和游牧文明的结合地带，所受的冲击更加巨大。世家大族纷纷南下避难，保定先后属多个少数民族政权。

北魏太和元年（477 年），孝文帝在此置清苑县，为保定设县之始，治所在今保定市区东北。隋唐时期，保定地区进入稳定发展阶段，唐代保定地区属河北道。唐天宝年间，河北道的义仓积粟居全国第一，经济地位十分重要，所以当安史之乱爆发时，这里首当其冲。

五代政权更迭频繁，保定地区深处战乱旋涡中。五代后唐天成三年（928 年）保定升为泰州，为保定设州之始。石敬瑭割让燕云十六州给契丹，泰州北部的涿州等划归入辽。后晋开运二年（945 年），契丹攻陷泰州，在辽与后晋、后周的拉锯战中，泰州遭到严重破坏。

960 年，北宋建立，鉴于燕云十六州落入敌手已成事实，宋辽对立渐成常态，宋太祖于宋辽边境的清苑县设保塞军（“军”相当于县级的军事性质行政区划），重兵戍卫，以保边境。太平兴国六年（981年），以保塞军为保州，改清苑县为保塞县，为保州治所。之后，经过了十数年的大规模城建，保州的城市功能日臻完善，由一个专门的军事要塞变为集军事与行政功能于一体的地方政府。其间，宋辽之间多次征战，很大一部分战事发生在保定一带，直到宋辽立下澶渊之盟，两国才结束多年的战争，各自休养生息。之后双方互开榷场，进行双边贸易。这些榷场也多设在保定一带。

1126年，金军由大同府、保州出发，分兵南下，攻陷北宋都城汴京，史称“靖康之难”。金灭辽和北宋，统一北方之后，在保州设顺天军节度使。后来在蒙古攻金的战争中，保州遭到严重破坏，沦为废墟。

2. 战火后的重生

自1214年后，保州几成废墟，治所迁至满城，保州人张柔一直在这片土地上厉兵秣马，以待时机。金兴定二年（1218年），张柔兵败，归降蒙古，元太祖授予他保州元帅之职。张柔在满城驻地劝课农桑，发展经济。他深知要想有效统治河朔之地，必须控制冀中一带，而欲控冀中必须立足保州，所以张柔经过深思熟虑，于1227年移镇保州，把元帅府迁到荒废了十几年的清苑县。对于京畿重镇保定而言，这一年至关重要，因为在张柔的努力下，保定走上了浴火重生之路。

所谓移镇保州，即是重建保州，财帑兵马自不待言。张柔一边带军与金军作战，一边亲力亲为，“披荆棘，拾瓦砾”，还聘请大名府的才子毛正卿主持清苑县的重建。几年后，一座河朔名城拔地而起，农工商学一应俱全，成为“燕南一大都会”。1250年，年届花甲的大文学家元好问造访此地，看到焕然一新的州府，非常感动，于是在遍寻各地后，挥笔如椽，一气呵成写就《顺天府营建记》。该文至今仍是罕见的由名人来详述一城营造历史的文学名篇，也为我们研究保定的历史提供了翔实的资料。

今天我们还能从古莲花池中窥见张柔带给保定的复兴。古莲花池原名雪香园，由张柔修建，当时为张柔部下乔惟忠的府邸，该园设计精巧，园内亭台楼榭环池而建，垒石为山，树木为林，奇花异草点缀其间。清代乾嘉道时期，是古莲花池历史上的鼎盛时期，乾隆、嘉庆、道光三位皇帝都曾驻跸巡幸，特别是乾隆皇帝曾先后六次来此游赏。古莲花池因莲得名，以水为胜，沿池巧妙布景，池水以中心岛为界分为南北两塘，南塘呈半月形，外围峭壁环峙，松柏滴翠，北塘呈不规则矩形，四周玉栏回护，杨柳垂丝。园中有假山，山顶有观澜亭，可欣赏北塘的莲花。园内诸景，再加上长廊的碑刻以及莲池书院，共同构成了保定的历史文化中心。古莲花池既

图 10-4 古莲花池假山

是保定古城八景之一，又是中国十大历史名园之一，于 2001 年被公布为全国重点文物保护单位之一。

保定古城的标志性古建筑大慈阁，也曾赖张柔重建。大慈阁原名大悲阁，又名真觉禅寺，是保定古城八景之一，又称市阁凌霄，始建于宋金时期，后经张柔重建，现存之貌为清代火灾后重修。真觉禅寺是保定市最高大的古代建筑群，坐北向南。现存主要建筑有山门、天王殿、钟楼和鼓楼以及主体建筑大慈阁。山门是单檐歇山顶，门楣书“真觉禅寺”，穿过山门，东为钟楼，西为鼓楼。大慈阁共三层，高 31 米，为重檐歇山式屋顶，底层面阔五间，进深两间，余皆阔三间、深一间。阁内正中基座上供奉着一尊 5.5 米的观音菩萨立像，两侧墙壁上绘有十八罗汉和经变故事，殿内上方匾额“慈云普荫”四字由清末翰林潘龄皋所题。第二层供释迦牟尼镏金铜像，该铜像是 1987 年泰国金山寺所赠。第三层为藏经阁，登临其上可鸟瞰全市风光，阁内原藏有《大清三藏圣教真经》全本。元好问在《顺天府营建记》中描述大慈阁：“独大悲（阁）出侯（张柔）新意，尤为殊胜，金碧烂然，高出空际，唯燕中仁王佛坛成于国力，可等而上之耳。”1982 年大慈阁被公布为河北省文物保护单位，2000 年中国古建研究所评其为保定古建之代表，2006 年被公布为第六批全国重点文物保护单位之一。

图 10-5　真觉禅寺

四 京畿重地，永保安定

1. 永保安定之城

蒙古太宗十一年（1239年），改保州为顺天路。元定都大都（今北京），保定为其南部屏障，至元十二年（1275年），改顺天路为保定路，取“永保安定”之意，寓意保卫大都、安定天下，“保定”之名自此而始。元保定路下辖范围基本奠定了今保定区域的基础，以后历代虽有调整，但基本格局未变。

元末，红巾军起义席卷全国，天下大乱，烽火燃遍昔日的燕云十六州一带。至正二十年（1360年），红巾军将领田丰攻陷保定路，后来起义失败，保定复归元政权。至正二十八年（1368年），朱元璋在应天（今南京）登基，国号大明，是年为洪武元年。同年九月底，保定归附明朝，明太祖下诏改保定路为保定府，保定的军政级别又跃升一个台阶。

明朝在建立之初，一直忌惮北方各族南侵，从战略需要出发，早在洪武年间就开始修筑长城，修筑地区包括保定境内西部山区的涞水、易县、涞源、唐县、阜平等地，涞源县境内的乌龙沟段长城及城堡至今保存完好。明永乐元年（1403年），燕王朱棣称帝，将北平行都司改为大宁都司并命其迁驻保定。永乐十九年（1421年），国都迁至北平，迁都后北平改称北京，而保定成为京南屏障，号为“北京南大门”。鉴于其战略地位，弘治十八年（1505年），明朝又在保定府设保定副总兵，后改为参将。

元初，张柔重建保定城的时候，筑的是土城。为了提升保定的防御功能，明建文四年（1402年），都督孟善用砖石砌筑四门

瓮城及女墙，增建垛口 3700 多个，此后的几任知府都大修城墙，到了隆庆年间，知府张烈文及后任知府贾淇、章时鸾陆续将保定土城改建为砖城。改建后的保定砖城形制雄伟，功能齐全。直到这时候，保定府才成为真正意义上的军防重城。

明朝的保定砖城城墙周长约 12 多里，每百步设一御敌台，城墙四角各建一角楼，城垣四面各有一门，东门名“望瀛”，南门名“迎薰”，西门名“瞻岳”，北门取“拱卫京城”之意，名“拱极”。各城门外均建有瓮城和箭楼，瓮城门洞朝向各异，西门朝南，东门向北，南、北两门均向东。

清代曾多次对城墙进行修葺，时过境迁，保定古城的军事色彩逐渐淡去，城墙被逐年拆除，现仅存南边城墙 545 米长的一段，位于环城南路西段，其中存有一座马面[1]，是保定市重点文物保护单位。

2. 直隶总督署

清康熙八年（1669 年），直隶巡抚由真定移驻保定，保定始为直隶省省会。雍正二年（1724 年），改直隶巡抚为直隶总督，保定成为“畿辅首善之地”，除了军事功能以外，更增添了政治和文化功能。

直隶总督位高权重，为清代各总督中权力最大的，乾隆十四年（1749 年）兼管河道，咸丰三年（1853 年）又兼长芦盐政，同治九年（1870 年）更兼三口通商大臣[2]。至此，直隶总督成为集行政、军事、河道、盐务及对外通商于一身的北方大员，晚清重臣曾国藩、李鸿章、袁世凯等人都曾做过直隶总督。

自清雍正八年（1730 年），至宣统三年（1911 年）清王朝覆灭，直隶总督署一直是直隶省的军政枢纽。许多影响清王朝的重大

1　在城墙外侧墙体每隔一定距离修筑的向外凸出的矩形墩台，便于守军从墩台两侧御敌。

2　清代官名，后改称北洋通商大臣。

历史事件都与这座古衙息息相关，可谓“一座总督衙署，半部清史写照”。直隶总督署建于雍正七年（1729年），由杨鲲、唐执玉两任直隶总督督建，历时八个多月方竣工。建成之后，唐执玉亲撰碑文，刻碑记之。据碑文记载，总督署东西长130多米，南北之深接近于东西之长的两倍，内里公堂、礼堂、宴厅、私居、厨房等一应俱全。随着总督署的设立，下属各行政部门陆续迁入。据《清苑县志》记载，以直隶总督署为核心的行政衙署在保定城有几十个，这些行政衙署保障着整个直隶省的正常运作。

直隶总督署被誉为“清代省府第一衙”，实为清代衙署的代表，同时是中国保存最完好的一座清代省级衙署，于1988年被公布为第三批全国重点文物保护单位之一。整座衙署坐北朝南，东西宽134.4米，南北纵深约224米，共占地3万余平方米，建筑分东、中、西三路，主体建筑多建在中路上。中路建筑坐落在衙署的中轴线上，大门内的主要建筑自南向北依次有大门、仪门、戒石坊、大堂、二堂、内宅门、三堂、四堂、后库以及仪门以北各堂院的厢房、耳房、回廊等附属建筑。

总督署的大门是黑色三开间，大门上方正中悬一匾额，上书“直隶总督部院”。大门外在清时还有一组半封

图10-6 直隶总督署大门

闭性的院落，由东西班房、辕门、鼓亭、乐亭、照壁、旗杆等组成，如今大多不存。大门前对称的两根旗杆原为木质，经民国年间直鲁豫巡阅使曹锟改为钢筋水泥材质，各高 33.6 米，现存的旗杆复建于 1994 年。

大堂面阔五间，是总督署的主体建筑，堂内陈列是以李鸿章任直隶总督时期为背景进行复原的。大堂正中有屏风一座，绘有鹤、海潮和初升的太阳，象征一品文职大员。屏风前面摆有公案桌和太师椅，公案桌上面摆放着令箭架、签筒、笔筒、笔架、黑红砚台等办公用品。公案桌一旁列着诰封架，上面摆放着总督印信、圣旨、王命旗牌，另一旁树着万民伞。屏风上面悬挂的“恪恭首牧”匾，是雍正皇帝御赐直隶总督唐执玉的。大堂是总督拜牌迎旨，举行隆重贺典和重大政务活动的场所。

二堂又称退思堂、思补堂，是总督复审案件和接见外地官员的地方。堂内悬有“政肃风清”匾额，正中竖一木雕三扇座屏，座屏中间雕有麒麟，象征一品武职大员。东侧室为议事厅，是总督与幕僚议事之所，也是总督上堂前更衣或休息的场所；西侧室为启事厅，是总督平日处理一般公务的地方，也是幕僚和书吏查找或整理卷宗的场所。

直隶总督署是前朝后寝的格局，朝、寝的分界线就是二堂之后的内宅门，内宅包括三堂和四堂。三堂又称官邸，是总督的书房和内签押房（办公室），历任总督主要就在这里习经练字、著书立说。四堂又称上房，是总督及其家眷生活居住的地方。

3. 保定陆军军官学校

历史文化名城保定的另一处重要标志是保定陆军军官学校，它是中国近代史上第一所正规高等陆军军校。

保定城以军事防御起家，清末为抵御内忧外患，清政府提出“筹饷练兵”之策，曾国藩、李鸿章与袁世凯等历任直隶总督均在其辖地建立军事设施，创办军事院校。于是，保定城中涌现了一批军事建筑，袁世凯的北洋陆军速成武备学堂即在此列。

图 10-7 保定陆军军官学校

曾国藩曾仿湘军成例在保定练兵，李鸿章也在保定进行淮军训练，这些举措均为后来袁世凯创立陆军军官学校奠定了良好的基础。李鸿章于 1901 年病逝后，袁世凯接任直隶总督兼北洋大臣。1902 年，袁世凯上奏朝廷请求在保定设立军政司，开陆军学堂。经朝廷准奏，袁世凯在保定东关外开办北洋行营将弁学堂，由冯国璋任军政司教练处总办。1903 年 2 月，袁世凯又奏请清廷开办陆军小学堂、中学堂、大学堂，进行正规军事教育训练，之后，于保定建成北洋陆军速成武备学堂。同年 8 月，学堂开始第一届招生。1906 年，为统一兵制，清政府将兵权收回中央，设立陆军部。同年 8 月，学堂停办，在该校旧址上创立通国陆军速成武备学堂，直属中央管辖。通国陆军速成武备学堂于 1907 年、1909 年办了两期，后与保定军官学堂合并为陆军预备大学堂。1912 年袁世凯任中华民国临时大总统后，把陆军预备大学堂搬至北京，并更名为陆军大学，同年 10 月，于保定原址开办保定陆军军官学校。

保定陆军军官学校的主要目的是训练初级军官，招收生源多来自陆军中学堂。学校学制两年，前半年为入伍期，后一年半为学习期。学校设有步兵、骑兵、炮兵、工兵、辎重五科，学制章程参

照日本陆军士官学校，教官也以中国留日士官生居多。教育方法多采用日本和德国的教育方式，每天至少有半天时间教授课程，除教授有关军事的战术、兵器、测绘、筑垒及典范令，还增加了理化、数学、历史、地理、外语等课程。到了 1923 年，在军阀混战、财力支绌的情况下，军校停办。

1912 年至 1923 年，保定陆军军官学校历时 11 年，办学 9 期，其间培养了许多优秀的学生，如叶挺、赵博生、董振堂、张克侠、何基沣等，他们在之后的岁月为中国的革命事业立下了不朽的功勋。

保定陆军军官学校于 2006 年被公布为第六批全国重点文物保护单位之一，于 2017 年入选第二批中国 20 世纪建筑遗产名录。

第十一章
唐宋古刹，古建博览
——正定

1904年5月，滹沱河畔的正定古城已有了初夏的燥热。在河的南岸已显绿意的田地里，拖延了5年之久的正太铁路（正定—太原）正式开工了。早在1896年，清政府就批准了时任山西巡抚胡聘之修建正太铁路的奏请，但当时的清政府心有余而力不足，筑路一事始终未落到实处。1898年，在胡聘之的斡旋下，华俄道胜银行提供了筑路借款。然而，为了压缩成本，合同中约定的铁路东端起点从正定城南移到了滹沱河对岸的柳林堡（今石家庄市桥东区柳林铺）。合同签订后，胡聘之离任，后接任的山西巡抚何枢、毓贤等人反对修路，不断上书提出反对意见。在反对修路的呼声中，义和团运动爆发，八国联军侵华，正太铁路修建计划被搁置下来。直至1904年法国人准备开始筑路，而铁路东端起点又从柳林堡向南移至振头站（今石家庄站）。至此，正定这座千年古城与近代化的机缘擦身而过，而当年成为车站的幸

运儿石家庄，借火车的速度，由一个村庄发展成华北平原的大城市，最终成为河北的省会。

历史似乎跟正定开了一个大玩笑。不过，当你游走在正定古城里，那些正定曾经拥有的荣耀的佐证，会一个一个地冒出来，虽已被现代建筑包围或埋没，但它们就在那里，城垣漫漫，高塔巍巍，古寺悠悠。映入你眼帘的这座千年古城，充满了时间的厚重和独特的魅力，无论追溯唐宋，还是回首明清，它历经沧桑，却始终屹立在华北大地上。

1994 年，正定被国务院公布为第三批国家历史文化名城之一。城内文物古迹众多，其中有 10 处是全国重点文物保护单位，这个数量在我国县级行政区里排名第二，仅次于河南省登封市。

一 正定的前世今生

1. 春秋战国时期的鲜虞中山

正定的建城史可追溯到鲜虞国。鲜虞之名出自鲜虞水（即今滹沱河的支流清水河），鲜虞水流域一带是鲜虞部落的发祥地。鲜虞之名最早见于史籍《国语·郑语》，大致时间为周幽王八年（公元前 774 年）。《左传·昭公十二年》载“晋伐鲜虞”，杜预对此作注：“鲜虞，白狄别种，在中山新市县。”公元前 770 年，居住在今河北省境内的白狄人建立鲜虞国，定都新市（今正定县新城铺）。鲜虞联合其他几个少数民族部落组成部落联盟，与晋国进行长期对峙，互有胜负。至周敬王三十一年（公元前 489 年）鲜虞国被晋国所灭，此地受晋国管辖。

公元前 475 年，鲜虞人在这一带建立了中山国，设东垣邑。其间几灭几复，最后一次复国是在公元前 381 年前后，中山桓公复国，迁都灵寿（今石家庄平山县三汲乡东南）。到了公元前 296 年，赵惠文王灭中山国。从鲜虞最早见于史籍至中山国最终亡国，历时近 500 年。

2. 从东垣到正定

秦始皇统一六国后，改东垣邑为东垣县，这是正定历史上设县立制之始。公元前 196 年，汉高帝刘邦盼政权稳固，希望天下从此真正安定，改东垣县为真定县，此后历代基本一直沿用此名。

唐宝应元年（762 年），滹沱河泛滥引发了一场大水灾，倒灌的河水冲垮了北周时修建的真定石城。在安史之乱中反复无常、最后归顺唐朝受封成德节度使的李宝臣，因势利导，按当时镇治的规模，石砌城门，夯土城墙，将石城扩为土城。新修的真定城周长达到二十里，呈官帽形，东南角向内凹进一块，取“天满西北，地缺东南”之意，据说可以保城内之人为官长久、贵人多出。宋元时期，真定城均有修葺，又屡遭兵燹，但总体格局没有太大变化。

明正统十四年（1449 年），扩建真定城并疏浚护城河。隆庆五年（1571 年），真定知县顾绶将土城改为砖城，后任知县周应中继续修筑砖墙，至万历四年（1576 年）竣工。修建后的真定城在东、西、南、北四面各设一道城门：东曰迎旭，西曰镇远，南曰长乐，北曰永安。后又经过历代多次修整，每座城门均设有月城、瓮城和内城三道城垣。也就是说，出入城要经过三座城门，从而形成了曲折迂回的防御体系，而这种建置用在非帝王之都的城市上实为少见。

雍正元年（1723 年）因避清世宗胤禛讳，改真定为正定，并沿用至今。

清末至民国期间，正定古城遭遇了前所未有的浩劫，现仅存 8106 米长的城墙残段。如今，东城门已埋于国防工事之下，其余三座城门保存较为完整。2001 年，正定县政府部门号召百姓捐献旧城砖，并投巨资修复完成了南城门城楼及部分古城墙。站在崭新的南城门城楼上，向城内眺望可看到正定四塔。

图 11-1　正定古城长乐门

二 乱世中的妙香佛国

1. 乱世里缔造的佛国

被唐王朝任命为节度使的李宝臣，表面上安于职守、统辖成德，暗地里却拥兵自重、割据河北。李宝臣圈地为国、自设官吏，拒不缴纳赋税，甚至有意让自己的子孙世袭节度使之职。藩镇割据对中央政权而言自是如鲠在喉，但对真定却未必是坏事。作为成德节度使治所，这里成为冀中的中心，在藩镇割据的小王国中享受着“国都”的待遇，经济、文化在世事纷乱中得以独立稳定地发展。如今正定城中隆兴寺、开元寺、临济寺等古刹遗迹得以保存，就有历任成德节度使的一份功劳。

唐会昌五年（845 年），在唐武宗的“毁佛”运动轰轰烈烈展开的同时，真定城内却是一片梵音缭绕、伽蓝鼎盛的景象。原来，当时的节度使王元逵笃信佛道，依然崇佛拜佛，对“毁佛”运动置之不理。于是，在藩镇的控制下，冀中的真定、赵县、冀州、深州等地的佛寺受到保护，得以在乱世中延续香火。

2. 隆兴寺里有大佛

在正定现存的诸多佛寺中，最重要的是隆兴寺。隆兴寺早在 1961 年就被国务院公布为第一批全国重点文物保护单位之一。

隆兴寺始建于隋文帝开皇六年（586 年），初名龙藏寺，唐代改为龙兴寺，北宋时因得皇室青睐而成为北方重要的皇家寺院，清代康熙赐名为隆兴寺。

著名建筑学家张驭寰先生认为，像隆兴寺这样的寺院建筑之所以合乎礼制，一定程度上就是因为有皇室的支持。现存隆兴寺占地 82500 平方米，大小殿宇十余座，分布在南北中轴线及其两侧，高低错落，主次分明。自石桥向北依次分布有天王殿、大觉六师殿遗址、摩尼殿、牌楼门、戒坛、慈氏阁、转轮藏阁、康熙御碑亭、乾隆御碑亭、大悲阁、御书楼、集庆阁、弥陀殿、净业堂、药师殿、毗卢殿等。

隆兴寺没有山门，寺院前面只有一座高大的琉璃照壁。照壁东西长 22.9 米，高 6.8 米，厚 1.2 米，壁顶及两侧用绿色琉璃瓦镶嵌，盖帽、起脊处有飞禽走兽装饰。照壁的前后心均为菱形，中间为绿琉璃浮雕二龙戏珠图案。整面壁墙为大红色，给人以庄严肃穆、高贵典雅之感。

绕过琉璃照壁，经三路单孔石桥就可游览寺院中轴线上各重殿宇。第一重殿是天王殿，天王殿门上悬有康熙皇帝手书的“敕建隆兴寺”和“天王殿”金字牌匾。过了天王殿是大觉六师殿，这座殿原是隆兴寺中规模最大的一座殿，可惜已损毁，现仅存遗址。

穿过大觉六师殿遗址向北行就是摩尼殿。“摩尼”是梵语，意译为“珠、宝珠”。“珠”是佛教的重要象征符号，佛经上说：“摩尼珠，投入浊水，水即清。”摩尼殿取此名，取其去浊得清、脱离尘垢、证得清净之意。摩尼殿面阔、进深皆为七间，重檐九脊歇山顶，绿琉璃瓦剪边。与一般重檐建筑不同，摩尼殿把外墙砌到副阶檐下，另在副阶四面正中各加一座山花向前的歇山顶抱厦。梁思成先生于 1933 年考察正定后，在《正定古建筑调查纪略》中记述道：“十字形的平面，每面有歇山向前，略似北平紫禁城角楼，这式样是我们在宋画里所常见，而在遗建中尚未曾得到者。”摩尼殿内佛坛上供奉的宋塑释迦牟尼和二弟子像以及明塑文殊、普贤二菩萨像虽然十分珍贵，但位于殿内槽背壁的北面的观音塑像，才是摩尼殿最重要的珍宝。

内槽背壁北面是一座气势磅礴、典雅华美的五彩悬塑假山，山上峰峦叠嶂，祥云环绕，山下泉水喷涌，山间静修的诸罗汉和祥云上威武的天神各具姿态，并有大象、狮子等神兽出没，一派极乐世界之相。假山正中有闲适自若的五彩泥塑倒坐观音像，神像高3.4米，头戴宝冠，颈饰璎珞，敞胸露臂，帔帛自肩垂下而绕两臂向外自然垂落，左足踏莲而右腿踞起，右手绕膝而自然地搭在左腕上，头微偏右，身稍前倾，神情恬淡，面含微笑，俯视芸芸众生。

图 11-2 隆兴寺摩尼殿悬塑观音

据《重塑背坐观音圣像记》碑文记载，此像重修于明嘉靖四十二年（1563年）。

梁思成在其调查报告中描述此观音塑像：“你们看倒坐观音

和别处的观音一样吗？她多么富有人情味。你在她前边哪个方向看她，她都能转睛地看着你，俯视着你，像欲语和你交谈。”无独有偶，这尊塑像也在极偶然的情况下得到了鲁迅先生的青睐，1923年7月3日，鲁迅在他的日记中写道：“与二弟至东安市场，又至东交民巷书店，又至山本照相馆买云冈石窟佛像写真十四枚，又正定木佛像写真三枚，共泉六元八角。”其中就有这尊观音塑像（不过观音像为泥塑而非木雕），鲁迅先生誉其为“东方美神”，直到现在，这张老照片依旧摆放在北京鲁迅故居的书桌上。

除了“东方美神”倒坐观音以外，最为著名的就是铜铸千手千眼观音，俗称正定大菩萨。华北地区流传着一句民谣：“沧州狮子定州塔，正定菩萨赵州桥。”说的是华北四宝，其中的“正定菩萨”就是这尊铜铸菩萨像，所以当地人也称隆兴寺为大佛寺。这尊铜像坐落在寺内最高的殿宇大悲阁中。大悲阁是隆兴寺的主体建筑，始建于北宋初年，现存建筑为20世纪90年代重建。大悲阁高33米，面阔七间，进深五间，为五重檐三层楼阁。观音尊号“大慈大悲救苦救难观世音菩萨”，故而这座供奉观音菩萨的阁楼称为大悲阁。阁内须弥座上矗立着的这尊高大的铜铸菩萨像，是中国现存最高大的古代铜铸佛像。铜像高21.3米，共有42臂，除胸口合十的一双手臂外，其余手臂分别持日、月、净瓶、金刚杵、宝剑等物。菩萨外伸的四十只手眼配以佛教三界的二十五种果报，恰得“千手千眼”，意为护持众生、观照世间。原来的42只手臂均是铜铸，后来两侧的40只铜臂被毁，1944年重修大悲阁时被补以木臂。千手观音与摩尼殿的倒坐观音为观音菩萨的不同法相，千手观音面南而立，倒坐观音向北而坐，一站一坐，一南一北，已近千年。

大悲阁东南侧有一块隋朝的龙藏寺碑，除了详细地记录了隆兴寺的始建，具有史料价值外，还具有极高的书法艺术价值，被誉为“隋碑第一”。

三 中国佛塔博物馆

佛塔不是中国的原创，而是随佛教一起传入中国的。佛塔刚入中国时，曾被音译为“佛图”“浮图”“浮屠”等，后来简化为“塔婆”，又由“塔婆”简化为“塔”，作为统一的名称，沿用至今。佛塔最早用来供奉和安置佛骨、经卷以及各种法物等。随着寺院建筑在中国的大量建造，塔已变成了其中常见而又重要的部分。在中国的佛教寺院建筑中，一般有寺必有塔。而佛塔因为佛教在中国的广泛传播，又与地方和民族特色结合，形成了千姿百态的风格。

正定城内的十处全国重点文物保护单位中，有四座佛塔，分别是开元寺须弥塔、天宁寺凌霄塔、临济寺澄灵塔、广惠寺华塔。中国佛寺，一向有“唐寺宋塔”之说，而正定四塔全部建于唐代。站在古城南门城楼上，可以看到正定古城里高塔林立的景致。四座佛塔沿着古城的中轴线左右错落排开，即使在高楼大厦拔地而起的今天，也依然是正定城最醒目的地标。

1. 开元寺须弥塔

四塔中历史最古老的是开元寺须弥塔。开元寺位于正定县城中山西路南，始建于东魏兴和二年（540 年），唐开元二十六年（738 年）奉诏改名，现寺院已无存，仅余钟楼、须弥塔、三门楼残石柱和法船殿遗址。

须弥塔始建于唐贞观十年（636 年），因塔平面呈四方形，塔身全部由青砖砌成，又称方塔、砖塔。现塔内部中空，不能登临。须弥塔为密檐九级式方塔，除塔脚处饰有八尊力士外，塔身无任何

图 11-3 开元寺须弥塔及钟楼

装饰。塔身第一层较高，正面辟有拱券门，门框上刻有花瓶、花卉图案，门楣镶嵌长方形石匾，上刻“须弥峭立”四个大字。二层以上塔身渐收，并于正面开一方形小窗，顶端树一塔刹。整个砖塔造型古朴端庄，与西安的小雁塔颇为相似，都呈现出比较典型的唐代建筑风格。

在东面与塔对望的是钟楼。钟楼是一座砖木结构的歇山顶二层楼阁式建筑，平面呈正方形，面阔、进深各三间，通高 14 米。其大木结构、柱网、斗拱都展示了唐代建筑风格。登上二楼可以看到屋顶的木结构和一口大钟。该大钟高 2.9 米，口径 1.56 米，厚 15 厘米，造型古朴，是唐代遗物。与其他寺院的布局不同，开元寺并非对称布局，而是让塔和钟楼在正殿前并排而立。事实上，在隋唐时期，佛塔一直是寺院的核心建筑，开元寺塔、楼相峙的布局是研究早期寺院建筑布局以塔为中心向以殿阁为中心过渡的珍贵实例，这在中国也仅此一处。

开元寺须弥塔于 1956 年被列为省级重点文物保护单位，于 2006 年与第三批全国重点文物保护单位之一的开元寺钟楼合并为开元寺。

2. 天宁寺凌霄塔

四塔中体量最大的是天宁寺凌霄塔。如今，天宁寺已无存，独留凌霄塔。凌霄塔因其挺拔高耸、直插云际而得名。该塔是一座砖木结构的九层楼阁式塔，高 41 米，平面呈八角形，矗立于八角形台基之上。深入塔内，在塔身第四层中心部位竖着一根直达塔顶的木质通天柱，并依层位用放射状八根扒梁与外檐相连，这是凌霄塔最大的特点。中国古建筑学家罗哲文先生称："我国现存实物中，仅河北正定天宁寺木结构尚存这一结构形式，是极为珍贵的实例。"也就是说，它是一处建筑学上的孤例。

通天柱曾是唐代建筑的细部特征，如此说来，凌霄塔应该是一座唐塔。1982 年，河北省古建维修队在测绘凌霄塔时于塔基内发现了地宫，从地宫出土的石函的铭文则印证了这个推断。然而从塔身外观上看，下面三层与上面六层的材料完全不同，下为砖质，上为木质，和谐中透着奇特。学者王鲁湘的研究结论是，凌霄塔外观整体是唐塔，八角形的塔身是宋代的风格，上面的密檐又是辽金的风格。原来，这塔身一至三层是宋代在唐塔残址上重修的，是全砖结构，三层以上各层则为金代重建，是砖木结构。凌霄塔经过历朝历代的修整，每次重修都保留了前朝的痕迹，从而为我们呈现了中国古代佛塔建造的演变过程。

凌霄塔于 1988 年被公布为第三批全国重点文物保护单位之一。

图 11-4　天宁寺凌霄塔

3. 临济寺澄灵塔

临济寺是中国佛教禅宗五家之一临济宗的祖庭，也是国务院确定的汉族地区全国重点佛教活动场所。寺内的澄灵塔又名衣钵塔，是为收藏临济宗创始人义玄禅师的衣钵而修建的。明正德十三年（1518年）的《重修临济塔记》碑文上有“咸通八年”“与二禅师问答毕，寂然而逝”“收衣钵为建塔以藏之”等字句，据此可知此塔建于唐咸通八年（867年），为义玄禅师的衣钵塔。而元代的《真定十方临济慧照玄公大

图 11-5 临济寺澄灵塔

宗师道行碑铭》则称此塔为收藏义玄禅师的舍利而建。事实究竟如何已不可考。唐懿宗钦封义玄禅师为慧照禅师，赐所建之塔名为“澄灵”。清雍正十二年（1734年）世宗胤禛加封义玄为真常惠照禅师，同时，寺院奉旨在塔第一层正面圆拱形门楣上镶嵌篆书“唐临济惠照澄灵塔”石匾。

澄灵塔高30.47米，为八角九级仿木结构的密檐式砖塔。塔下面为一宽大的砖砌基座，正中砌八角形石质塔基，之上为砖砌须弥座。须弥座束腰及平座的栏板上雕有繁复的花纹，上部刻三层仰莲。九级塔身端立于仰莲之内，和所有密檐塔一样，塔身第一级稍高，四正面设砖雕拱形假门，四侧面设方形假窗，雕刻精细，独具匠心，转角做圆形倚柱。上面八级相距较近，层层出檐，塔身以跳出的斗拱承托，各斗拱设计精巧，富于变化。塔檐皆用青色琉璃瓦装饰，远远望去，澄灵塔玲珑挺拔，所以又被当地人称为青塔。

临济寺澄灵塔于2001年被公布为第五批全国重点文物保护单位之一。

4. 广惠寺华塔

在临济寺南约300米处，耸立着一座造型别致的古塔，即广惠寺华塔。正定佛塔的风华一半应该属于它，梁思成先生评价它为“国内宝塔之孤例”。

据光绪元年（1875年）《正定县志》记载，广惠寺建于唐德宗贞元年间，宋金时期大修，明代中期曾予以修葺。清代后期，寺院废毁，唯塔尚存。现存华塔为宋金时遗存。

广惠寺华塔是楼阁式花塔。花塔的特征是塔身上半部分装饰有各种繁复的花饰或其他佛教形象，远远望去好像一把盛开的巨型花束，在形制和布局上都突破了常规。花塔最早出现于北宋，辽、西夏、金时期也有它的身影，但总的来说，花塔在中国佛塔史上只是昙花一现的艺术形象。国内现存花塔总数也不过十几座，广惠寺华塔是其中造型最奇特、装饰最华美的一座。

广惠寺华塔塔身四层，各层塔檐下均配置华丽的砖仿木构斗

图 11-6 广惠寺华塔

拱。第一层四隅各附建一座六角形亭状小塔，小塔环抱主塔，连成一体，高低错落，主次分明。主塔一层平面呈八角形，四正面辟门。第二层正面置门，余面均设佛龛。第三层塔身骤然缩小，坐落于宽大的平座上，四正面留门，四侧面为斜方格假窗。最精彩的是第四层，平面略呈圆形，上部渐细，外观如同一圆锥，高度约占全塔的三分之一，通体沿八角八面的布局交错塑有力士、海兽、狮、象、佛、菩萨等，形象生动，排列有序，像一座小型雕塑艺术馆。再上面是塔的顶层，建有高高耸起的八脊青瓦塔顶，顶端饰以仰莲和宝珠。

广惠寺华塔于 1961 年被公布为第一批全国重点文物保护单位之一。

四　正定元曲，盛世里的佳人

元世祖在位期间（1260—1294 年），来自遥远异国的马可·波罗对中国进行了长达十余年的游历考察。位于太行山山麓的一座城市给他留下了深刻印象。在《马可·波罗行纪》中，他不吝赞美地称它为贵城。这座惊艳了马可·波罗的古城就是真定。

随着元大都的落成，真定成了大都以南的重要门户。通往各地的四通八达的陆路、便捷的水路，让真定成为交通要冲之地，吸引了各路权贵和商旅。当时的真定富庶安定、经济繁荣，文化艺术也达到了前所未有的高度。来自西域的客商，大批的金、宋遗民等各色人物会集于此，其中的代表人物有文学家元好问、元四家之一的白朴和数学家李冶。

元代的真定城还见证了元好问与白朴这对忘年之交的珍贵友谊。被元好问接济的白朴在真定的市井勾栏中遍尝了生活的酸甜苦辣，后来创作出传世佳作《唐明皇秋夜梧桐雨》《裴少俊墙头马上》《董秀英花月东墙记》。

元代学者郭罗洛纳新实地考察了黄河中下游地区和北方各地后编写了《河朔访古记》一书。他笔下的真定的文人雅士喜欢登阳和楼把酒临风、吟诗作赋。就是在这一次次的交流与碰撞中，元曲从民间俚语入诗，完成向创作的文人化、专业化的转变，终成一代文学印记。因此，阳和楼可谓是元曲的摇篮。

随着元代的落幕，正定元曲最终销声匿迹了，我们几乎找不到它的任何痕迹。今天，在城内临济寺旁有一座高高的楼台，匾额上的“阳和楼”三字格外醒目，但它并不是当年那座闻名遐迩的真定城地标，真正的阳和楼早就湮没在历史的尘埃中了，只有地方剧种丝弦戏的琵琶声还幽幽地诉说着曾经的离合悲欢。

第十二章
"中国水都"，道教圣地
——丹江口

湖北省丹江口市位于中国中南部地区、汉江中上游，素有"中国水都"之称。丹江口因丹江（长江水系支流汉江的支流）在此地注入汉江而得名。该市为县级市，由十堰市代管。

丹江口水库，有"亚洲天池"之美誉，是亚洲最大的人工淡水湖，也是南水北调中线工程水源地、国家级水源保护区和中国重要的湿地保护区。丹江口市境内的武当山为道教圣地，其中金殿、紫霄宫、"治世玄岳"石牌坊、南岩宫、玉虚宫被国务院公布为全国重点文物保护单位。1994 年，武当山古建筑群被联合国教科文组织列入《世界文化遗产名录》。

此外，丹江口市还拥有国家级森林公园一处，即丹江口国家森林公园；国家级地质公园一处，即武当山国家地质公园；国家级风景名胜区两处，即武当山风景名胜区和丹江口水库风景名胜区。

一 新石器遗址，战国古塞城

丹江口市历史悠久，在战国时因境内的均水（今丹江）而称均陵；秦时置武当县；隋唐时设州、郡，因建置变化较频，大体上来说，或称武当郡，或称均州；明初撤武当县并入均州，清承明制。中华民国成立后改均州为均县，1983 年撤销均县，改设丹江口市。而均州古城已于 20 世纪 70 年代丹江口水库下闸蓄水后没入水下。

1. 玉皇庙遗址

玉皇庙遗址位于丹江口市境内，现为丹江口水库中一小岛。

1995 年，文物工作者在丹江口市玉皇庙发现一处遗址，在遗址中采集到的标本有陶器和石器两大类。经初步分析，这批陶器标本大致归属两个大的时代，即新石器时代和周代。其中，新石器时代遗物与之前青龙泉遗址与大寺遗址、朱家台遗址与乱石滩遗址等出土的同期遗物相近，周代遗物与早年在官山河两岸发现的同期遗物相似。

2. 武当山因兵塞得名

武当山，以战国时楚军因势筑塞，抵御秦军南下而得名。古时“当”“挡”同义。武当者，以武力阻挡也。以事名山，故名武当山。因为当地有武当山，秦统一全国后命名此地为武当县。

二 武当神山，道教圣地

武当山在古代还有太和山、仙室山等名称，传统上号称方圆八百里，有七十二峰、三十六岩等著名景点，这些数字主要是附会“七十二福地”“三十六洞天”等名目。武当山形势雄奇险峻，同时兼有深邃幽旷的特点。主峰天柱峰，海拔约1612米，一柱擎天，巍峨峥嵘，傲立苍穹，其他诸峰拱卫周遭，呈众山来朝之势。

武当道教是中国道教的一个重要流派，以玄天真武大帝为最高神灵，一般道教崇奉的“三清”“四御”在这里都敬陪末座。武当道教主张“入仙道先全人道”，要求出家道人仁慈悲悯，忠孝信诚，素行阴德。武当武术太极拳，相传为张三丰发明，是武当道教探索生命的光辉结晶。以静制动、以柔克刚的武当内家拳，不但强身健体、防身自卫，而且体现了中华文化的博大精深。另外，武当道教音乐由于受地域文化和自身历史传承的影响，在作为祖国优秀文化遗产的同时，还带有较强的个性色彩。武当文化既是遗产，也具有现实生命力。

1. 始于先秦，启于唐宋

武当山道教文化历史悠久，春秋的尹喜，汉代的马明生、阴长生，东晋的谢允，唐代的姚简，五代宋初的陈抟，相继入武当山修道。但唐代以前，武当山尚未出现道观，修道者皆居石室或茅庵。

唐贞观年间，唐太宗敕建五龙祠。北宋天禧二年（1018年），宋真宗加封真武，同时下诏将五龙祠升为五龙观。北宋宣和年间，宋徽宗崇信真武，下令在展旗峰敕建紫霄宫。

2. 元真庆宫成，奠山林大局

至元十六年（1279 年），时任玄教宗师（受皇室信任的道教领袖）的张留孙奏请元世祖升五龙观为五龙宫。至元二十三年（1286 年）元世祖下诏赐其宫额为“五龙灵应宫”。元仁宗时加赐额曰“大五龙灵应万寿宫”。

至元二十二年（1285 年），武当山道士张守清着手修建南岩宫。元武宗至大三年（1310 年），因张守清奉诏祈雨有功，皇太后赐宫额“天一真庆万寿宫”，之后元仁宗加赐宫额曰“大天一真庆万寿宫”。此宫“积工累资巨万计，历二十余载乃成。垦田数百顷，养众万指”。

根据考古调查，元代的武当山以五龙宫、紫霄宫和南岩宫为中心，围绕中心建筑建有若干附属宫观。至此，武当山道教建筑形成较大规模，奠定了后来武当山宫观建筑的基本格局。但这些建筑群在元末“悉毁于兵燹，荆榛瓦砾，废而不举”。

3. 张三丰预言，武当必大兴

元明之际，著名道士张三丰在毁于战火的武当山中隐居修道。史料中如是记载：“张三丰，辽东懿州人，名全一，一名君宝，三丰其号也……尝游武当诸岩壑，语人曰：‘此山异日必大兴。’时五龙、南岩、紫霄俱毁于兵。三丰与其徒去荆榛，辟瓦砾，创草庐居之，已而舍去。”除了预言武当山“异日必大兴”外，张三丰还特别嘱咐弟子周真德：“尔可善守香火，成立自有时来，非在子也。”他对劫后武当山的草创经营，在很大程度上影响了之后明成祖兴建宫观的布局。

4. 明成祖登基，建宫报神惠

好似验证张三丰的预言一般，到了明代永乐时期，武当山道教建筑得到空前发展。明太祖朱元璋去世后，皇太孙朱允炆继位，不久，朱元璋第四子燕王朱棣发动靖难之役，经四年战争，推翻侄子建文帝，自己登上了皇位，史称明成祖。明成祖为洗刷篡逆的恶名，自始至终声称自己是君权神授，尤其是受真武神助。因此，供奉真武的武当山宫观也受到明成祖的大力关照。明成祖于永乐十年（1412年）七月十一日颁布了一道黄榜，其中说明了大兴武当的原因：

“武当天下名山，是北极真武玄天上帝，修真得道显化去处，历代都有宫观，元末被乱兵焚尽。至我朝真武阐扬灵化，阴佑国家，福被生民，十分显应。我自奉天靖难之初，神明显助威灵，感应至多，言说不尽。那时节已发诚心，要就北京建立宫观。因为内难未平，未曾满得我心愿。及即位之初，思想武当正是真武显化去处，即欲兴工创造，缘军民方得休息，是以延缓到今，而今起倩些军民，去那里创建宫观，报答神惠。上资荐扬皇考、皇妣，下为天下生灵祈福。”

需要注意的是，明成祖起兵靖难，打的是太祖朱元璋的旗号；他大兴武当，依然打着太祖的旗号。其中心思想是表示自己才是太祖遗志的继承者和合法的继承人。这些在他于永乐十六年（1418年）撰写的《御制大岳太和山道宫之碑》中都有所体现，碑文曰：“朕皇考太祖高皇帝以一旅定天下，神阴翊显佑，灵明赫奕。肆朕起义兵，靖内难，神辅相左右，风行霆击，其迹甚著。暨即位之初，茂锡景贶，益加炫耀。至若榔梅再实，岁功屡成，嘉生骈臻，灼有异征。”大意为当年太祖兴兵起义，真武神明里暗里显圣扶助；到自己起兵靖难，真武神时刻不离左右，关键时刻甚至直接出动雷霆之威；等自己登上帝位，真武神又赐以太平景象。为了报答神恩，明成祖于是命令臣工在武当山大兴宫观，创建玄天玉虚宫、太玄紫霄宫、大圣南岩宫、兴圣五龙宫等，又在天柱峰之顶“冶铜为殿，饰以黄金，范神之像，享祀无极”。后面还不忘指出，“上以资荐扬皇考太祖高皇帝、皇妣慈孝高皇后在天之灵，下为天下臣庶祈迓繁祉”，他做的这一切特别是造金殿供奉真武神像，目的是奉祀父母在天之灵，同时为天下苍生祈福。

5. 工程十二年，宫观千百楹

永乐十年至二十二年（1412—1424年），明成祖共征发了二十多万军民工匠前往武当山，在八百里的崇山峻岭间修建了“大小宫观三十六处”，“凡为殿、观、门、庑、享堂、厨库千五百余

楹”，包括玉虚、紫霄、五龙、南岩、净乐、太和、遇真、清徽、朝天九宫，元和、回龙、太玄、复真、仁威、龙泉、威烈、八仙、太常九观等。本着不亵渎“神山（武当山）”的原则，建材都是从外地采买，再通过大运河、长江、汉水运往武当山的。终永乐一朝，武当山宫观建设与北京都城建设大体是同时进行的，故民间一直有明成祖“南修武当，北建京师”之说。其中建材备料方面，二者多是一同考虑的，例如木材同是采自四川等地。此外，有一部分建筑是在北京与宫殿建筑一起加工完成后再运到武当山的，如天柱峰顶的金殿及殿中供奉的真武神像。

武当道教建筑群整体完工后，规模亘古未有，举世无双。时任翰林侍讲的王英曾赞叹道：“宫观之建，辉煌赫奕，穹崇高峻，上摩霄汉，为万世之伟观。”

6. 嘉靖修扩建，庙房近千栋

明成祖之后，明代皇室对武当山还有过两次大的修扩建。第一次是成化二年（1466 年），提督武当山太监韦贵因石板滩独迎恩桥未被山洪冲毁，认为是真武显灵保佑，故集资在桥东修建了迎恩观，“用以祈镇山水”，至成化十七年（1481 年）完工，两年后他又奏请明宪宗将迎恩观敕封为迎恩宫。

最主要的是第二次，嘉靖三十一年（1552 年），明世宗拨银重修武当。这与嘉靖时期北京皇宫掀起维修、改扩建之风是一致的。世宗从小崇信道教，在位时曾多次遇险，却又屡屡逢凶化吉，因此他要“祇念帝功，报称莫罄”。大修工程自当年六月动工，至第二年十月竣工。工程项目主要有建“治世玄岳”石坊；对太和、南岩、紫霄、五龙、玉虚、遇真、迎恩、净乐八座宫殿进行屋面维修、琉璃瓦更换、油漆彩绘、宫墙修葺、沟渠排浚等，并新增五座琉璃建筑，修复神道一万多丈及石桥二十八座。

嘉靖以后，由于国力日渐衰弱，明代再也没有能力对武当山宫观进行扩建。清朝帝王与武当山无甚渊源，宗教政策上又以“兴黄教”为首务，基本上没有从国家层面对武当山宫观发展给予投入。

三 方圆八百里，宫观数千间

武当山建筑在宋元时已形成相当大的规模，主要建筑布局是依据道教福地和有关真武传说等安排的。总体已经形成以紫霄、南岩、五龙为中心三足鼎立的格局，并向外延伸，在各峰岩之巅建庙设观。

明成祖朱棣在迁都北京的同时，以举国之力兴建武当。在规划设计上，北京城是“君权至上”，武当山是“天人合一”，以暗示朱棣自己是“君权神授”，即巧借鬼斧神工的武当山自然空间，追求天人合一的境界，最终形成完整统一的建筑艺术体系，并且在传统五岳之上，加封武当山为“太岳（大岳）”。

1. 下界仙山，内合三才

武当山道教建筑在总体布局上融合真武修仙的说教，在具体建筑的选址、造型上注意虚实关系，紧扣自然造化的山形地貌，形成“与神互为表里”的神宫仙馆。为突出“神”与“仙”，建筑做到与环境浑然一体，服从地形地貌的自然特征，不仅在大环境上依山就势，而且在局部处理上也巧借自然，形成了以幽静为主的建筑组合形式和巧于借势的营造法则，将从天柱峰到古均州城整体依据天、地、人三段设计。三者“守道而行”，宫观庙堂“皆得其所”，塑造出一个从人间到天上的仙山。

从均州城至玄岳门山门为石墁官道，象征人境。地势平缓，根据人目力所及，三至五里安排一组小型建筑，八至十里安排一组大型建筑。

从玄岳门至南岩宫，大体为从山脚至山腰的范围，象征地境。

这里山势起伏较大，地形较为复杂，有两条横贯东西的涧流，所以按地势坡度、视点收束安排建筑。进山遇“治世玄岳”石坊，敦实的石柱拔地而起，令人顿生崇敬之情。沿途的遇真宫、玉虚宫、紫霄宫、南岩宫，井然有序地坐落于山谷台地之间，因其建筑体量较大，所以能与起伏的山势互为映衬。回龙观、回心庵、磨针井、关帝庙、老君堂等小规模建筑组群则设于峰回路转之处，以作点缀之用。明代洪翼圣《武当道中杂咏》赞曰：“五里一庵十里宫，丹墙翠瓦望玲珑，楼台隐映金银气，林岫回环画境中。”

南岩宫至天柱峰，象征天境。以乌鸦岭为起点，经榔梅祠、朝天宫、一天门、二天门、三天门、朝圣门、太和宫，层层递进，直至金殿而登峰造极。登临天柱峰极顶，正如“置身直在浮云上，纵目长过去鸟前”，实已进入神仙福地、自由王国。

2. 七庙八宫，奇正相生

明代统治者在八百里武当山上修建了八宫、九观、三十六庵堂、七十二岩庙等建筑群。各组建筑从均州古城（现已沉入丹江口水库）一直延伸到天柱峰，之间以神道相连，为中国古代名山建筑之最。

明成祖始建武当，规划设计为七座道宫。从均州城至天柱峰分别为净乐宫、遇真宫、玉虚宫、紫霄宫、五龙宫、南岩宫、太和宫（清徽宫、朝天宫皆隶属于太和宫，后来两宫皆塌废）。他暗用陵庙规制，七宫相当于《周礼》天子七庙且与真武信仰和北斗七星寓意暗合。明成化年间添建迎恩宫，成为八宫，其中山外两座（净乐宫、迎恩宫），山麓两座（遇真宫、玉虚宫），山上四座（紫霄宫、五龙宫、南岩宫、太和宫）。由于修建丹江口水库，净乐宫、迎恩宫被淹，现存遇真、玉虚、紫霄、五龙、南岩、太和六宫。

遇真宫　进入武当山的第一宫，旧名黄土城，位于武当山北麓，背靠凤凰山，左为望仙台，右为黑虎洞，前有溪流，山环水抱，状若城池。张三丰曾在此筑庵，名“会仙馆”。永乐初，明成祖数次下旨诏见张三丰不遇，十年（1412 年）敕建遇真宫，十五年（1417 年）落成，分为东宫、中宫、西宫。中宫为神灵区，建有大宫门、龙虎殿、真仙殿及配殿、廊房等。东西两宫建有方丈、斋堂、厨室、道房、仓库、浴堂等。

玉虚宫 位于武当山北麓，又名老营宫，是永乐年间修建的规模最大的建筑，是明成祖封禅武当山、祀天醮典总坛的所在地。永乐十年（1412 年）敕建，嘉靖三十一年（1552 年）扩建，有“玉

图 12-1 武当山玉虚宫香炉

虚仿佛秦阿房”之誉。扩建后的玉虚宫占地约 50 万平方米。平面呈“凸”字形，按古代帝王“天子五门”“三朝二宫”制布局，分外罗城、紫禁城、内罗城。因屡遭水灾、火灾的侵袭，嘉靖年间扩建的建筑大部分已不存。现存建筑及遗迹主要有宫墙、御碑亭四座、玉带桥、父母殿、贞官祠及北天门遗址等。

紫霄宫 展旗峰麓处，是武当山现存宫观中规模最大、保存最完整的紫霄宫。明代吴国伦《紫霄宫二首》之二咏道：“云屏万仞欲遮天，五老诸峰插御前。紫气氤氲三殿合，朱旗缥缈百灵悬。经行阁道都霞外，入望岩柯半斗边。列室箫鸣鸾鹤举，无疑此地有飞仙。”

紫霄宫建于明永乐十一年（1413 年），嘉靖三十一年（1552 年）扩建。殿宇四进，依山叠砌在中轴线上的主建筑依次为金水桥、龙虎殿、十方堂、紫霄殿和父母殿。正殿紫霄殿面阔及进深均为五间，为重檐歇山顶。殿内天花藻井及梁枋遍饰彩绘，殿中石雕须弥座上的神龛内供奉明代御制铜铸镏金神像。大殿正中供奉的真武坐像，头戴冕旒，身着帝服，双手捧圭，为明代彩绘贴金泥塑中的珍品，同时也是武当山现存最大的泥塑神像。殿内除了奉有真武以外，还有金童玉女、八大天君等像。神案上陈列的御制香炉、蜡台、宝瓶等供器，也是不可多得的珍贵文物。殿内还横置一根长约 10 米的干杉木，因传说其在兴建武当时从远方飞来，故名飞来杉；又因轻轻叩击其一端，可在另一端听到清脆的响声，而被称为响灵杉，这便是武当山有名的“紫霄听杉”。

紫霄殿后的父母殿供奉着真武大帝的父母，即净乐国王明真大帝和善胜皇后。过去，这里是善男信女祈求儿女之地，故又称百子堂。求取子嗣，是道教的一项民俗功能，当初嘉靖皇帝也到过武当山求子。

图 12-2 武当山紫霄宫正殿 邢宏伟 摄

五龙宫　位于武当山灵应峰麓，始建于唐贞观年间，历代屡有兴建。现存的五龙宫为永乐十一年（1413 年）所建，有真武殿、山门、廊庑、玉像殿、父母殿、启圣殿、祖师殿、钟鼓楼、驮碑亭、仓库等 215 间。嘉靖年间此宫已扩至 850 间。五龙宫寓意为水，针对南方火，以水克火，是宣扬“武当非真武（北方属水）不足以当之”教义的重要宗教场所。然而，历史上五龙宫经历多次火灾，最近的一次为民国十九年（1930 年），房屋多遭毁坏，现存大量遗迹。

南岩宫　位于武当山南岩，以建筑神奇、峰峦秀美著称。整个建筑巧妙利用绝壁和缓坡蜿蜒展开，可分为两部分：绝壁岩洞中的为元代建筑，有小山门、八卦亭、皇经堂、两仪殿、龙头香、藏

图 12-3　武当山南岩宫

经楼、天乙真庆宫(又名南岩石殿)、太子卧龙床、古棋亭等;北城建筑为明永乐十年(1412年)敕建,主体建筑按中轴线排列,分别为龙虎殿、配房、配殿、大殿等。嘉靖年间,南岩宫有所扩建。因地制宜的设计理念,因势利导的建筑风格,使绝壁兀岩与建筑实体奇正相倚、虚实相生,合乎道家追求的自然之道。今存南岩石殿、南天门、碑亭、两仪殿、龙头香等建筑。

图12-4 武当山南岩宫龙头香 邢宏伟 摄

太和宫 在天柱峰海拔1500至1612米处,是武当山的核心建筑——大岳太和宫。

太和宫初建于永乐十年(1412年),嘉靖时期扩建,扩建后殿堂道房增加到520间,形成两组建筑:天柱峰南侧为太和宫,建筑随山腰蜿蜒,依次为朝圣门、斋堂、天云楼、皇经堂、转运殿、朝拜殿、钟鼓楼、正殿等;另一组建筑坐落在紫金城内,沿天柱峰环绕而上,依次为南大门、灵官殿、九连蹬、金殿等。两组建筑以城墙为界。建筑整体布局充分利用天柱峰高耸霄汉的气势,以明代皇家建筑规制巧妙进行序列布局,突出了神权至高无上的思想,体现了"美如天宫"的意境。

太和宫建筑群现仅存正殿、朝拜殿、钟鼓楼、皇经堂、铜殿等。正殿额题"大岳太和宫",殿内仅存真武大帝铜铸像及四大元帅、水火二将、金童玉女等塑像。殿门两侧各置铜碑一座,一是明代嘉靖二十九年(1550年)敕建苍龙岭雷坛设金像之御碑,一是明代嘉靖三十一年(1552年)遣工部左侍郎陆述等人致祭碑。殿前是朝拜殿,左右是钟鼓楼,钟楼内悬明代永乐十四年(1416年)铸造的铜钟一口。殿前一岩,形如宝莲,故名小莲峰,上刻"一柱擎天"四字。岩顶崇

台之上置有铜殿一座，其高 2.9 米，宽 2.7 米，深 2.6 米，铸造于元代大德十一年（1307 年），原在天柱峰巅，明代永乐十四年（1416 年）移置于此，故铜殿又名转运殿、转展殿。朝拜殿右下有清代改建的皇经堂，是道人们每天早晚诵经的地方，也是一处重要的祭祀场所。

紫金城，位于天柱峰峰顶，又名皇城、红城，因金殿在其上而得名。这是明成祖朱棣以自己在北京修建的紫禁城为范本，为真武神在人间修建的“玉京”。在修建紫金城时，明成祖还专门下旨：“敕隆平侯张信、驸马都尉沐昕：今大岳太和山顶砌造四周墙垣，其山本身分毫不要修动。其墙务在随地势，高则不论丈尺，但人过不去为止。务要坚固壮实，万万年与天地同其久远。”工匠们按照明成祖的指示，用重达千斤的石条依山岩走势蜿蜒筑起紫金城城墙。城墙巍峨壮丽，似玉带飘落山腰，又似虹霓中天垂下，将金殿环绕其中。紫金城四方各建一座仿木石建筑“天门”，象征天阙。其中东、北、西三门面临绝壁，只有南天门可通。笔者认为，四门之制

图 12-5　金殿及两侧配房

出自《尚书·舜典》，帝舜“辟四门，明四目，达四聪”，这是反映人间；设四门而仅通一门，则表示“天一”，明示真武神，暗寓明成祖及其明朝帝统。

提及太和宫，就不得不提金殿。

据《太和宫四图述》记载：“宫在天柱峰之上，旧有小铜殿一，永乐十四年始撤小殿，改治大殿。涂以黄金，制极工致。”

金殿耸立在海拔 1612 米的武当主峰——天柱峰之巅，建于明永乐十四年（1416 年），采用明代官式建筑等级最高的重檐庑殿顶、九踩斗拱，为仿木铜铸鎏金结构。整座殿宇中正吻、脊饰、垂兽、瓦垅勾滴、门窗格扇、天花藻井等无一不备，是世界罕见的铜建筑精品。金殿面阔与进深均为三间，殿高 5.54 米，面阔 4.4 米，进深 3.15 米，檐下立柱 12 根，配有莲花柱础。金殿重檐叠脊，翼角飞举，保留了宋元建筑檐柱间额枋四角升起的设计，殿顶正脊两端是鸱吻，而不是明清通行的龙吻，这也保留了宋元建筑遗意。可以这么说，金殿以不朽的铜身，为我们留下处于由宋元向明清过渡时期的

明初建筑的完整标本。

金殿构件及殿内神像、香案、供器等均在北京铸造好后，经水路运抵武当山。为顺利运送金殿，明成祖专门指示都督何浚："今命尔护送金殿船只至南京，沿途船只务要小心谨慎。遇天道晴明，风水顺利即行。船上要十分整理清洁。"

工匠们按照木建筑的卯榫结构方式拼接安装金殿构件，然后再用金箔和水银熔炼成的金泥涂在构件的结合处，然后架起炭火烘烤，这样，水银挥发后只留下纯金，金子便堵住了各部件的接口缝隙，使金殿成为一个非常完整的整体。时至今日，金殿仍丝毫看不出任何焊接的痕迹。金殿内密不透风，即使殿外山风呼啸，殿内烛火、香烟也不为所动。600 多年来，晴日里，金殿金光万道，耀眼夺目；遇有雷鸣电闪、狂风暴雨，金殿四周便会电光闪闪。雷雨过后，金殿更加光洁，这就是著名的金殿奇观之一——"雷火炼殿"。

金殿内供奉着真武大帝的镏金铜像，大小同真人，高 1.86 米，重 10 吨左右。神像披发跣足，身着袍带，端坐于宝座之上。神像两侧东西相向侍立着金童玉女和水火二将。神像前还置有一盏长明灯，据说此灯于永乐十四年（1416 年）点燃后从未熄灭，至今已燃烧了 600 多年。传说殿内藻井上曾悬有一颗避风仙珠，正是它镇住了山风，才使得殿内的灯火长明不灭。现实中当然没有什么避风仙珠，除了有专门的道人定时添加灯油外，还因为金殿铸造得严丝合缝、密不透风，空气在金殿中不能形成对流，即风吹不进去，所以灯火才能长明。

金殿下的须弥座台基及露台为精琢石材叠砌而成，以整块紫色纹石墁地，台四周绕以由同一石质雕刻而成的莲花柱饰栏。由于石质光滑细腻，此处还被称为玉石院子。更令人惊喜的是，经专家考证，此"玉石"是竹叶状化石和三叶虫化石，是经过亿万年沉淀而形成的，它的文物价值和意义远超过了玉石的价值。正殿及殿前露台的两块巨石，其实是两块内部凿空、底部状如鼓形的"空石"，是工匠们在修建时借助山势巧妙地扣在山顶上的，这使得人工建设与自然山体浑然一体，坚如磐石。金殿两旁有配房两座，左为签房，右为印房。金殿之后为父母殿，殿内供奉的是真武大帝的父母。

3. 九观卅六庵、七十二岩庙

在武当山古建筑群中，观是仅次于宫的较大的建筑组群。

武当山九观分别是位于老君岩的太玄观，位于凤凰山西麓的元和观，位于狮子峰山麓的复真观，位于好汉坡的回龙观，位于香炉峰的仁威观，位于紫霄峰东麓的威烈观，位于太上岩下的八仙观，位于九渡涧天津桥南的龙泉观以及位于展旗峰西北的太常观。除了太常观、元和观是在永乐年间就元代旧址而重建之外，其他七观均为永乐十年（1412 年）前后修建。九观中规模最大的是元和观与复真观。其中太玄观、仁威观和威烈观已毁，现存六观。

元和观　又名元和迁校府，因真武曾领元和迁校职，故名。明成祖大修武当时为保证山中道教秩序，专门颁下管理道士的圣旨，同时道教内部也制定了严格的管理制度，即所谓的“清规”。元和观就是武当山道教惩罚违规道士的地方，所以它在武当山道教中具有显赫地位，建筑规模也比一般道观大。元和观由横向并列的三座合院组成，中间合院由山门、配房、大殿构成，东、西合院分别由方丈、斋堂、道房、厨房、廊庑等构成。值得一说的是，中轴线前山门为两侧带影壁和八字墙的歇山式建筑，规格很高。

复真观　又名太子坡，相传是真武仍为人间太子时上山修炼的第一个道场，也是宣讲宗教教义的场所。由于建筑群处于狮子峰西麓的一块坡地上，面向金顶，背靠狮子峰，而坡地下沿是陡峭的九渡涧，故建筑只得沿山腰布局：大殿、龙虎殿、太子殿在较缓的台地上合围成一座院落，在台地前沿陡峭处建影壁来引开视线，在北面另辟轴线来安排五云楼、皇经堂、藏经阁、斋房、厨房、道房，使它们形成另一座合院，两座院落以九曲黄河墙蜿蜒联系着。另在主体建筑之南用高矗的宫墙又合围成一院，以神道连接龙泉观。建筑在整体关系上高度和谐。复真观的山门与元和观一样，建筑等级很高，完全可以与八宫一比高低。

其他七座道观在建筑布局上基本沿袭元和、复真二观，其形式依据所处的地势而灵活安排，只是规模较小，等级亦较低。

庵堂是次于观的道教建筑。武当山庵堂甚多，列于规制者有三十六座，这些庵大多修建在山下，从建设资金来源渠道可分为捐建、敕建等。捐资修建庵堂的大多为皇亲国戚，如驸马都尉沐昕捐资修建沐府庵，楚王捐资修建楚府庵等。捐建的庵堂基本是供同姓族人朝山进香时歇憩和内省之用，也为过路香客提供服务，兼有宗教和接待两种功能。庵堂的选址和规模则根据捐资人的意愿和财力而定，有较大的随意性。三十六庵中大部分因用途改变、损毁以及被丹江口水库淹没而不复存在。现存的主要庵堂有冲虚庵、襄府庵和回心庵等。

冲虚庵　又名金花树，位于玄岳门北约1千米，背依终南山（非陕西省境内那座），面向丹江口水库。此庵建于元代之前，明永乐年间在原址上加以重建。现存的祖师殿、吕祖楼、皇经楼、三官阁等建筑均为清代重建。庵内现有古柏一株、“舜井”一口。

襄府庵　庵址位于遇真宫东侧，是明万历年间由襄王捐建的，亦是武当山唯一现存的王府庵。襄府庵坐北朝南，其主体建筑呈中轴线排列，现存大殿、皇经楼、配房等建筑。其中大殿为硬山抬梁式砖木结构，面阔、进深各三间，面阔约13米，进深约8米，高约7.3米。

回心庵　庵址位于回龙观与磨针井之间，是真武修炼故事中的重要场所，即净乐国太子受紫元君变化的姥姆点化后，走到这里开始醒悟“铁杵磨成绣花针”的道理并决定返山修炼，故曰“回心”。回心庵原为四合院式建筑组群，由山门、配房、大殿及道房构成，现仅存大殿。大殿为硬山顶，抬梁木构架，面阔、进深各三间，面阔约8.8米，进深约4.8米，高约7米。

七十二岩庙　在岩洞中建的庙宇被称为岩庙。武当山岩层因地壳运动和水流刻蚀形成不少洞穴和台地。自南北朝开始，不少隐士羽客前往武当山栖身于天然洞穴中修炼；唐以后，有人开始在洞穴中结庐；宋元时期才有大规模建筑。明代根据香客朝山线路，在神道附近选择有影响的岩庙加以修葺、扩建，并取道教“七十二福地”之义加以附会。由于年久失修，这些岩庙损毁严重，现存仅三分之一，其中影响较大的有玉虚岩庙、尹仙岩庙、太子岩庙、雷神洞岩庙、黑虎岩庙、华阳岩庙、灵应岩庙、凌虚岩庙等。

四 一山兼数美，造化钟神秀

武当山不但是传统道教名山，还与武当山森林公园、武当山国家地质公园有密切关系。

武当山森林公园是武当山名胜风景区的重要组成部分，面积约占其三分之一。它以武当山林场为载体，以五龙宫景区为重点，属大巴山东段，内里高峰林立，主峰即是海拔 1612 米的天柱峰。

武当山国家地质公园总面积达 198 平方千米，主要地质遗迹景点有 75 处，由五龙宫、南岩、金顶、太子坡四大地质遗迹园区组成。武当山国家地质公园园区以武当山为主体，区域上位于武当山逆冲推覆构造带内。武当山经历了多期构造变形变质作用，形成七十二峰、三十六岩、二十四涧、十石、九台等神秘空灵的变质岩构造地貌，极具地质学研究价值。

图 12-6 武当山远景

第十三章
天地之中，华夏一脉
——郑州

横贯东西的黄河是中国的母亲河，它自青藏高原起，横跨中国9个省级行政区。在她70多万平方千米的流域面积中，来自西北内陆沙漠的黄尘在西北气流的长期搬运作用下，于黄河中游沉淀堆积，致使黄土覆盖面积达40多万平方千米。黄河出秦晋峡谷后，穿行于中条山与熊耳山、崤山之间，行至郑州邙山后进入冲积平原，河床由窄变阔，水势平缓，泥沙淤积，形成悬河。于是，郑州成为黄河中下游的分界，是黄土高原的终点以及地上悬河的起点。

黄河冲积平原的千里沃野早在旧石器时代就吸引了古人类在此定居。20世纪80年代，有"中原第一洞"美誉的荥阳织机洞被首次发掘，洞穴内发现用火遗迹17处，更在旧石器时代中晚期的堆积中发现了石制品6000多件，脊椎动物化石万余件。这些发现弥补了"中国人的发展是连贯的"这一观点证据不足的缺憾。此外，郑州境内

既有裴李岗文化遗址、大河村遗址、荥阳秦王寨遗址、点军台遗址等众多文化遗址留存，也有土房基、墓葬群、窑穴、陶器、石器、角器等众多文物出土。郑州有不少关于人文始祖黄帝的遗址留存。4000 多年前中国第一个世袭制王朝夏朝建立，郑州是夏人主要的活动区域，至商朝中期，商人又建都于此。此后，这片土地屡经权力更迭，成为中华文明的中心。在 1994 年国务院公布第三批国家历史文化名城时，郑州亦在其列。

一 中州腹地，人文滥觞

1. 洛汭与河洛文化

洛汭，亦称什谷，位于洛水的下游，在今河南省巩义市河洛镇一带，因洛水至此汇入黄河而得名。这一带也因古人活动活跃，许多重大事件在此发生，所以布满了古代文化遗存，文化意蕴十分丰厚。

《周易》有言："河出图，洛出书，圣人则之。"《竹书纪年》记载黄帝于河洛修坛沉璧，授龙图龟书。河图洛书，出自何处，众说纷纭，其中最被认可和接受的一种说法就是出自洛汭。河图洛书是古文化的源头，是中华文明的滥觞。不仅如此，尧舜禅让，太康失国而其弟作《五子之歌》，商汤伐夏桀等均发生在洛汭。这一带是夏商周三代活动的中枢地带，是国家政治雏形的出现之地，是"中天下而立以经营四方"之"中"，是中原地区作为"天下之中"的核心区域。

距伊洛河入黄河口西北约 3 千米处，隶属邙山黄土塬，这里沟壑纵横，丘陵起伏，水源匮乏。在 20 世纪 70 年代初，当地人民群众为了解决塬上的灌溉用水问题，挖了一个东西长 80 米，南北宽 60 米，深约 6 米的蓄水池。随着地下泥土一起重见天日的是厚厚的文化层，但这些在当时并未引起足够的重视。直到 1984 年，这一文化层才重新进入大众视野。1991 年，为配合 310 国道的公路施工，河南省考古研究所（即今河南省文物考古研究院）于 10 月 8 日至 11 月 29 日，以蓄水池东南角为基点，对该遗址进行了抢救性的挖掘，发现灰坑、房基、墓葬等遗迹。文化层厚达 3 至 4 米，内涵丰富，其遗存可分为裴李岗文化，仰韶早、中、晚三期，仰韶文化向龙山文化过渡期，龙山文化等六期。遗址主要分布在双槐树村南的土岭上，其东部边缘到滩小关村西南岭，故称为双槐树遗址（起初按照遗址发现所在地命名为滩小关遗址，后发现其仅为遗址的一部分，于是重新命名为双槐树遗址）。双槐树遗址面积达 117 万平方米，而因蓄水灌溉被挖掉的 5000 平方米则成为永远的遗憾。

双槐树遗址是河洛地区目前已发现面积最大、结构保存完整、拥有完备防御体系的仰韶中晚期区域中心聚落遗址。超大型的三重环壕防御设施，在当时的生产力水平条件下是一项浩大的工程，非一般聚落能够靠自身力量在短时间内完成。这表明了该聚落在当时对周边聚落有巨大的影响力和调动能力。

双槐树遗址于 2021 年 4 月 13 日入选“2020 年度全国十大考古新发现”，于同年 10 月 18 日，被评为“百年百大考古发现”之一。

河南省文物遗存丰富，从 1984 年起，有关单位就组织了约 4 万人的普查队伍，在全省范围内展开了大规模的文物普查工作。普

图 13-1　双槐树遗址

查过程中，在滩小关村向东约3千米处，地处沙鱼沟乡洛口村东部的台地上，一处遗址留存被发现（发现时间说法不一，1984年、1986年均有记载），这便是伏羲台遗址。伏羲台遗址是一处仰韶文化向龙山文化过渡时期的遗址。相传这里是伏羲氏观察河洛汇流、画八卦的地方，因此当地百姓称此地为伏羲台，遗址也就顺理成章地被命名为伏羲台遗址。现存遗址略呈椭圆形，东西宽约200米，南北长约300米，面积约6万平方米；文化层厚度为0.5米左右，包含品类众多的陶器和石器。在遗址北部断崖上，距离地表1米处发现1处建筑基址和3座房基。在一灰坑底部，发现完整的猪骨架。1992年5月，经河南省考古研究所、社科院、博物馆等单位有关专家实地考察，认定此处为当时祭天的场所。伏羲台遗址于1987年3月1日被郑州市人民政府公布为郑州市级文物保护单位，于2008年6月16日被河南省人民政府公布为省级重点文物保护单位。

图13-2 伏羲台遗址 王璐 摄

在两处遗址留存中，土木构筑的墙壁、连进式的房屋建筑结构，使人类的居所更显牢固和肃穆；住宅、祭祀、作坊、墓葬等各区的明确划分，使人类的社会行为秩序井然；具备护卫居住区功能的宽30米、深13米的内外三重环壕，规模宏大，实证了国家形态的雏形。这两处遗址附近又散落着多处大大小小的遗址，众多小型聚落遗址的发现，为三重环壕这样宏大工程的完成提供了合理的解释。此外，这些聚落背嵩望洛，契于天文，合乎地理，选址的讲究实为风水堪舆之典范。聚落内外居所建筑的差别，意味着社会等级的划分。惟

妙惟肖的骨蚕和打磨精细的骨针的发现，展现了原始社会先民的高超技艺，为社会分工和工匠的出现提供了想象空间，更为养蚕和纺织品在新石器时代业已出现的猜想提供了有力的物证。

洛汭地带的这些考古资料表明，早在七八千年前，我们的祖先就在这片土地上进行渔猎和原始的农业活动。他们劳作生息，观山川，察日月，思寒暑，在这片土地的日月交替中，绘出了河洛文化的精美画卷，也奏出了中华文明的绚烂乐章。

2. 黄帝故里与西山古城

早在 8000 年前，在今天的新郑地区有一个强大的部落，叫作有熊国，这里的历任首领都被称为少典。据《国语》记载，大概公元前 27 世纪，“少典娶于有蟜氏，生黄帝、炎帝”。黄帝出生于新郑北的轩辕丘，后带领有熊氏部落在原有的基础上发展壮大，炎帝则南迁，长期居住在陈丘（今河南省淮阳区一带），他们统领着当时最强大的两个部落集团。为争夺土地、财产，黄帝先后打败炎帝、平定蚩尤，征服了很多小部落，成为这个大部落联盟的首领，并在原有熊国根据地新郑建立了国都，开创了中华文明，被后世尊为中华人文始祖。

图 13-3 伏羲台遗址鸟瞰 王璐 摄

新郑是黄帝的出生地，黄陵（位于陕西省中部）是黄帝的埋葬地，一个在东，一个在西，毫无疑问，两地中间是黄帝的主要活动区域。《史记·封禅书》记载："昔三代之居，皆在河洛之间。"新郑作为有熊国的国都，留下了许多与黄帝有关的遗址和传说。

黄帝故里景区位于新郑市区北关。20 世纪 90 年代以来，景区多次扩建，现面积达 7 万平方米，整体的布局突显了"中华之根"这一主题。

故里祠，又称轩辕庙，是黄帝故里景区中最古老的建筑，始建年代不详。明隆庆四年（1570 年）修缮该祠，并于祠前建轩辕桥；清康熙五十四年（1715 年）新郑县知县许朝柱于祠前立"轩辕故里"碑。故里祠现有大殿五间，中间供奉黄帝坐像。东西两侧各有配殿三间，东配殿塑嫘祖像，西配殿塑嫫母像。祠前庭三间，以图照形式展示新郑地区的裴李岗文化、仰韶文化和龙山文化时期的文物。故里祠于 2000 年被公布为河南省重点文物保护单位，于 2006 年被国务院公布为第六批全国重点文物保护单位之一。

图 13-4 轩辕黄帝像

因传说黄帝诞辰为农历三月初三，自 2006 年以来，新郑市开始举办盛大的拜祖大典来寻根谒祖，缅怀始祖功德，弘扬中华民族优秀传统文化。2008 年，黄帝祭典（新郑黄帝拜祖祭典）经国务院批准列入第一批国家级非物质文化遗产扩展项目名录。

1984 年，在中原石刻艺术馆的筹建过程中，工作人员无意中发现了一处新石器时代的仰韶文化遗址。该遗址地处黄河之滨、邙山余脉，距郑州市北郊 23 千米。1993 年到 1996 年，国家文物局组织了三次考古领队培训班进行发掘，一座掩埋已久的仰韶时代晚期的城址得以重见天日，这座城址就是西山古城。

图 13-5　西山古城遗址

西山古城是中原地区迄今发现年代最早的以版筑法夯建起来的城址，是我国最早的城市雏形。考古专家张玉石、杨肇清两位先生认为西山古城始建于三期早段，至三期晚段即废弃。正当豫中地区庙底沟文化消亡之后、庙底沟二期文化产生之前的仰韶时代晚期——即秦王寨文化时期，绝对年代当在距今 5300 至 4800 年。有学者据此推断，西山古城可能是黄帝筑造的五城之一。西山古城的发掘，与文献记载大致符合，印证了黄帝筑城造邑的史实。无论谁主该城，西山古城在中国古代建筑史上都具有里程碑式的意义，它开启了后代大规模城垣建筑规制的先河，也为考古学家印证“黄帝五城”提供了极其珍贵的资料。

3. 商朝故都与郑州商城

夏朝末年，成汤领导的商部落强大了起来。在经过了充分的准备之后，成汤在三军前宣读誓词，公布夏桀的罪行，正式兴兵伐夏。成汤灭夏之后，威名达于四方，三千诸侯聚于北亳（今河南省商丘市一带），共同推举成汤为天下共主。成汤做了天子后，告祭于天，宣告商王朝的建立。这是几千年前发生于中原大地上的故事。

1950 年秋，考古学家韩维周在郑州城南二里岗一带发现了一些磨光的石器和陶片，他初步推测这些陶片是商代遗存。事关重大，他立即向省文化部门汇报，请求深入调查。这些在常人看来不太起眼的陶片和石器，立刻引起了考古专家的注意，从而无意中揭开了一座商朝王都的神秘面纱。1951 年春，中科院考古研究所河南调查发掘团来到郑州对该遗址进行调查，他们根据采集到的标本，进一步推断这里是重要的商代遗址，时间上比安阳殷墟更早。这一重大发现立刻引起了国内考古界的重视。

从 1952 年开始，经过近 50 年断断续续的考古发掘，郑州商代遗址考古取得了丰硕的成果，是 20 世纪重大考古发现之一。郑州商代遗址分为内城和外城，内城城垣周长为 7000 多米，用版筑夯土方法筑成，粗略计算，夯筑此墙需要搬运近 100 万立方米的土。内城主

图 13-6 郑州商代遗址

要为宫殿区，并有蓄水、排水设施。外城平面呈不规则形状，包围住了内城，外城设有民居、窖穴、水井、壕沟、各种手工业作坊、祭祀区和墓地。从城市的布局可以看出当时的设计者有较强的规划意识。令人瞩目的是当时的手工业作坊，除了能浇铸铜器、烧制白陶以外，还生产出我国最早的瓷器。出土文物以青铜礼器为主，其数量之众多、纹饰之华美、形制之宏大，处处彰显着国都的气度和威仪。据“夏商周断代工程”研究成果初步断定，郑州商代遗址始建年代最接近夏、商更替之时，与偃师商城同属于商代早期的都城。

图 13-7　郑州商城古城墙遗址

二 青青子衿，悠悠我心

1.“郑州”的由来

郑州地区在夏商时期已经是全国的政治、经济、文化中心。西周灭殷商后，周武王对殷商遗民采取既拉拢又防范的政策，据《史记》记载，他一面让纣王之子武庚继续管理商朝旧地（今河南省安阳市一带），一面封王弟管叔鲜、蔡叔度以采邑，让他们监管武庚。管叔被封在今郑州一带，建管国。作为当时周朝的东方重镇，管国的地位十分重要。但是在周公摄政后不久，管叔因发动叛乱被诛，管国也被除名。

到了西周末年，天子威权下降，各诸侯纷纷崛起。周宣王封弟弟友在郑地（今陕西省华州区一带）建国，故后世称友为郑桓公。幽王时期，国政进一步败坏。郑桓公预见到国家必将祸乱丛生，于是请求将郑国的封地改在东虢国（今河南省荥阳市一带）、郐国（今河南省新密市一带）之间以谋退路。他利用自己中央重臣的身份向两国各索取了五座城池，在两国之间建造新城（今河南省荥阳市京襄城）作为国都，建立了东方郑国。

郑桓公死于犬戎之乱，其子郑武公继位后，辅助周平王将周王室东迁至洛邑。后来郑武公又灭掉了东虢、郐等国，并将国都迁到之前大力发展的荥阳东南地区。为别于前，郑人将新国都称为“新郑”。随着时间推移，郑国逐渐式微，到了战国初期，郑国被韩国吞灭，韩哀侯将韩国都城迁至新郑，新郑又成为韩国国都。直至公元前 230 年，韩国为秦所灭。郑、韩两国相继在此建都，历时 500 多年，故城残垣至今犹存，令人追思。

郑州在秦时称管县，在东汉时叫管城，直到隋朝始称郑州。故“郑”之称号，源于陕西，“郑州”之名，演变于“新郑”。

2.《诗经》里走出的国度

《诗经》大致写作于西周初期至春秋中期，在全部 305 篇中，《国风》占据了 160 篇。《国风》分布的地区中，“周南”“召南”特指周公和召公所治的地域。以陕地（今河南省陕州区）为分界线，其东为周南，大抵是从洛阳向南抵湖北北部江、汉一带，其西为召南，大抵指今河南西南部、陕西南部及四川一带。《周南》《召南》就是这两个地区的诗歌集。其余的诸侯国，如郑、卫、陈、邶、桧、鄘、王分布在今河南北部、西部、中部及东南地区。由此可见《国风》多采自河南，且多数在河洛地区。各地的风俗习尚，在诗里多有反映，《汉书·地理志》也多引《诗经》以说明各地的风俗。其中《郑风》共 21 篇，《卫风》10 篇，在这 31 篇诗歌中情歌就占了半数。郑、卫两国地处中原，商旅丛集，男女相接，约束较少，多桑间濮上之音、投桃报李之作，故有民风热情奔放之说。

郑、卫情歌，一向是《诗经》地域文化研究中，最受重视的部分，各国之风皆有情歌，但郑、卫情歌最引人注目。以郑国情歌为例，郑国有溱水、洧水便于男女游览聚会，但更主要的是同郑国的风俗习惯密不可分。古人往往以“淫”字来评价郑卫之音，今人却赞美其感情真挚、大胆奔放。宋代理学家朱熹曾说：“卫（这里指《邶》《鄘》《卫》三风）犹为男悦女之词，而郑皆为女惑男之语……是则郑声之淫，有甚于卫矣。”脱离儒家思想的束缚来看，当时的郑国商业繁荣，交通便利，且声乐文化发达，是歌舞艺人会聚之地。郑地受商朝文化影响较大，商人信鬼好舞爱饮酒，且郑地近楚，受楚国巫风的影响，所以《郑风》中多写祭祀、驱鬼和歌舞欢会。

20 世纪以来，郑国故地有大批文物出土，尤其是新郑郑韩故城的发现，为我们认识这片从《诗经》里走出的国度打开了一扇窗。有学者考证过在此出土的青铜编钟，发现其七声俱全、音域宽广，包含高中低三个音部，可以旋宫转调，直接证明了 2600 多年前郑国的乐器可以演奏旋律细致婉转的音乐。

了解这些以后，再回头看《郑风·女曰鸡鸣》：“女曰鸡鸣，士曰昧旦。子兴视夜，明星有烂。将翱将翔，弋凫与雁。弋言加之，与子宜之。宜言饮酒，与子偕老。琴瑟在御，莫不静好。知子之来之，杂佩以赠之。知子之顺之，杂佩以问之。知子之好之，杂佩以报之。”能把起床、打猎、做饭、喝酒这些琐碎情景都融为诗的内容，深情中带着俏皮、甜蜜中夹杂着哄劝，与《诗经》中其他一些沉郁的表达风格相比，它非常年轻化；而与《诗经》中其他端庄肃穆的用词方式相比，它又非常口语化。现代学者多认为此诗赞美年轻夫妇的和美生活，故“琴瑟在御，莫不静好”也成了对婚姻生活的美好祝愿。千载之下，余音袅袅，可见郑地民众对待生活的诗心。

3. 郑韩故城

河南已知现存春秋时的城市遗址中最负盛名且保存最完好的就是上文提到的郑韩故城。

郑韩故城位于新郑市黄水河（古溱水）与双洎河（古洧水）交汇处。春秋初期郑武公始建都于此，公元前375年韩灭郑，迁都于此，迄秦灭韩，郑国和韩国在此建都长达500多年，因此称为郑韩故城，并有“两国一都”的美誉，是第一批全国重点文物保护单位之一。2001年，郑韩故城遗址被评为“中国20世纪100项考古大发现”之一。

图13-8 郑韩故城

故城至今仍保存着高达10至16米的城墙，城区面积约16平方千米，

城址呈不规则长方形，城中有一道南北向的夯土墙将城址分割成东城和西城两部分，《新郑县志》将这道隔墙称为分国城、分国岭。

西城，平面略呈长方形，是郑、韩两国王宫的中心，发掘有郑国大型宫殿遗址、郑君子婴大墓、缫丝作坊、凌阴井、韩国宗庙遗址和无字碑。北墙外侧设有马面，是我国已知的早期遗址中比较新型的防御设施。城内最重要的发现是地下冷藏建筑遗址凌阴井，现存井口东西宽 2.8 至 3 米，南北长 8.7 米，底长 8.6 米，深 2.4 至 3.35 米，口部四周有柱洞。室底平坦规整，室内面积为 21.24 平方米，室底东侧挖有 5 眼竖井式冷藏窖，室内和窖中出土有鸡、羊、牛、猪的残骨和陶器。据专家推测，这应该是韩国用于宫廷祭祀和日常生活需要的一处储藏肉类食品的地下建筑，是宫廷厨房的重要配套设施之一。这个地下冷藏建筑是已发现的史上最早最大的冷藏室，是战国时期韩国的“冰箱”。

图 13-9　郑韩故城地下冷藏建筑遗址

东城稍大于西城，平面呈不规则长方形，主要是平民居住区和手工作坊区。城内星罗棋布地分布着制玉、制陶、制骨、铸铜、冶铁等作坊遗址。此外，郑国的国君陵墓、宗庙遗址、社稷祭祀遗址也多数坐落于此。1996 年至 2001 年，在东城区南部，发现了中型以上郑国贵族墓葬 300 多座，随葬有大量的青铜礼器、车马器、兵器以及精致的玉器、金器、水晶器、玛瑙器和骨器等。

郑韩故城在春秋战国时期居列国中心地区，控扼四方，通达八衢，兼容列国先进文化，是中原政治、军事、经济、文化中心以及最大的商业都会之一。

三 天地之中，庙阙俨然

嵩山地处中原之中，为五岳中的中岳，古称外方，属于伏牛山脉，主体由东部太室和西部少室两大群山组成，东西绵延百余里，如横卧在中原的巨龙，因此又有“嵩山如卧”一说。它北瞰黄河、洛水，南临颍河、箕山，东连郑汴，西通洛阳，是洛阳东方的重要屏障。这里文化底蕴深厚，是中国佛教禅宗的发源地和道教圣地。名山胜水，引人登临，据统计，嵩山曾有150多位著名文人、30多位皇帝亲临。除了许多脍炙人口的文学名篇流传于世，这里也留下了众多历史遗迹。2010年8月1日，联合国教科文组织第三十四届世界遗产大会，将“天地之中”历史建筑群列为世界文化遗产，包括少林寺建筑群（常住院、初祖庵、塔林）、东汉三阙（太室阙、少室阙、启母阙）和中岳庙、嵩岳寺塔、会善寺、嵩阳书院、观星台等。

图13-10 少林寺

1. 少林寺

少林寺位于少室山北麓五乳峰下，始

建于北魏太和十九年（495 年）。

南北朝时，佛教兴盛，信徒众多，北魏孝文帝就是一个虔诚的佛教徒，不但倡导民众信佛，还亲自为众人削发。太和元年（477 年），北魏境内佛寺达六千多所，僧尼七万余人。印度高僧跋陀恰逢这一时期来中国传道，为孝文帝所敬仰。为安置跋陀，孝文帝敕令在嵩山少室山建造寺院，因寺院在少室山丛林之中，故名少林寺。其后，达摩面壁，慧可断臂求法，少林寺渐成禅宗祖庭。

至北周建德三年（574 年），周武帝灭佛，少林寺被毁。武帝殁后，佛教复兴，周静帝大象年间，少林寺复建并更名为陟岵寺。杨坚代周建隋以后，少林寺仍复旧名，迄今再未更改。

唐武德二年（619 年），在李世民平王世

充之役时，少林寺十三位僧人助唐有功，少林寺因此获得了优厚的赏赐。此后，在朝廷的大力支持下，少林寺成为“天下第一名刹”。

其后，达摩开创的禅宗逐渐成为最大的佛教流派，少林寺成为禅宗的朝圣地。为纪念达摩，少林寺在后山达摩坐禅之地建立初祖庵和达摩面壁之塔。达摩传法的故事也成了名人歌咏的对象，黄庭坚所书的《达摩颂》碑至今犹存于初祖庵。

宋以后，少林寺的命运与各代王朝更迭共同起伏，元代推崇佛教，少林寺得以中兴，成为一个拥有众多分院、下院的广大佛寺，仅下院就多达 20 多所。少林寺住持福裕被授予最高僧官都僧省一职，执掌全国佛教。福裕圆寂后被追封

图 13-11　少林寺山门外牌楼

为晋国公。明代时，少林寺延续了元代的荣光，少林高僧多为明廷及藩王的座上客。少林武术也于此时形成了完整的体系，少林棍法首先扬名于世，此后各项武艺均得到了长足的发展。少林僧兵更使少林寺名冠天下。有明一代，少林僧兵至少六次受朝廷征调，参与官方征战，多次受朝廷嘉奖。

明末清初，少林寺再度走向衰落，直至雍乾时期方迎来大规模的整修。雍正十三年（1735 年），朝廷斥巨资翻修过一次，乾隆十五年（1750 年），乾隆游览少林寺，又带来过一次大修。乾隆之后，清王朝开始走下坡路，而少林寺也只能无奈地走向衰落。

1928 年春，河南军阀樊钟秀与冯玉祥部石友三交战，兵败撤退。3 月 15 日，得胜的石友三进驻樊钟秀设在少林寺的指挥部，之后下令放火烧寺。大火延续了几十个昼夜，许多殿堂以及不可计数的文物、经卷化为灰烬。这是少林寺继隋末大火以后，损毁最严重的一次。

新中国成立以后，少林寺作为我国重要的文化遗产受到政府的保护。20 世纪 80 年代起，逐渐翻修寺庙，整顿寺务，少林寺再一次回到了大众的视野中。

现在的少林寺，以常住院为主体，包括寺院周围初祖庵、二祖庵、塔林等名胜。

少林寺常住院，既是僧众主持佛事活动和起居的场所，也是文物古迹荟萃之地。寺院中轴线上有山门、天王殿、大雄宝殿、法堂、方丈室、立雪亭和千佛殿等建筑，两侧有东西配殿和各种亭台。1963 年 6 月，少林寺常住院被河南省人民政府公布为第一批省级重点文物保护单位之一。

初祖庵距少林寺约 1.3 千米，是宋代少林僧众为纪念初祖达摩而建的纪念建筑，又称达摩面壁之庵，因居常住院之北，当地人又称其为北庵。至明代中期，初祖庵发展成为一座三重院落的完整寺院。新中国成立后，初祖庵经过全面整修，现有山门、大殿、东西对亭、千佛阁等建筑。此外，庵内存有 40 多通古代碑刻。

图 13-12 少林寺塔林

少林寺塔林是中国六大塔林之一，位于少林寺西 300 米，在少溪河北岸，占地约 14000 平方米，是中国最大的塔群建筑。少林寺塔林古时称少林的祖茔，又称塔院，是历代少林高僧的墓地。寺僧圆寂火化后，骨灰被放入地宫，其上建塔以示纪念。每座塔的正面均有塔额，题僧名及称谓，有的塔还有塔铭、碑铭以记述塔主的生平和功德等内容。塔林现存有唐、五代、宋、金、元、明、清古塔 228 座，现代塔 2 座，是现存年代跨度最大、数量最多的古塔建筑群。1996 年，少林寺塔林被国务院公布为第四批全国重点文物保护单位之一。

2. 东汉三阙

阙，又称门观，其形与牌坊相似，是中国古代一种标志性的礼制建筑。据《诗经》记载，阙早在周代就有。阙的主要用途是作为象征性的大门，可用在城邑、宫殿、祠庙、陵墓前，故有城阙、宫阙、庙阙（也叫神道阙）、墓阙之分。东汉三阙即太室阙、少室阙、启母阙，它们是“天地之中”历史建筑群的重要组成部分，是中国现存最古老的国家级礼制建筑遗存，是研究建筑史、美术史和东汉社会史的珍贵资料，是1961年3月公布的首批全国重点文物保护单位中古代建筑类的前三号保护单位。

图13-13 太室阙

太室阙，位于中岳庙正南向，是中岳庙中轴线的南起点。据《登封县志》记载，太室阙始建于东汉元初五年（118年），原是太室祠前的神道阙，是中国现存最早的庙阙。太室阙分东、西两阙，用青石垒成，阙门间距6.75米，东阙通高3.92米，西阙通高3.96米。两阙的结构相同，均由阙基、阙身、阙顶三部分组成，每阙又分正阙和子阙（正阙高、子阙低，正阙在内、子阙在外，子阙紧靠着正阙），阙顶为四阿顶。西阙南面上方现存“中岳太室阳城”六个篆字题额。题额之下及西阙北面各有铭文，记述造阙的经过，文字隶篆参半。两阙阙身四面雕刻人物、车马、剑舞及动物等画像50多幅，再现汉代贵族的生活场面，体现了汉代的神话、娱乐、审美等社会文化的诸多层面。

图 13-14 少室阙

少室阙，位于少室山下、十里铺村（原邢家铺）西。因少室山曾是夏禹之妻涂山氏之妹（传说其亦为夏禹之妃）的居所，所以当地又称少室山庙为少姨庙。少室阙约建于东汉元初五年至延光二年（118—123 年），是汉代少室山庙前的神道阙。东、西阙间距 7.6 米，东阙通高 3.37 米，西阙通高 3.75 米。其造型和结构与太室阙相同。阙身由长方形石块垂直垒砌，共十层，最上层呈方斗形，承托阙顶。阙顶用三块青石雕成四阿顶，顶上雕出瓦垄、垂脊，四边雕饰柿蒂纹瓦当和板瓦，檐部雕椽。西阙北面篆书题额“少室神道之阙”，西阙南面和东阙北面原有题铭，由于风化大部分已漫漶不清。两阙阙身雕有犬逐兔、蹴鞠、马戏、斗鸡、玄鸟生商、羽人、四灵、山水、车马出行等画像 60 余幅，雕刻手法夸张又不失飘逸自然。

启母阙，位于太室山南麓万岁峰下。启母阙北约 200 米处有一处开裂的巨石，即为启母石。据《淮南子》记载，大禹治水时，其妻涂山氏化为巨石，石从北方破裂而生启。汉武帝游嵩山时，为此石建庙，即为启母庙，今庙已不存。东汉延光二年（123 年），颍川太守朱宠于启母庙前建神道阙。汉时因避景帝刘启之讳，庙、阙改名为开母庙、开母阙。启母阙结构与太室阙相似，东、西阙结构基本相同，阙门间距 6.8 米，西阙通高 3.17 米，东阙通高 3.18 米。阙身用长方形石块垂直垒砌在阙基上，共七层，最上层雕作斗形以

图 13-15　启母阙

承托阙顶。阙顶作四阿式，因残毁过甚仅存东侧部分，阙顶正脊已无存。西阙的北面有两方阙铭，分别是《启母阙铭》和《请雨铭》。阙身四周镌刻骑马出行、驯象、斗鸡、幻术、宴饮、夏禹化熊、蹴鞠、虎扑鹿等 60 余幅画像。

3. 中岳庙

中岳庙地处嵩山南麓太室山脚下，东靠牧子岗，西临望朝岭，背倚黄盖峰，面对玉案山，风景雅致，群山环绕，是祭祀中岳神的场所和道教活动中心，是五岳中规模最大的古建筑群，同时也是河南省规模最大、保存最完整的古代建筑群。

中岳庙的前身是太室祠，原为祭祀嵩山太室山山神的场所。史料记载，汉武帝登嵩山，于此听闻山呼万岁，以为山神显灵，故下令增修太室祠。南北朝时，北魏太武帝对道士寇谦之尊崇有加，为其立庙，名曰嵩岳庙，后改名为中岳庙。此后庙址换过几次，直至唐玄宗时始建于现在的庙址。武则天曾两次加封嵩山神灵，垂拱四年（688 年）封嵩岳山神为神岳天中王，万岁通天元年（696 年）又尊天中王为神岳天中皇帝，让中岳庙名声大振。宋代皇帝按汴京皇宫的形制扩建中岳庙，使其面积一度达到 37 万平方米。唐宋之后，中岳庙屡经兴衰，直至乾隆年间，才得以按照紫禁城的布局进行重修，渐成今日的规模和布局。

中岳庙坐北朝南，南北长 650 米，东西宽 166 米，面积近 11 万平方米。庙内中轴线上的主要建筑，从南向北、由低至高，分别为中华门、遥参亭、天中阁、配天作镇坊、崇圣门、化三门、峻极门、嵩高峻极坊、中岳大殿、寝殿、御书楼，前后共七层十一重。庙中有殿、宫、楼、阁、亭、台、廊、庑等建筑近 400 间，汉至清代的古柏 330 多棵，金石铸器、石刻造像等文物百余件。2001 年，中岳庙被国务院公布为第五批全国重点文物保护单位之一。

图 13-16 中岳庙

四 寄意寒星，血荐轩辕

1. 京汉铁路大罢工

第一次世界大战后，帝国主义加紧了对中国的侵略，加上各路军阀连年混战，人民处于水深火热之中。1920 年至 1922 年，在外国势力的怂恿下，中国先后爆发了直皖战争和第一次直奉战争。在直系军阀控制下的省份，税赋加重，物价飞涨，又恰逢自然灾害，人民生活更加苦不堪言。

在俄国十月革命的影响下，自 1920 年 5 月起，共产主义小组先后在上海、北京、南京等地成立，小组成员走入工人阶层，出版工人刊物，创办劳动补习学校，把中国工人运动推向一个新的阶段。1921 年，中国共产党成立并召开第一次全国代表大会，确定了以工人运动为中心的工作任务。同年 8 月，中国劳动组合书记部成立，出版《劳动周报》，组织工人俱乐部，领导工人斗争，促进了工人阶级的觉悟和团结，推动了 1922 年至 1923 年 2 月的第一次全国罢工高潮。

铁路、航运等交通系统是聚集中国产业工人最多的地方，所以铁路工人和海员就成了当时工人运动的重要力量。京汉铁路工人在帝国主义的长期压榨和封建军阀的直接统治下，工作时间长，工资低，遭受剥削，生活困苦。1922 年第一次直奉战争前，京汉铁路被以梁士诒为首的北洋政府交通系把持，战争结束后，吴佩孚、梁士诒双方钩心斗角，各谋利益。李大钊等利用军阀之间的矛盾，趁机将张昆弟等我党成员介绍到吴的交通部。他们被分配至京汉、

图 13-17 郑州二七纪念馆其一

津浦等各铁路要道后秘密进行工人组织工作。至 1922 年 6 月，京汉铁路全路已建立起江岸、郑州、长辛店等 16 个工会分会。

1922 年 8 月 10 日至 12 日，第二次全路总工会筹备会在郑州召开，会上一致同意在郑州正式成立京汉铁路总工会筹备委员会。会议还起草和讨论了《京汉铁路总工会章程草案》。1923 年 1 月 5 日，京汉铁路总工会筹备会在郑州举行第三次会议，并决定于 2 月 1 日在郑州正式举行总工会成立典礼。之后，筹备会将开会宗旨、日期及地点登载各报。为了取得铁路当局的支持，筹备会还向京汉铁路局局长赵继贤打了报告。赵继贤一面允许召开大会，一面向吴佩孚造谣告密。1 月 28 日，郑州警察局局长黄殿辰得吴佩孚授意，至工会恫吓不准召开大会。1 月 30 日，总工会接吴佩孚电报，派代表与吴交涉，未果。1 月 31 日下午，工会代表返回郑州。当晚，得知吴佩孚的态度后群情激愤，总工会决定如期召开大会。当时在郑州的各铁路代表计 60 余人，京汉铁路 16 个分会代表 65 人，另有汉冶萍总工会等团体的代表 130 余人及北京、武汉等地学生与新闻界人士 30 余人，共计约 300 人参会。2 月 1 日，吴佩孚派出大批荷枪实弹的军警在郑州全城戒严，下令禁止召开大会。与会代表与军警发生冲突，江岸分会总干事项德龙（项英）带头突破军警阻拦，启开会场封条，工人代表和群众涌入普乐园会场。会议宣布京汉铁路总工会正式成立，群众高呼“京汉铁路总工会万岁”“劳动阶级胜利万岁”等口号。下午，军警封闭总工会和郑州分会会所，包围代表入住的旅馆。各路代表为反抗压迫，决定发动全路总罢工。2 月 4 日上午 9 点整，随着京汉铁路总工会一声令下，郑州、武汉、北京等地汽笛长鸣，京汉铁路工人全线罢工，京汉铁路全线顿时陷入瘫痪。2 月 7 日，在帝国主义的支持下，吴佩孚调动两万多军警在京汉铁路沿线血腥镇压罢工工人，制造了震惊中外的二七惨案。二七惨案不但给京汉铁路工人带来了极大的困苦，也沉重打击了中共的工作。然而，北洋政府的政治声誉因此严重恶化，“打倒军阀”“打倒帝国主义”成为全国人民的共识，引发了中国革命力量的重组和革命策略的调整。

为纪念 1923 年 2 月 7 日京汉铁路大罢工惨死烈士，郑州市政府于 1971 年在市内二七广场中心（原长春桥旧址）修建二七纪念塔。塔高 63 米，共 14 层，平面为并排连接的两个五边形，塔内有旋梯可至塔顶，内部为一个地下展示厅和十个塔层展示厅。塔顶建有钟楼，整点报时演奏《东方红》乐曲。二七纪念塔现更名为郑州二七纪念馆，馆内存放有京汉铁路工人大罢工的各类资料。2006 年，郑州二七纪念馆被列为全国重点文物保护单位，是中国最年轻的全国重点文物保护单位。

图 13-18 郑州二七纪念馆其二

2. 花园口决堤

花园口，地处黄河南岸，是黄河下游的起始段，这里河道宽阔，水流迟缓，泥沙淤积。

1937 年，日本发动全面侵华战争，国民党军队节节败退，至 1938 年，华北大部分沦陷，5 月中旬蒋介石决定放弃徐州，国民党军队向皖北、豫东撤退。5 月 19 日，日军占领徐州后，接着大举进犯豫东，郑州、武汉岌岌可危。之后，商丘、开封相继失守，豫东门户大开，日军迫近郑州。郑州地处铁路要冲，又扼黄河天险，战略位置十分重要，而郑州一旦失守，日军不仅能切断陇海、平汉铁路，还可以沿平汉铁路南下，直接威胁当时的军事和政治中心武汉。在此危急时刻，如何阻止日军西进，成为摆在国民政府面前的一个十分迫切的问题。

在徐州失守时，蒋介石就有关于决口的提议，他在给河南、安徽、山东各省军事长官的密电中说："徐州陷落，豫东紧张，可否采用水攻战略，就兰仪下游铜瓦厢之间决黄河水，由旧黄河故道顺流而东，直攻徐州，截断津浦、陇海，阻敌西进，我方亦可从容布置，挽此颓势。"以水代兵本不是什么新奇战略，早在抗战全面爆发之前，德国军事顾问法肯豪森就曾有这般提议。在他后来上呈的建议书中,蒋介石还在建议决堤的部分作了"最后抵抗线"的批注。

1938 年 6 月 1 日，决堤计划被蒋介石批准后，由第一战区司令长官司令部组织实施。首先选定的地点是赵口，几次决堤失败以后，日军已占领开封，逼近中牟，司令部最终选择在花园口附近再次决堤。6 月 9 日上午，花园口终于挖开了。6 月 10 日，又遇大雨，河水暴涨，漫溢的河水冲断了陇海铁路，浩浩荡荡地向豫东南流去，河水流处，房屋倒塌，人畜俱亡。日军被大水阻隔后，放弃了从平汉线进攻武汉的计划，改沿长江进攻武汉。

此举虽然使进攻武汉的日军一度改道，但三个多月后，日军还是攻陷了武汉，蒙受损失最大的是黄河下游人民。

花园口决堤事件给黄河下游河南、安徽和江苏等地的百姓带来了深重的灾难，80多万公顷的耕地被淹，近90万人丧命，390多万人流离失所。花园口决堤使黄河中十几亿吨的泥沙顺着决口涌入平原，淤塞河道，淹没田野，漫溢湖泊，堵塞交通，形成了穿越豫皖苏3省44个县的广阔黄泛区。每年汛期，河水都会泛滥回流倒灌，淹没农田，洪水过后便是蝗灾，到处是沙丘，地表满是盐碱，根本无法耕种，对当地农业造成严重破坏。这场灾难还间接导致了惨绝人寰的1942年河南大饥荒。国际友人白修德将有关河南的灾情写成报告，发给美国《时代》周刊，他在其中写道：“在河南3400万人中，我们估计有300万已经沦为难民。此外，还将有500万人会在秋收季节前死去。”国内的部分研究资料称，这次大灾荒夺去了河南省500万人的生命；还有一些统计报告认为，有300多万人因饥饿等直接原因死亡。

战争的硝烟散去，随着中华人民共和国的成立，生活在这里的民众终于苦尽甘来。这片坐落在华北大平原上的城市，从日出而作日落而息的远古时代款款行来，一步一个脚印地谱写出华夏一脉的绚丽篇章。

第十四章
豫章古郡，星火燎原
——南昌

南昌，江西省省会，长江中游地区重要的中心城市，位于我国第一大淡水湖鄱阳湖西南方。南昌作为1986年国务院第二批公布的38座国家历史文化名城之一，河湖水系纵横，是襟江带湖的山水名城；人文历史悠久，是人杰地灵的豫章古郡；红色文化深厚，是彪炳千秋的英雄之城。

南昌的历史文化名城规划保护范围主要为南昌旧城，北起阳明路，南至洪城路，西起赣江、抚河，东至八一大道，面积为8.28平方千米。保护范围涵盖万寿宫、绳金塔、进贤仓三处共10.05公顷的历史文化街区，滕王阁、八一广场、三眼井三处共20.6公顷的历史风貌区，南北湖、东湖、西湖三处共48.27公顷的环境风貌区。

南昌的历史文化特色，可概括为三大文化主题。一是“豫章古郡”府城文化，重点包括滕王阁、万寿宫街区、进贤仓街区、绳金塔街区、佑民寺、四湖地段、明清城墙城门格局遗址等。二是“英雄之城”红色文化，重点包括以八一起义指挥部旧址系列为代表的革命史迹，以八一起义纪念塔为代表的历史建筑等。三是“模范南昌”民国文化，重点是以民国十大乡贤路、民国三大建筑等为代表的民国历史遗存。

截至 2018 年，南昌市共有全国重点文物保护单位 9 处，省级文物保护单位 62 处，各级文物保护单位共 289 处。

一 豫章古郡

南昌地处江西中部偏北，踞赣江、抚河下游，处江湖之间，以平原为主，东南相对平坦，西北丘陵起伏，南连五岭，北接吴皖，西控荆楚，东翼闽越，历来是兵家必争之地。南朝人雷次宗在《豫章记》中描述道：“豫章，水路四通，山川特秀，咽扼荆楚，翼蔽吴越。”唐代诗人王勃于《滕王阁序》中描述此地是“襟三江而带五湖，控蛮荆而引瓯越”。自西汉初年设立豫章郡开始，南昌历来为各朝州府郡的治所，是江西地区政治、经济、文化和交通的中心。

早在距今 5 万年前的旧石器时代中晚期，原始先民已在南昌这片土地上繁衍生息。在唐、虞、夏、商、周时期，南昌地域属古扬州。春秋战国时期，南昌先后为吴、越、楚的势力范围。战国时期，南昌先民已掌握熔铁、铸铁技术和使用耐火材料等先进工艺。

公元前 221 年，秦始皇统一全国后，分天下为三十六郡，包括南昌在内的江西全境属九江郡管辖。公元前 202 年，刘邦在垓下打败项羽之后，派大将灌婴率兵平定江南地区，设豫章郡和南昌县，南昌为豫章郡下辖十八县之首。现在大家一般认为“南昌”是“昌大南疆”或“南方昌盛之地”之意。翌年，汉军在南昌筑土城，称灌婴城或灌城，“城广十里八十四步，辟六门”，城区面积约 1 平方千米。南昌城历史由此发端。

三国时，南昌是东吴领地，孙策、孙权等先后在豫章郡内分立庐陵、鄱阳、安成、临川等郡。在东晋、南北朝时期，由于北方战乱、人口大量南迁，南昌经济日益繁荣，地位显得更加重要。

隋代改豫章郡为洪州总管府，不久之后又改了回来。唐初，复置洪州总管府，不久改称为洪州都督府，唐德宗建中以后，这里又先后是江南西道（简称江西）观察使、镇南军节度使的治所。唐代洪州曾是江南的冶炼、纺织、造船、制瓷、商业中心，城内人口稠密，商业发达，亭阁楼宇，鳞次栉比。据记载，从685年至809年，洪州城不断扩建，面积比汉时灌婴城增加了一倍，城墙也由原来的夯土墙变为砖石墙。唐永徽四年（653年），滕王李元婴在城墙临江处修筑的滕王阁成为南昌标志性建筑之一。南昌的另一个标志性古迹绳金塔，则建于唐天祐年间。

五代十国时期南唐交泰元年（958年），中主李璟升洪州为南昌府，一度大兴土木、营建宫宇、重修城门、拓宽马路，交泰四年（961年）将都城从江宁（今南京市）迁往南昌，号“南都”，李璟死后继位者李煜又将都城迁回江宁。这是南昌仅有的一次建都史。北宋时南昌复名洪州，为当时全国五大造船基地之一。其时城市进一步扩大，城周扩至三十里，设十六座城门，这是历史上南昌古城最大的时期。南宋孝宗将洪州改为隆兴府。元代改为隆兴路，后改称龙兴路，是江西行中书省的治所。

明代先后称南昌为洪都府、南昌府。朱元璋曾对南昌城进行改造，因城西临江，不利于防守，于是将沿江西城墙“去江三十步”，疏浚东、南、北三面的护城河，将城周长缩至十四里，仅辟七门。万历年间，又修通城内水道，整治湖泊。清代仍依明制，称南昌为南昌府。南昌古城的格局一直保持到清末，城墙、城门均无重大变化。

1.“因序闻名”滕王阁

滕王阁坐落于南昌西北部的沿江大道中段，赣江与抚河故道交汇处，与黄鹤楼、岳阳楼并称为“江南三大名楼”。

滕王阁最初于唐永徽四年（653年）为唐高祖李渊第二十二子滕王李元婴任洪州都督时所建。李元婴在太宗贞观十三年（639年）被封于山东滕州，为滕王。高宗即位后，将李元婴调任为洪州都督。

李元婴到任后就在赣江边建起一座高阁，以览山川之秀，尽歌舞之乐，这就是著名的滕王阁。

滕王阁以“滕王”命名，却因《滕王阁序》闻名。675年，洪州都督阎公重修滕王阁，重九日，阎公在此邀宴宾客，适逢“初唐四杰”之一的王勃省亲路过南昌，遂邀其赴宴。席间，王勃主动为滕王阁作序，一气呵成，写就《秋日登洪府滕王阁饯别序》，即人们熟知的《滕王阁序》。《滕王阁序》辞藻华美、文采斐然，拓展了骈文的艺

图 14-1　南昌滕王阁其一

术境界。初唐诗文以六朝为榜样，《滕王阁序》明显受到东晋王羲之《兰亭集序》的影响，但它又融入了恢宏壮阔的大唐气象。全文由洪州的地势、人才写到宴会，由滕王阁的壮丽写到秋日美景，由宴会娱游写到人生遇合，抒发作者的抱负和怀才不遇的愤懑心情，几乎通篇用典，且自然恰当。文中“落霞与孤鹜齐飞，秋水共长天一色”“物华天宝，龙光射牛斗之墟；人杰地灵，徐孺下陈蕃之榻”“老当益壮，宁移白首之心？

穷且益坚，不坠青云之志”等佳句更是千古传诵。其中“落霞”句借鉴了南朝庾信《马射赋》“落花与芝盖齐飞，杨柳共春旗一色”，而雄放过之。

王勃作序的现场还有这样一段故事：“九月九日都督大宴滕王阁，宿命其婿作序以夸客，因出纸笔遍请客，莫敢当，至勃，汎然不辞。都督怒，起更衣，遣吏伺其文辄报。一再报，语益奇，乃矍然曰：‘天才也！’请遂成文，极欢罢。”此事载于《新唐书·文艺传》。原来东道主洪州都督阎公宴客，本想显摆女婿的文采，假意问谁人可为古阁重建赋序时，众人识趣婉拒，只有王勃不明就里，主动请缨。阎都督气得借口出来上厕所，又让下属窥探王勃的文章并随时汇报，越听越啧啧称奇，到最后，惊叹道：“真是天才啊！”于是亲自请王勃完成此文，宾主尽欢而散。

《滕王阁序》成就了王勃，也成就了滕王阁。此后，滕王阁声名鹊起，成为文人雅士登临的胜地。继王勃之后，唐代王绪作《滕王阁赋》，王仲舒作《滕王阁记》，谱写了“三王记滕阁”的佳话。历代文人雅士如韩愈、张九龄、白居易、杜牧、苏轼、王安石、朱熹、黄庭坚、辛弃疾、李清照、文天祥等皆曾以滕王阁为主题写诗作文，可谓佳作如云。

滕王阁在漫长的时光中，屡毁屡建，重修重建达 29 次之多。现在的滕王阁于 1989 年重阳节重修竣工，现址距东侧唐代阁址 100 多米， 离南端清代阁址约 300 米，是以梁思成、莫宗江绘制的《重建滕王阁计划草图》为依据设计施工的。

复建的滕王阁为仿宋风格的钢混仿木结构建筑，建筑面积达 1.3 万平方米，主体建筑净高 57.5 米。其下部为象征古城墙的 12 米高的两级台座。台座以上的主阁为“明三暗七”格式，从外面看是三层带回廊建筑，内部共有七层：三个明层、三个暗层以及屋顶中的设备层。新阁的瓦件全部采用宜兴产的碧色琉璃瓦，符合唐宋建筑用色传统。正脊鸱吻为仿宋特制的，高达 3.5 米。勾头、滴水均为特制瓦当，勾头有“滕阁秋风”四字，而滴水为孤鹜图案。台座之下，有南北相通的两个瓢形人工湖，北湖上建有九曲风雨桥。楼阁云影，倒映湖中，盎然成趣。

主阁的梁枋彩画采用宋式彩画中的碾玉装为主调，辅以五彩遍装及解绿结华装。主阁一层檐下有四块横匾：正东为“瑰伟绝特”九龙匾，取自韩愈《新修滕王阁记》，被誉为“天下第一草书匾”，为唐代书法家怀素的手迹；正西为“下临无地”巨匾；南北的高低廊檐下分别为“襟江”“带湖”二匾。在“瑰伟绝特”匾之上，二檐、三檐、顶檐下依次悬有“江山入座”“东引瓯越”“滕王阁”巨匾，皆出自名家手笔。在滕王阁一层正门立柱上，还有毛泽东手书的“落霞与孤鹜齐飞，秋水共长天一色”的楹联。

图 14-2　南昌滕王阁其二

图 14-3 南昌绳金塔

2.“坐镇江城”绳金塔

绳金塔，位于南昌市西湖区绳金塔街东侧，原南昌城进贤门外，始建于唐天祐年间，是南昌现存最高的古建筑。佛塔历经战火，屡毁屡建，与滕王阁遥遥相望，共镇江城。

据明代文学家宋濂《重建绳金宝塔院碑》记载：“南昌之城南，有佛刹曰千福，相传唐天祐中，异僧惟一之所建也。当经营之初，发地得铁函，四周金绳界道，中有古剑一，设利（即舍利）三百余颗，青红间错，其光烨然。于是建宝塔，取设利藏焉，改千福为绳金塔院。”这便是绳金塔的由来。也有一说，惟一和尚掘地得到的古剑是三把，分别刻有“驱风”“镇火”“降蛟”字样，更加突出保佑一方平安的意义。

绳金塔为中国江南典型的砖木结构楼阁式塔，高 50.86 米，层数明七暗八，平面内为正方形外为八边形，通身朱栏青瓦，墨角净墙，古朴无华。塔刹为镏金铜制葫芦顶，在阳光下金光灿灿。绳金塔层层“飞檐翘角，铜铃高挂”，风铃每层为一个音阶，七层七音，明代吴国伦有诗描述道：“双树影回平野暮，百铃声彻大江寒。”

塔身每层均设有四面真门洞、四面假门洞，各层真假门洞上下相互错开，门洞的形式也不尽相同，第一层为半圆形拱门，第二、三层为如意门，第四至七层为火焰门，三种拱门形式集于一塔，这在古建筑中是不多见的。

绳金塔是南昌人的镇城之宝，其状况与南昌城安危息息相关，如豫章民谣称：“藤断葫芦剪，塔圮豫章残。”“藤”“滕”谐音，指滕王阁；“葫芦”，乃藏宝之物；“塔”，指绳金塔；“圮”，为倒塌之意；“豫章”即南昌。这首民谣的意思是，如果滕王阁和绳金塔倒塌，豫章城中的人才与宝藏都将流失，城市亦将败落，不复繁荣昌盛。乾隆五十三年（1788 年），按察使额勒春任职江西时曾铸一鼎，并置塔顶以镇火。鼎镌《绳金塔铭》，内有“水火既济，坐镇江城”一句。“既济”是《周易》中的一卦，意为水在火上，显示水已将火围住，危机灾难安然渡过。南昌是火灾频发的地区，而在古代风水学说中，南方属火，在城南建造绳金塔，则可将火镇住，南昌城便呈现“既济”之象，成为安全之地。自此，“水火既济，坐镇江城”便成为绳金塔的标签而世代相传。

在1100多年的时间里，绳金塔历经多次重修重建，现存的塔为同治七年（1868年）修建。在1987年的修复工程中，工程队于塔基下发现清代地宫，其中四角置有青花盖罐（罐内分别装有稻、粟等五谷和金、银等七宝），还有铜如意一件，铜鼎、铜鉴各一件，石函一只，内装铜钱及部分铜器残片。在塔刹部位发现袈裟一件，经书多本，玉如意一件，六朝铜印一只。所发现的器物均有一定程度的损坏，现收藏于南昌市博物馆。

千百年来，围绕着绳金塔产生了许多美丽的传说，如欧阳修登塔作诗、拖雷擒贼、朱元璋留字、乾隆微服私访绳金塔等人物传说以及掘宝建塔、塔对联姻、塔寺神医、塔结皇亲等地方风物传说，这些传说反映出人们的爱憎，寄托了人们对美好生活的向往和对幸福生活的追求。绳金塔传说在2017年11月入选江西省第五批非物质文化遗产代表性项目名录。

绳金塔下有一塔院寺，原称千佛院，又因寺在塔下，故又称塔下寺。寺内有法华殿、罗汉殿、宿觉堂等，一年四季香火不断，是历代佛教重地。它与南昌的佑民寺、普贤寺、大安寺并称为“豫章四大寺院”。

自2001年6月开始，在南昌市西湖区人民政府和市民的共同努力下，塔区被扩建成为绳金塔公园，包括一塔一寺（绳金塔、塔下寺）、一园一庙（艺林园、文庙）、一台一村（戏台、民俗村）。绳金塔庙会自2002年创办以来历年举行，是家喻户晓、极具地方代表性的盛会。每届庙会在9月至10月间举行，其间会举办数十场各具特色的文艺汇演，包括歌舞、戏曲、相声、魔术、杂技、器乐等。

3.“城南胜地”青云谱

青云谱位于南昌市区南部，原特指青云谱道院（即现八大山人纪念馆）。1958年，青云谱区成为南昌市一个行政区划，区域面积约43.2平方千米，人口约30万。史载青云谱为“南昌灌城乡”，西汉大将灌婴在此筑城，使这里成为南昌的发祥地，所以青云谱自古就有“城南胜地、人世蓬岛”之美誉。青云谱有八大山人纪念馆、朱桥梅村、铁柱万寿宫等一批人文历史景观。晋代道教净明派创始人许逊在此治水，明末八大山人朱耷在此隐居。比郑和还早75年下西洋的元代民间航海家汪大渊，二战后参与审判日本战犯的大法官梅汝璈均属青云谱人。

青云谱原是一处历史悠久的道院。西汉时南昌县尉梅福弃官隐居并在此修道成仙，造福百姓，后人为纪念其功德，建梅仙祠。东晋大兴四年（321年），许逊在梅仙祠旧址创建道院，名为净明真境，后更名为太极观。唐大和五年（831年）复建，改太极观为太乙观。北宋至和二年（1055年），敕建为天宁观。清顺治十八年（1661年），八大山人朱耷前来访求先贤遗迹，欣赏这里的山川风景，并在此隐居，重建道观，改名为青云圃。“青云”一词源自道家神话“吕纯阳驾青云来降”。清嘉庆二十年（1815年），戴均元又将“圃”改为“谱”，以示青云传谱，有牒可据，从此这里就叫作青云谱。

八大山人朱耷是朱元璋第十六子朱权的九世孙。明亡后，他抱着不屈服于清王朝的态度出家为僧。后来改信道教，他又成了道院青云圃的住持。八大山人亦僧亦道，是为了逃避清王朝对明宗室的迫害，以隐蔽和保全自己。八大山人在艺术上有独特的建树。他以水墨写意画著称，尤擅长花鸟画。清代中期的“扬州八怪”，晚期的“海派”以及现代的齐白石、张大千、潘天寿、李苦禅等巨匠，

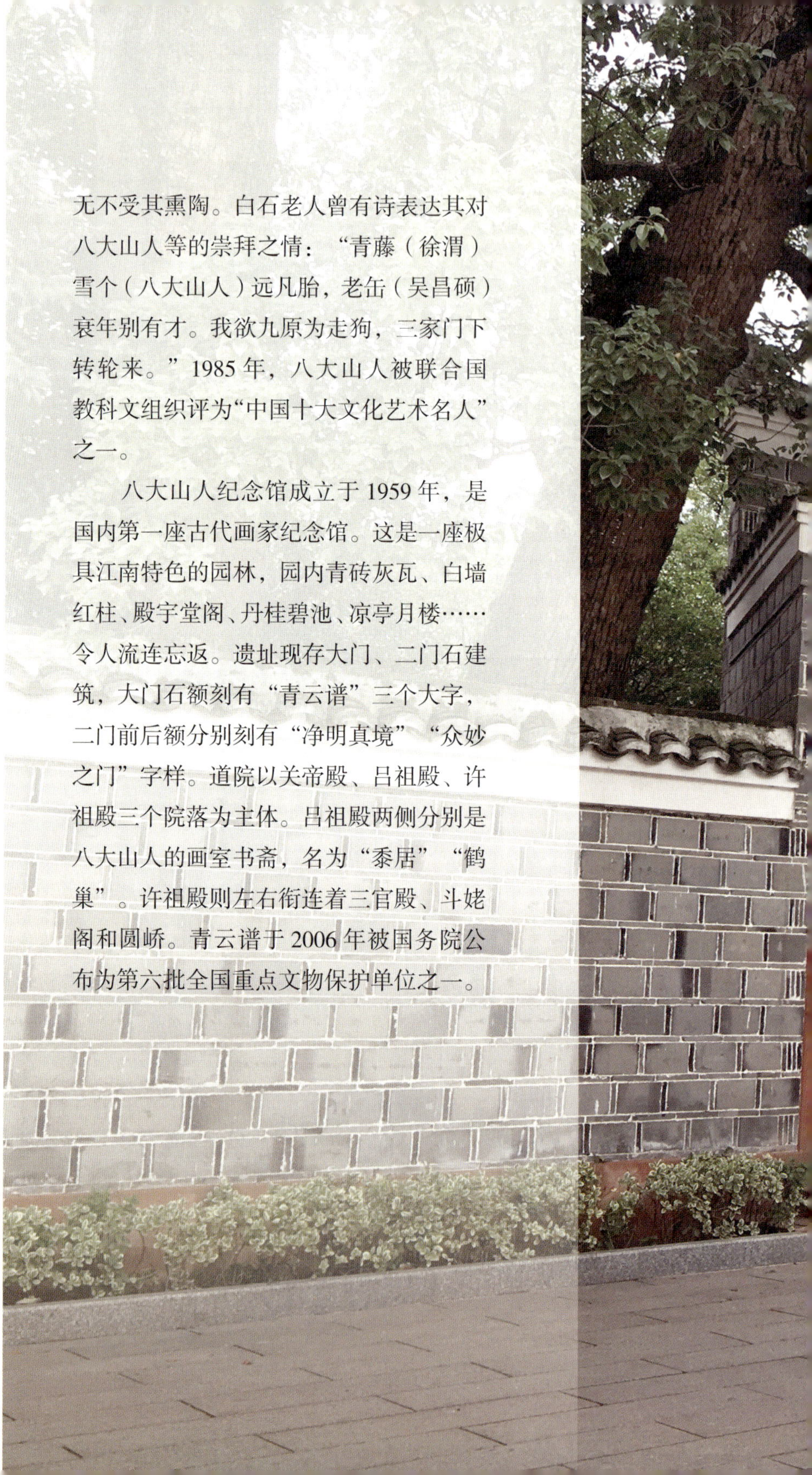

无不受其熏陶。白石老人曾有诗表达其对八大山人等的崇拜之情：“青藤（徐渭）雪个（八大山人）远凡胎，老缶（吴昌硕）衰年别有才。我欲九原为走狗，三家门下转轮来。”1985年，八大山人被联合国教科文组织评为“中国十大文化艺术名人”之一。

八大山人纪念馆成立于1959年，是国内第一座古代画家纪念馆。这是一座极具江南特色的园林，园内青砖灰瓦、白墙红柱、殿宇堂阁、丹桂碧池、凉亭月楼……令人流连忘返。遗址现存大门、二门石建筑，大门石额刻有“青云谱”三个大字，二门前后额分别刻有“净明真境”“众妙之门”字样。道院以关帝殿、吕祖殿、许祖殿三个院落为主体。吕祖殿两侧分别是八大山人的画室书斋，名为“黍居”“鹤巢”。许祖殿则左右衔连着三官殿、斗姥阁和圆峤。青云谱于2006年被国务院公布为第六批全国重点文物保护单位之一。

图 14-4　八大山人纪念馆

4."惊世价值"海昏侯墓

海昏侯墓位于南昌市新建区大塘坪乡观西村的墎墩山，总面积达4.6万平方米，这是中国目前发现的面积最大、保存最好、内涵最丰富、布局最完整、祭祀体系最完备的西汉列侯墓园，其考古历史价值、科学艺术价值和展示利用价值巨大。

图14-5 海昏侯墓发掘现场（局部）

2011年3月，墩墩山上一座古墓遭盗掘，江西省文物考古研究所闻讯后赴现场勘察，征得国家文物局同意后，对该墓葬进行抢救性发掘，确认了墓主是西汉第一代海昏侯刘贺，同时对墓园周边其他历代海昏侯墓进行了勘探。

刘贺，刘彻之孙，生年不详，5岁时袭父爵，为昌邑（今山东省巨野县一带）王，在前74年继皇帝位。班固《汉书·武五子传》记载："王受皇帝玺绶，袭尊号。即位二十七日，行淫乱。"刘贺在位27天就被废黜了，为西汉在位时间最短的皇帝。他回到山东，昌邑国的封地已经取消了，成了山阳郡。元康三年（前63年），汉宣帝封刘贺为海昏侯，掌豫章郡海昏县。神爵三年（前59年）

刘贺去世。刘贺在其短暂的人生中经历由王到皇再到侯的多重身份的转变，这在我国历史上还是第一例。

海昏侯墓园内有一座大墓，一座夫人墓，七座祔葬墓，一个车马坑，两座水井。墓园四周建有围墙，有东门和北门，门外还有阙。海昏侯墓坐北向南，平面呈“甲”字形，墓葬椁室设计严密、布局清晰，由主椁室、过道、回廊形藏椁、车马库和甬道构成。藏椁分东、西、南、北四个功能区，有钱库、粮库、乐器库、酒具库、衣笥库、武库、文书档案库、娱乐用器库、厨具库、乐车库、车马库等，一应俱全。

截至2019年2月，海昏侯墓已出土了一万余件（套）珍贵文物，再现了西汉时期高等级贵族的生活。大量工艺精湛的玉器，错金银、包金、鎏金铜器，图案精美的漆器，显示出西汉时期高超的手工业工艺水平。虫珀、琉璃席、三把玉具剑、两件青铜雁鱼灯，都是出土的稀罕之物。北藏椁钱库出土了重达十余吨的五铢钱（有二百多万枚），仍然成串保存着，保留了汉代铜钱以一千文作为一个基础单位的重要信息，证明唐宋以来以一千文为一贯的计量方式最迟源于西汉中晚期。出土文物中还包括了数以千计的竹简和近百版木牍，让多种古代文献重见天日，是中国简牍发现史上又一次重大发现。

不仅如此，海昏侯墓是在我国长江以南地区发现的唯一一座有真车马陪葬坑的墓葬，再现了西汉高等级贵族的车舆制度。出土的一座屏风上有孔子图像及其生平介绍文字，这是迄今发现的最早的孔子像。

墓葬出土的文物，在一定程度上反转了刘贺的历史形象，铜钱万斤、漆器三千、孔子屏风、竹简木牍、乐器围棋等，既表明刘贺拥有巨额财富，也说明他兴趣广泛、格调高雅，未必是如史书上所形容的不学无术、“行淫乱”之辈。

5.“栖水名胜”东湖

东湖位于南昌市区中心的八一公园旁，湖面约13公顷。湖上依次建了洪恩桥、广济桥（又名状元桥）、灵应桥，以桥为界分成东、西、南、北四湖，而东、西、南、北四个方位都是相对应特定的桥而言的。

东湖古称东太湖，《水经注》云：“东大（太）湖十里二百二十六步，北与城齐，南缘回折至南塘，本通章江，增减与江水同。”自唐代以来，多有名人学士吟诵东湖，包括李绅、杜牧、欧阳修、黄庭坚、辛弃疾、文天祥等，都曾留下过赞颂南昌东湖的诗文。

东湖之中有三座小岛，俗称三洲，即百花洲。洲上有“水木清华”馆、中山亭、百花洲亭、苏翁圃和文物广场等名迹。唐代时，洲上百花争妍，东湖水光潋滟，美不胜收。唐诗人李绅曾写诗赞道：“菱歌罢唱鹢舟回，雪鹭银鸥左右来。霞散浦边云锦截，月升湖面镜波开。鱼惊翠羽金鳞跃，莲脱红衣紫菂摧。淮口值春偏怅望，数株临水是寒梅。”宋代词人向子諲也有“百花洲老桂盛开”之句。南宋时，豫章节度使张澄在百花洲上建讲武堂，演习水军。况志宁有诗曰：“讲武亭前水四流，游蜂飞蝶满芳洲，西风战舰知何处，赢得斜晖伴白鸥。”

明代诗人曾棨的《南昌八景》诗，构成了当时的“豫章八景”：西山积翠、洪崖丹井、铁柱仙踪、南浦飞云、滕阁秋风、章江晓渡、龙沙夕照、徐亭烟柳。清代在八景的基础上又添二景（东湖夜月、苏圃春蔬），从而成为现在人们常说的“豫章十景”。十景中，东湖夜月和苏圃春蔬均为东湖胜景。

图 14-6　南昌东湖百花洲

二 英雄之城

1927 年 8 月 1 日，中国共产党领导的革命军队在南昌打响了武装反抗国民党反动派的第一枪，揭开了中国共产党独立领导武装斗争和创建革命军队的序幕。1933 年 7 月 11 日，中华苏维埃共和国临时中央政府决定将 8 月 1 日定为中国工农红军成立纪念日。1949 年 6 月 15 日，中国人民革命军事委员会发布命令，规定以“八一”两字作为中国人民解放军军旗和军徽的主要标志。八一南昌起义铸就了包括“听党指挥，敢为人先，百折不挠，为民奋斗”等内涵的八一精神。南昌因而拥有“英雄城”的称号。

南昌起义的目的是反抗国民党反动派的屠杀政策，唤醒广大中国人民，表明中国共产党要把中国革命进行到底的坚定立场。1927 年 7 月 12 日，根据共产国际执行委员会的指示，中共中央进行了改组，成立了临时中央政治局常委会。临时中央政治局常委会根据当时的形势，作出了在江西南昌举行武装起义的决定。8 月 1 日凌晨 2 时，在周恩来、贺龙、叶挺、朱德、

图 14-7 八一起义纪念塔

刘伯承等人的领导下，南昌起义开始，起义总指挥部设在江西大旅社。起义部队沿用“国民革命军第二方面军”的番号，由贺龙任总指挥，叶挺任前敌总指挥，刘伯承任参谋长。经过激战，南昌守敌几乎被全歼，起义部队占领了南昌城。

南昌起义后，汪精卫命令张发奎、朱培德向南昌进攻。8 月 3 日起，起义部队按照中共中央先前的决定分批撤离南昌。但是起义没有注意与当地农民运动相结合，到 9 月下旬，起义部队在广州潮汕地区遭强敌围攻，起义宣告失败。保存下来的起义部队一部分在朱德、陈毅等率领下转战粤赣湘边区，后与毛泽东领导的秋收起义部队在井冈山胜利会师，另一部分转入海陆丰地区继续斗争。

南昌起义虽然失败了，但其对中国革命全局性的影响却是深刻的。毛泽东在 1930 年 1 月 5 日给林彪的信中称，1927 年革命失败以后，革命的主观力量确实大为削弱了，但是“星星之火，可以燎原”，现在虽只有一点小小的力量，它的发展会是很快的。南昌起义以及之后的秋收起义、广州起义等百余次大小起义，都是燎原前的点点星火，是革命成功的种子。

1938 年，在国共合作的时代背景下，新四军军部坐镇南昌，集结改编南方红军游击队，使得红军游击队顺利奔赴抗日前线。

1. 八一起义纪念馆

八一起义纪念馆位于南昌市西湖区中山路 380 号，因其建馆时间早于国家军事博物馆，故素有“中国军史第一馆”的美誉。八一起义纪念馆是 1956 年江西省人民政府为纪念南昌八一起义而建立的，馆址就设在当时的起义总指挥部旧址江西大旅社上。1959 年国庆，八一起义纪念馆正式对外开放。1961 年，八一起义纪念馆被国务院公布为首批全国重点文物保护单位之一。1997 年，时任中共中央总书记的江泽民为纪念馆题词“军旗升起的地方”。2005 至 2007 年，纪念馆实施改扩建工程，同时全面维修旧址大楼，恢复当年江西大旅社的原貌。2017 年，就在纪念建军 90 周年之际，纪念馆外部环境优化和展览提升项目皆已完成。

图14-8 南昌八一起义纪念馆

南昌八一起义纪念馆基本陈列陈展面积达4492平方米，展出各类图片、图表共509幅，文物展品407件（套），艺术品51件，大型景观及多媒体展示8组。展览空间分为两层，一层为主要展览区域，二层主要为专题展区和多媒体互动展区。整个展览共分6个部分、21个展示单元，通过展示南昌起义爆发的背景、酝酿和决策、起义战斗、起义军南征广东和转战上井冈山等历程，全面生动地展现了南昌起义打响武装反抗国民党反动派的第一枪，中国共产党开始独立领导革命战争，创建人民军队和武装夺取政权的光辉历史，深刻揭示人民军队听党指挥能打胜仗作风优良的伟大精神力量。

2. 贺龙指挥部旧址

贺龙指挥部旧址坐落于南昌市子固路165号，原先是南昌中华圣公会的宏道堂，是一座中西合璧的建筑。1927年7月下旬，时任国民革命军第二十军军长的贺龙率国民革命军第二十军开赴南昌，圣公会的宏道堂就是当时的军指挥部。

图 14-9　贺龙指挥部旧址大门

图 14-10　贺龙指挥部旧址——宏道堂

南昌起义的领导人如贺龙、刘伯承、周逸群等，就在后排的小楼办公，主楼一楼礼堂和二楼礼拜堂则作为军部临时办公用地。8 月 1 日凌晨 2 时，起义爆发，贺龙、刘伯承在圣公会院内小楼的台阶上指挥起义部队攻打一街之隔的敌军总指挥部。经过三个小时的激战，起义军取得胜利。大楼前三楼窗口仍留有当年敌方炮弹的弹痕，为起义时激战的实证。

旧址有贺龙等起义领导人当年的卧室、军官会议室等的复原陈列，大楼大厅还设有《贺龙元帅生平展》《铁心跟党走——南昌起义时的贺龙》，用大量的实物、图片展示了贺龙元帅光辉战斗的一生。

3. 军官教育团旧址

军官教育团旧址位于南昌市八一大道 58 号，原是清末时训练清军的场所，后改为江西陆军讲武堂。1927 年春，朱德在这里创办军官教育团并任团长。军官教育团全称“国民革命军第三军军官教育团”，名义上隶属第三军，实际上受中国共产党的领导，是革命活动的一个基地和堡垒。朱德在这里实施革命的军事政治教育，发展党的组织，扶植和指导南昌及其周围几个县的工农运动。南昌起义时，军官教育团培养的 1500 名学员中的部分成员跟随朱德参加了起义。在军官教育团创办期间，郭沫若、方志敏、邵式平等革命者都曾经应邀来此讲课。1954 年，朱德曾来到南昌，重游旧址，并在当年使用过的办公桌上挥毫写下“发扬革命优良传统，努力学习马克思列宁主义，把我国建设成为一个伟大的社会主义国家”的题词。

旧址院内全是砖木结构的一层平房，房屋平面大致呈“匡”字布局。各排房屋均有相连雨廊，房屋前后也都有走廊。旧址在抗日战争期间曾大部分被毁，新中国成立后几经修缮，基本保持了原貌。旧址建筑坐北朝南，包括朱德的办公室、陈奇涵的办公室、教育团会议室、教职员办公室、学员教室、宿舍、阅览室以及传达班和通讯班的住房。旧址设有《朱德同志生平展》《江西武备学堂历史展》《朱德军官教育团革命活动展》展览，介绍了朱德创办的军官教育团在南昌和江西省其他地区开展的革命活动，特别是组织领导南昌起义的情况。

4. 朱德南昌旧居

朱德南昌旧居坐落于南昌市花园角 2 号，位于江西宾馆侧门斜对面，靠近军官教育团旧址。这是一所典型的江南民居，建于 1920 年，是砖木结构两层楼房。旧居坐西朝东，为穿斗式木梁架、硬山顶、小青瓦屋面，四周为清水青砖围护墙，分左右两部分，中间以砖墙分隔，前天井之间有小门相通。

1927 年 1 月，朱德被任命为国民革命军第三军军官教育团团长，这里便成为他的寓所。1927 年 7 月下旬，周恩来为领导南昌起义从武汉赶到南昌，第一晚就住在这幢房屋的厅堂内。旧居的一楼北侧是朱德的卧室，南、北前房及正房是警卫员的住房。二楼北侧是郭沫若的住房，他曾在此写下《请看今日之蒋介石》。现已按原貌恢复了朱德卧室及周恩来住过的厅堂。旧址开设《红土地上的朱德》展览，以图文的形式展现了朱德同志绚丽多彩、艰苦奋斗的一生以及与江西这片红土地结下的深厚感情。

5. 叶挺指挥部旧址

叶挺指挥部旧址位于南昌市苏圃路 1 号南昌二中校园内，是一座砖木结构的“工”字形二层楼房，原是南昌心远中学校舍的一部分。1927 年 7 月底，叶挺率领国民革命军第十一军第二十四师开赴南昌后就将指挥部设在了心远中学的校园内。7 月 30 日下午，叶挺在这里的二楼会议室召开了全师营以上及师直机关的军官会议，传达南昌起义的决定并布置了战斗任务。南昌起义打响后，叶挺指挥第二十四师主攻驻守在天主教堂、贡院、新营房一带的三个团的敌军。起义军所向披靡，连战连捷，显示了“铁军”的神威。起义胜利后，叶挺兼代方面军前敌总指挥兼第十一军军长，这个指挥部也就成了整编后的第十一军指挥部。

旧址坐北朝南，楼上设办公室、会议室和电话总机房，楼下驻警卫部队，旧址屋内布置着当年的指挥部用品，沙发、桌子、椅子等。新中国成立后，心远中学易名为南昌第二中学。为了纪念叶挺和“铁军”在南昌起义中的不朽功绩，人民政府修缮了这栋“工”

字楼，使其基本上保持了原貌。旧址于 1997 年 8 月正式对外开放。

6. 南昌新四军军部旧址

南昌新四军军部旧址坐落于南昌市西湖区象山南路 119 号，建于 1915 年，原为北洋军阀张勋的公馆。旧址内有仿西洋式和中国古建筑相结合的两栋两层楼房和一栋平房。旧址曾于 1926 年作为江西省政府主席朱培德的临时公馆，于 1927 年作为国民革命军第三军军长王钧的住宅。南昌起义时，这里是起义军战斗的地点之一。

南昌新四军军部旧址是新四军历史上第一个正规军部的所在地，是南方八省红军、游击队的改编中心，是新四军的诞生地。

1938 年 1 月 6 日，新四军军部进驻南昌的张勋公馆，正式对外办公，机构逐步健全充实，军领导人相继任命，部队编组和集中等各项工作全面展开。中央军委新四军分会、中共中央东南分局和新四军军部在南昌直接指挥南方八省红军、游击队下山改编并集中开赴抗日前线，南昌一时成为抗战初期东南地区抗日救亡运动的中心，被誉为“南方的延安”。同年 4 月 4 日，在完成了改编南方八省红军、游击队为新四军，指挥调遣各部队开赴皖南集结的任务后，中共中央东南分局和新四军驻赣办事处继续驻在张勋公馆坚持斗争，直到 1939 年 3 月 27 日南昌沦陷前夕才撤离。

目前，南昌新四军军部旧址由旧址保护区、陈列展示区、纪念广场区三大部分组成。旧址保护区主要是复原并陈列军部机关办公室和叶挺、项英、曾山、黄道、张云逸、周子昆、邓子恢等领导的办公室及卧室；陈列展示区开设《铁的新四军》展览，纪念新四军组建、发展和浴血抗战的光辉历程；纪念广场区安放了新四军早期领导人叶挺、项英、陈毅等的半身雕像。

三 模范南昌

南昌在南京国民政府时期有着特殊的地位。1926 年蒋介石率领北伐军攻克南昌后，撤豫章道，设南昌市，由江西省直辖。1927 年，南昌起义爆发。1928 年 10 月，蒋介石亲临南昌，指挥“剿匪”事宜，设立南昌国民政府（1928—1939 年）。南昌成为当时军政权中心，被称为南京以外的“第二首都”。

1. 十大乡贤路

1926 年南昌开始设市。翌年，始拆护城墙，修筑道路，辟环城马路，以乡贤之名分段命名，以体现历史古城人杰地灵；又将市区内几条主次干道同样以乡贤之名命名，共计十大乡贤路。这些路名沿用至今，成为南昌城区的交通要道。

孺子路，原护城墙的顺化门段，东起八一大道西至抚河北路，全长 1786 米，以东汉隐士，时称“南州高士”的南昌人徐稚（97—168 年，字孺子）的字命名。

渊明路，此路北起中山路，南与象山南路衔接，全长 496 米，以江西柴桑（今九江市）人，东晋著名文学家、诗人陶渊明（365—427 年）之名命名。

永叔路，原护城墙的进贤门段，在环城路的南段，东起八一大道，西至象山南路，全长 861 米，以北宋史学家、文学家，江西吉州永丰（今吉安市永丰县）人欧阳修（1007—1072 年，字永叔，号醉翁、六一居士）的字命名。

子固路，原护城墙章江门附近，今南起中山路，北至叠山路，全长 820 米，以江西南丰人，北宋文学家曾巩（1019—1083 年，字子固）的字命名。

安石路，原护城墙进贤门、顺化门、永和门段。今八一大道的前身，北起永和门（今叠山路口），南至永叔路（今长途汽车站），长约 1900 米，以江西临川人，北宋政治家、文学家王安石（1021—1086 年）之名命名。1951 年至 1956 年，安石路经大规模改造扩建，自老福山起至青山路止，全长 2964 米，改称为八一大道。

象山路，分象山南路和象山北路两段。自福思路（今市第三医院）至中山路（瓦子角处）为象山南路；中山路（戌子牌街）起至阳明路（东大街）止为象山北路。以江西金溪人，南宋哲学家、教育家陆九渊（1139—1193 年，世称象山先生）的名号命名。为了改善南昌城内的交通现状，自 2019 年起，象山路及叠山路进行优化升级改造。

叠山路，原护城墙的永和门段，东起八一大道，西至沿江北路，全长 2174 米，以江西弋阳人，南宋爱国诗人谢枋得（1226—1289 年，号叠山）的名号命名。

阳明路，原护城墙的德胜门附近，东起八一大道与青山路交会处，西接八一大桥，全长 1822 米，以明代哲学家、教育家王阳明（1472—1529 年，又名王守仁）之名命名。

船山路，原护城墙的惠民门、广润门段，起自象山南路，向西北弯曲延伸至中山路，全长 1761 米，以明末清初的思想家王夫之（1619—1692 年，世称船山先生）的名号命名。

榕门路，原护城墙的章江门段，起自中山路，直到江边与阳明路衔接处，以清乾隆年间东阁大学士陈宏谋（1696—1771 年，号榕门）的名号命名。

2. 民国三大建筑

20 世纪二三十年代所建的江西大旅社、省立图书馆（南昌行营旧址）、南昌交通大厦并称为“南昌三大标志性建筑”。

现为八一起义纪念馆的江西大旅社，是当时南昌规模最大的高层建筑，也是南昌目前保存最完好的民国时期著名建筑，如今是

国家重点文物保护单位。整栋大楼是一座中西合璧式的砖泥建筑，大楼坐南朝北，平面呈回字形，外观呈银灰色，采用水泥浮雕作为装饰，改传统的坡屋面为平台屋面，室内为明清传统样式。主体建筑共四层，有近百间客房。平台屋顶的中央有两层小楼和一根旗杆。

坐落于南昌市中山路百花洲东湖之滨的江西省立图书馆，三面环水，毗邻八一公园，建成于 1930 年。省立图书馆共有四栋楼，前楼为阅览室和办公室，中楼为书库，东楼为儿童阅览室，西楼为民众补习学校教室。1930 年 11 月，蒋介石将政治、军事中心设于此处，这里成为“国民政府陆海空军总司令南昌行营”（简称南昌行营）。1935 年初，南昌行营被国民党中央军事委员会撤销。同年 10 月，新馆舍归还江西省立图书馆。1955 年，江西省立图书馆更名为江西省图书馆，于 1995 年搬迁至洪都北大道新馆。2006 年，省立图书馆旧址被评为江西省文物保护单位。

南昌交通大厦，建于 1935 年，坐落于赣江边不远的民德路与胜利路交界处，楼高两层，建筑布局为马蹄形，楼体为当时南昌建筑中罕见的钢筋混凝土结构。1936 年 10 月，南昌交通大厦正式启用，江西邮政管理局迁入使用，大厦的三分之二用于邮政业务，三分之一用于电信业务。大厦在抗战期间遭日军轰炸却屹立不倒，1969 年更名为南昌邮政大楼。2006 年，南昌邮政大楼被评为南昌市文物保护单位。

第十五章
黄帝桥山，革命圣地
——延安

延安地处黄河几字形河套以南，黄土高原腹心地带，北临大漠，南接关中，西与甘肃陇东毗连，东与山西隔黄河相望。这一地区既是中原农业文明与草原游牧文明的交融之地，也是周秦汉唐时期关中政治中心的北部屏障。按历史地理环境研究所揭示，在新石器时代，这里自然条件优越，但至汉唐以后，这里已经变得气候干旱、缺水少雨，自然条件恶劣。就是在这种艰苦的条件下，许多重大历史事件在此发端，进而改写历史、创造历史。其中中国共产党领导人民革命进而建立中华人民共和国，无疑是现代中国开天辟地的大事。

艰难困苦，玉汝于成。从 1935 年到 1948 年，延安一直是中共中央所在地和陕甘宁边区政府的首府，是中国革命的指挥中心和总后方，被称为革命圣地。延安承

载着中华民族优秀传统文化和革命文化，早在1982年就成为首批国家历史文化名城之一。截至2018年7月，延安市已有各类历史文化遗迹9262处，革命遗址445处，其中以黄帝陵、延安宝塔、凤凰山革命旧址、杨家岭革命旧址、枣园革命旧址、王家坪革命旧址、八路军总司令部旧址、陕甘宁边区政府旧址、鲁迅艺术文学院（中共六届六中全会）旧址、南泥湾、清凉山新闻出版部门旧址等最为出名。

延安革命旧址于1961年被国务院公布为第一批全国重点文物保护单位之一，于2006年被列入中央启动的全国爱国主义教育示范基地“一号工程”延安建设项目，得到了全面的保护性维修。

一 “黄龙人”发端，黄帝部壮大

1. “龙的传人”

1975年，在延安城东南黄龙县发现了“黄龙人”头盖骨，这表明早在3.5万年至5万年前，“黄龙人”就在这一带繁衍生息。这一发现，为研究亚洲早期智人向晚期智人过渡提供了新的科学线索和实物证据。

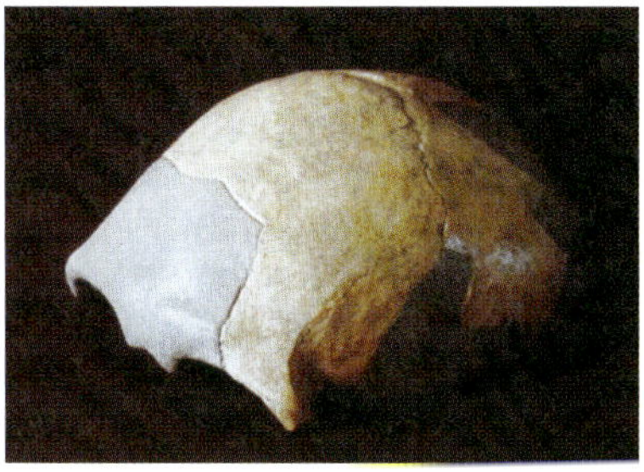

图15-1 “黄龙人”头盖骨

距今五六千年以前，黄帝部落在黄土高原不断发展壮大，留下了丰富的文化遗迹。第三次全国文物普查显示，延安地区旧石器、新石器文物点多达1588处，是中华文明的曙光。延安目前共收藏较为完整的史前文物567件，其中有为数不少的仰韶文化、龙山文化陶器及精美的玉器，这对研究黄帝文化和华夏文明的起源具有十分重要的价值。

在延安市境内黄河沿岸已发现多处旧石器晚期遗存，其中黄龙杨家坟山遗址和宜川龙王辿遗址出土石器2万余件。龙王辿遗址距今2万年至1.5万年，遗址中有大量石制品、动物骨骼化石及20多处用火遗迹，其中的磨制石铲是我国旧石器时代考古工作的一项重大收获。该遗址的发现与发掘，为揭示黄土高原东南部边缘地带细石器文化谱系，更新世末期黄河中游地区人类的生业形态、自然环境变迁及它们之间的互动演进关系提供了科学、准确的资料，有助于深入系统地研究中国北方旱地农业起源、黄河中游地区旧石器时代向新石器时代过渡等重大学术课题。

延安全市于2017年统计在册的有石斧、石铲、石刀、石锄、石矛、石犁等石器209件。延安市发现仰韶文化遗址545处，其中面积超过100万平方米的特大型遗址有4处，即富县交道遗址、洛川凤北遗址、洛川坬盘遗址、洛川新店遗址。新石器文化遗址分布之密集，在全国也是少有的，这充分说明了延安地区是中华文明的重要发祥地之一。

延安市收藏石器时代的陶器共182件，包括生活生产用器和宗教用器。延安境内有新石器时代文化遗址1558处，几乎占陕西省同类遗址的四分之一。目前延安收藏这一时期的玉器类文物有45件，包括玉璧、玉琮、玉钺、玉刀、玉笄、玉瑗、玉斧、玉铲、玉璜及异形器等。这些精美的玉器大多发现于延安境内的芦山峁、树坬等新石器遗址中，是当时社会阶层分化与私有财产盛行的物化表现。

大量史前遗址的发现，特别是龙山文化时期规模较大遗址（城址）的密集分布和石器、陶器、玉器的出土，反映了延安地区极可能是黄帝部落文化发源、成长、进步的重要地区。芦山峁遗址出土的玉琮，其材质、形制、纹饰均与长江下游的良渚文化同类玉器相似，这似乎显示出当时不同区域文化交流的信息。

2. 桥山黄帝陵

司马迁《史记·五帝本纪》：“黄帝崩，葬桥山。”说明陕北高原是黄帝部落在迁徙发展过程中的根据地，是黄帝部落联盟的发祥地之一。黄帝部落以此为根据地，北逐猃狁，沿黄河向东发展，融合炎帝、蚩尤等部族，活动范围由陕北高原逐渐扩展到今河南、河北、山西、山东等地域，从而奠定了中华民族的根基，谱写了中华文明的辉煌篇章。

桥山黄帝陵位于延安市黄陵县城北1千米的桥山，是国务院首批公布的古墓葬类中的第一号，号称“天下第一陵”。陵区三面环山，沮水环绕，形如八卦。桥山总面积5800亩，有古柏数万株，其中千年以上古柏3万多株，包括“黄帝手植柏”“汉武帝挂甲柏”等。黄帝陵卧于这片全国最大的古柏群中，成为黄土高原上一座四季常青、风景独特的山陵。此后历代帝王陵墓都以“山陵”为最崇高的尊称。陵庙内碑廊中陈列的石碑多为历代帝王“御制祝文”刻石，是我们中华民族绵绵无尽、中华文化代代相传的明证。炎帝、黄帝，是我们中华民族共同的祖先。

图15-2 古轩辕黄帝桥陵碑老照片

二 边陲之郡，五路襟喉

约在公元前 13 世纪，延安属独立方国“鬼方”之域。商王武丁曾发动大规模讨伐鬼方的战争。《周易·既济》中的“高宗伐鬼方，三年克之”，是迄今所知关于延安地区最早的文字记载。秦昭王时期，秦在延安一带置高奴县，县治在今延安城东尹家沟。这是延安筑城之始，其城垣至今犹有遗存。

秦统一六国后，大将蒙恬统兵三十万北击匈奴，后又监修长城和秦直道。汉武帝时的大量移民和屯戍，使陕北等地农业经济空前发展，此地被誉为“新秦中”（意为富庶如关中）。秦汉时，延安属上郡（郡治肤施，今榆林市南）。东汉建宁元年（168 年）虞诩在《请复三郡疏》中称此地“水草丰美，土宜产牧，牛马衔尾，群羊塞道”。西魏时置延州总管府。隋开皇年间，废府置延安郡。唐武德元年（618 年）复改延安郡为延州总管府。宋代，延州属永兴军路。这一时期，宋与西夏战事频繁，宋代名臣庞籍、范雍、韩琦、范仲淹等在此御敌。宋代地理著作《太平寰宇记》称之为“边陲之郡”“五路襟喉”，其战略地位至关重要。宋元祐四年（1089 年），升延州为延安府。金置彰武军总管府，元置延安路，明改设延安府。明末陕北农民爆发大起义，高迎祥、李自成、张献忠等农民起义军领袖纵横延安南北。清袭明制。清末状元出身的陕西巡抚曹鸿勋，在延安东郊开办延长石油官厂，打出中国陆地上第一口油井，使延安又成为中国近代石化工业的摇篮。

三 延长石油官厂，近代石化摇篮

延安府延长地下有石油，早为世人所知。北宋沈括《梦溪笔谈·杂志一》："鄜（州）、延（州）境内有石油，旧说'高奴县出脂水'，即此也。"因为"石油至多，生于地中无穷，不若松木有时而竭"，所以他预言"此物后必大行于世"。鉴于帝国主义列强已将延长县石油列为掠夺对象，曹鸿勋于光绪三十一年（1905 年）接任陕西巡抚后，开始着手兴办延长油矿。经过实地考察，他认为开办延长油矿的条件已经成熟，立即奏请光绪皇帝要求试办延长油矿。他上奏称："经督臣升允抚陕时，与德商力争，定归陕省自办，因矿师难得，考验未真，是以久未举办。臣到任后，体查情形，非即时开办，无以振陕人因循之习，并无以绝外人觊觎之心，前已派员携带油质赴汉口，遴聘日本矿师阿部正治郎来秦考验。今据验得该处油质甚佳，来源亦旺，所炼之油，经臣亲验，湛清洁白，燃之异常光明，该矿师谓其胜于东洋，能敌美产，信非虚言。并查得延长附近一带，产油之地积多，如肤施、延川、宜君等县，与延长连山接脉，油质如出一源，将来延油办成，自可渐次推广，利源所在，莫大于斯。"清廷览奏，立即下旨允准，延长石油官厂随之成立。曹鸿勋以矿政局数万之资，任命延长县候补知县洪寅为总办，并请阿部正治郎回日本购买机器，聘请技师。

光绪三十三年（1907 年）四月，技师在延长县西门外主要油苗露头处定一井位，首钻第一口油井，八月完成，于 68.89 米见油，81 米完井，这就是被后世称为"中国陆上第一口油井"的延一井。它的出油填补了近代中国民族机器工业的一项空白，亦标志着陕北

的近代化起步。自成井之后连续十年，延一井的产油量保持在日产1250公斤的水平上。

延长油矿采取股份制和官督商办的运营模式。随着延一井出油日丰，成效渐著，曹鸿勋集思广益，召集各司道建言献策，最后决定由藩司拨银20万两为官股，另派候补道郑思贤赴上海招商股20万，共40万两白银作为资金。官督商办既能保证国家主导，又能广集资本，还能杜绝贪污浪费。曹鸿勋指出：“盖办矿一事，同于经商，利益之厚薄恒视母财为准，若连开数井，其资本皆仰给于公家，不惟库款无此余力，且恐经理偶不得人，本利俱落于中饱，盖同此一事，一经官办，则利必减等。”所以他认为“保护利权，非官不可，经营利益，非商不可。今既由官创办，示效于人，必再集合商力以承其后，而后资厚力专，方能为百年经久之计”。其中“保护利权，非官不可，经营利益，非商不可”“资厚力专，方能为百年经久之计”都是当时非常超前的企业经营管理理念。

在开办延长石油官厂的过程中，曹鸿勋深感专业技术人才的重要性。他指出：“至若厂中诸业开办之初，原不得不借才异地，然使常常假手外人，不特要索挟执，诸多不便，且恐垂涎者日阚其旁，将酿为利源之大蠹。”故而他主张派人出国留学，“于省城高等师范两学堂内，选化学较通之学生若干名，先令在厂实验，习此专门，俾其学成回国皆能膺矿师之任”。据现有资料可知，在曹鸿勋的主张被采用后，清廷于光绪三十四年（1908年）派遣练习生吴源沣、杨宜鸿、舒承熙三人并自费练习生由天章一人赴日学习石油科学，这在中国石油工业史上还是第一次。他们于1908年赶赴日本，在日本越后油厂留学两年左右，先后学成归国，成为中国第一批石油工业方面的科技人才。

四　几回回梦里回延安，双手搂定宝塔山

1926 年初，李象九、谢子长等创建中共宜川军队第一、第二特别支部；春夏之际，陕西省立第四中学（延安）建立中共延安特别支部，这是延安最早的中共地方组织。20 世纪 30 年代，刘志丹、谢子长等在延安境内开展武装斗争，创建陕甘边和陕北两个革命根据地。习仲勋于 1933 年 3 月起任陕甘边游击队总指挥部政委、中共陕甘边特委军委书记、陕甘边革命委员会副主席，参与创建了以照金为中心的陕甘边革命根据地，之后参与创建以南梁为中心的陕甘边革命根据地。党中央和红一方面军于 1935 年 10 月 19 日抵达吴起镇，11 月下旬，取得了直罗镇战役的胜利。1937 年 1 月 13 日，毛泽东等中央领导进驻延安。9 月 6 日，陕甘宁边区成立；10 月，延安市政府成立，直隶于边区政府。中国革命在延安翻开了新篇章！如今，提起革命圣地延安，人们首先会想到宝塔山。在延安成长起来的诗人贺敬之在《回延安》中咏道："几回回梦里回延安，双手搂定宝塔山。千声万声呼唤你——母亲延安就在这里！"

宝塔山位于延安市中心，是延安的标志和象征。它占地面积 36 万平方米，海拔 1135.5 米，为周围群山之冠。宝塔山集人文景观和自然景观为一体，融历史文物和革命遗址为一身。宝塔山上的宝塔叫岭山寺塔，是全国重点文物保护单位，塔高 44 米，塔基周长 36.8 米，为八角九级楼阁式砖塔。该塔始建于唐代宗大历年间，现存建筑为宋代重建，在明代又进行了维修。宝塔内辟有南北两座塔门，北门内有阶梯，可登临塔顶。中共中央进驻延安后，这座古塔就成为革命圣地的标志和象征。塔旁有一口明代铸造的铁钟，中共中央在延安时，曾用它来报时和报警。此外，山上还有历代摩崖石刻、范公井、烽火台、摘星楼、嘉岭书院、古城墙和日本工农学校等景观。

五 集合着一群中华民族优秀的子孙

延安，单论留存历史文物，已经是中华传统文化的宝库。更了不起的是，在抗战和解放战争年代，这里聚集着一大批时代精英，他们以此为根据地，并从这里出发，走向战场，投身前线。抗日军政大学校歌中有一句“黄河之滨，集合着一群中华民族优秀的子孙”，用来概括当时整个延安也恰如其分。

1. 中央第一驻地凤凰山

凤凰山是延安四大名山之一，因“叶生吹箫引凤”的传说而得名。此山最高处海拔 1132 米，是延安城的主要依托，所以历代城防工事都修筑在山的东坡及山畔上，为守城屯兵扎寨之地。山上古遗址有镇西楼、凤凰阁、文昌阁、六郎寨、狄青寨及传说为北宋年间杨六郎（杨延昭）调兵遣将所挖筑的转兵洞。

位于凤凰山脚下的凤凰山革命旧址是中共中央机关从 1937 年 1 月至 1938 年 11 月到延安后的第一个驻地。现在开放供参观的有毛泽东、朱德、周恩来的旧居和中国工农红军总参谋部旧址，中共中央机要处旧址等，共计石窑洞 12 孔、平房 55 间和石凿防空洞 1 处。

1937 年 1 月 13 日，毛泽东由保安县（今志丹县）移住延安后，始住二道街罗家院，不久移住李家窑，4 月后又移住到吴家窑院，院内又分内外两个小院，毛泽东居住在内院。在此居住期间，毛泽东撰写了《实践论》《矛盾论》《论持久战》《中国共产党在民族战争中的地位》《战争和战略问题》等 16 篇著作。这里见证了毛泽东思想的不断丰富和发展。毛泽东还在此先后会见了史沫特莱和白求恩等国际友人。中共中央在此期间筹备并召开了党的全国代表会议、洛川会议和六届六中全会等许多重要会议，实现了国共第二次合作，为全党从土地革命战争向抗日民族战争的战略转变做了准备。

中华人民共和国成立后，凤凰山革命旧址经过多次保护维修，于 1959 年正式对外开放。

2. 中央第二驻地杨家岭

杨家岭革命旧址位于延安城西北约 3 千米处，是中共中央机关于 1938 年 11 月至 1947 年 3 月的驻地。杨家岭原名五家坡，只住杨姓、武姓、郑姓等五户人家。到明朝时，杨家出了位大官，在他死后，皇帝下令在山前为这位大官建造陵园，村名也改为杨家陵。中共中央机关迁来后，改陵为岭。1938 年 11 月 20 日，日本侵略者空袭延安城，中共中央机关当晚由城内凤凰山麓迁驻这里。1947 年 3 月，胡宗南军队进犯延安时，中央机关又由杨家岭撤离，此后转战陕北。

杨家岭革命旧址整体坐东向西，占地面积 2 万平方米。旧址依杨家岭路分为南北两部分。南边是中共七大会址——中央大礼堂。

图 15-3　杨家岭革命旧址毛泽东旧居

图 15-4　杨家岭中共七大旧址内景

大礼堂是由基督教堂改建而成的，整体灰黄的砖墙配上蓝色的窗格，显得质朴又庄严。北边是毛泽东、朱德、周恩来、刘少奇等人的故居。中共中央在延安期间，总计有毛泽东、朱德、刘少奇、周恩来、任弼时、张闻天、王稼祥、彭德怀、陈云、李富春、杨尚昆、邓小平、王若飞、董必武、凯丰、王首道等近 20 位领导人在此居住。毛泽东在此居住期间，先后撰写了《五四运动》《青年运动的方向》《中国革命和中国共产党》《新民主主义论》《改造我们的学习》《整顿党的作风》《在延安文艺座谈会上的讲话》等 40 多篇重要著作。1946 年 8 月，毛泽东在他住的窑洞前的小石桌旁会见美国记者安娜·路易斯·斯特朗，针对当时流行的“恐美病”，提出“一切反动派都是纸老虎”的著名论断。

中共中央在这里先后召开了延安文艺座谈会、六届七中全会和中共七大，推选了毛泽东为中央政治局主席、中央书记处主席；开展了全党整风运动，实行了精兵简政，发动了大生产运动，挫败了国民党顽固派发动的三次反共高潮，取得了抗日战争的最后胜利；等等。1947 年胡宗南轰炸延安城，这里的许多建筑遭到破坏。

全国解放后此地得到陆续修复，直到 1959 年正式对外开放。

3. 延安的中南海——枣园

枣园革命旧址位于延安城西北 8 千米处。1943 年 10 月，中共中央书记处由杨家岭迁驻此处办公，直至 1947 年 3 月离开。因为枣园是以毛泽东为首的中共中央书记处成员在抗日战争后期和解放战争前期的所在地，所以这里被人们亲切地称为“延安的中南海”。中央书记处在枣园期间筹备党在新民主主义时期具有里程碑意义的中共七大；作出了赴重庆与蒋介石进行谈判的重要战略决策，从而掌握了党和人民军队在两种命运、两个前途的决战中的主动权；领导全党全军和解放区人民，以人民解放战争的方式粉碎了国民党军队向解放区发动的全面进攻，开辟了国民党统治区爱国民主运动的第二条战线，加速了国民党统治的崩溃。

由于中共中央书记处在枣园筹备七大会议，许多问题需要毛泽东处理，而杨家岭与枣园相距较远，为节约时间，毛泽东随中共中央书记处搬进了枣园。毛泽东在枣园居住期间，正值中国抗日民族战争向全国解放战争的历史转折时期，他以极大的精力去研究中国的军事学、战争学，用哲学思维深刻分析总结了中国革命战争的特点、中国革命战争的战略战术、中国革命根据地、中日双方进行

图 15-5 枣园革命旧址毛泽东旧居

战争的国情、国共两党军事史等重大问题，撰写了《抗日战争胜利后的时局和我们的方针》《对日寇的最后一战》等著作，为抗日战争的胜利奠定了理论基础。

旧址占地约 54 万平方米，主要景点有毛泽东、周恩来、朱德、刘少奇、任弼时、张闻天、彭德怀等领导人的旧居及中共中央书记处礼堂和中央机要局旧址、中央办公厅行政处旧址、枣园作战室旧址。园内各种树木上千株，春华夏荫、秋实冬银，风景秀丽，是全国 4A 级旅游景点。

4. 中央军委驻地王家坪

王家坪革命旧址位于延安城西北约 4 千米处，占地 4 万平方米，隔延河与延安城相望。1937 年 1 月至 1947 年 3 月，这里是中共中央革命军事委员会和国民革命军第八路军总司令部（后改为中国人民解放军总司令部）的所在地，也是毛泽东、朱德、彭德怀、叶剑英、王稼祥等领导同志居住过的地方。

王家坪革命旧址分为南北两院，南院为政治部，北院为司令

图 15-6　王家坪革命旧址毛泽东旧居

部。南院主要有毛泽东、周恩来、王稼祥等中央领导的旧居及这里最大的建筑——中央军委礼堂。这座于1943年建成的土木石结构的礼堂可容纳200多人。1943年12月，为交流大生产运动的经验，八路军总部在这里举行欢迎劳动英雄大会。1945年8月，日本侵略者宣布无条件投降，十四年抗战胜利结束，军委和总部在此举行庆祝抗战胜利大会。北院分为前后两院，前院有军委会议室和彭德怀旧居，后院为朱德、叶剑英的旧居及军委参谋部和后勤部旧址。

图 15-7　王家坪革命旧址八路军总司令部

在此期间，毛泽东发表了《以自卫战争粉碎蒋介石的进攻》《集中优势兵力，各个歼灭敌人》等重要文章，朱德为七大起草了《论解放区战场》的军事报告，撰写了《中国共产党与军事战争》《克服困难，向前迈进》等文章。

5. 边区政府旧址南洼村

陕甘宁边区政府旧址位于延安南关南洼村，是陕甘宁边区政府1937年9月至1949年6月的办公驻地。1935年10月，中央红军长征到达陕北，11月，中央在陕甘晋苏区设立中华苏维埃共和国临时中央政府驻西北办事处（简称西北办事处），12月，西北办事处改名为中华苏维埃人民共和国中央政府驻西北办事处。1936年12月，张学良、杨虎城两位爱国将领发动西安事变，蒋介石被

图 15-8　陕甘宁边区政府旧址

迫承认中国共产党及工农红军、西北办事处应有的合法地位。1937 年 9 月 6 日，西北办事处改组并更名为陕甘宁边区政府。陕甘宁边区政府是中国共产党领导的抗日民主政权，是边区政权的最高行政机关。边区政府下设办公厅、财政厅、建设厅、教育厅、民政厅、保安处等厅局。边区政府旧址现存窑洞 52 孔，开放可供参观的有陕甘宁边区政府简史陈列及林伯渠、李鼎铭的旧居等。

6. 革命文艺摇篮——鲁艺

鲁迅艺术文学院（中共六届六中全会）旧址位于延安城东桥儿沟。中共六届六中全会旧址为 7 排 52 孔石窑洞，建于 1929 年至 1934 年。1938 年 9 月 29 日至 11 月 6 日，中共六届六中全会在此召开。会上通过了《中共扩大的六中全会政治决议案》，批准了以毛泽东为首的中央政治局路线；通过了《关于中央委员会工作规则与纪律的决定》《关于各级党委暂行组织机构的规定》。毛泽东后来在党的七大上的讲话指出：“六中全会是决定中国之命运的。”

1938 年 2 月，毛泽东、周恩来等联名发出《成立缘起》，倡议在延安成立一所以鲁迅先生名字命名的艺术学院。3 月，鲁迅艺

图 15-9　鲁迅艺术文学院（中共六届六中全会）旧址

术学院（后改名为鲁迅艺术文学院，简称鲁艺）在延安城北关云梯山麓的文庙台开始授课。学院设音乐、美术、戏剧、文学四个系。1939 年 8 月，鲁艺迁至桥儿沟。1943 年 3 月，鲁艺与延安大学合并，成立延安大学文艺学院，但人们还是习惯鲁艺之名。从 1938 年 3 月至 1945 年 11 月，鲁艺毕业学员共 685 人。

鲁艺于 2005 年被列为全国爱国主义教育示范基地“一号工程”延安建设项目，受到了全面维修保护，于 2009 年 8 月对外开放。

图 15-10 清凉山

7. 中华文脉清凉山

如果说延安是中华优秀传统文化的宝库，那么，中共中央在延安的 13 年间极大地发展了中华文化，形成影响深远的革命文化——延安精神。以毛泽东、周恩来为代表的中华民族优秀子孙在这里提出和发展了战无不胜的毛泽东思想。元帅诗人陈毅说得好：“百年积弱叹华夏，八载干戈仗延安。试问九州谁作主？万众瞩目清凉山。”

清凉山位于延安城区，隔延河与宝塔山、凤凰山遥遥相望，山势高耸峻峭，是陕北三教合一的名山。山巅有太和山道观，道观

始建于隋代，兴盛于明代，现存宫观建筑为20世纪80年代中期重建的。清凉山景区内共有石窟十几处，大都开凿于宋代，是以宋代石窟寺为主体的佛教艺术宝库，主要有万佛洞、释迦牟尼三世佛洞、弥勒佛洞、释迦佛洞等。万佛洞是清凉山石窟之最，因洞内四壁及东西屏柱上共雕有神态各异的佛、菩萨、罗汉和弟子像万余尊，故得名万佛洞。范仲淹诗曰：“凿山成石宇，镵佛一万尊。人世亦稀有，神功岂无存。”山间月儿井、印月亭、范公祠、诗湾等景点则蕴含了儒家文化。印月亭悬空高耸，小巧玲珑，亭下是月儿井。登亭凭栏俯视，一钩弯月倒映井底水中，这是朱熹形容“理”无处

不在，如同“月印万川”的典故。印月亭南侧是奉祀范仲淹的范公祠。祠左右矗立两座望延亭。祠中塑有范仲淹在延州抗御西夏时的戎装像。两边墙壁上镌刻着范仲淹的名言警句。祠堂门匾额上有“宋朝人物第一”六个大字，对联为《岳阳楼记》中的名句“先天下之忧而忧，后天下之乐而乐”。这也从侧面说明了中国共产党为中华民族求解放、为全中国人民谋幸福的初心与我们民族先贤以天下为己任的抱负、担当一脉相承。

1937 年毛泽东等中央领导到达延安后，清凉山便成了传播马列主义的重要阵地，这里曾是中共新华通讯社、延安新华广播电台、解放日报社、中央出版发行部、中央印刷厂、新华书店等众多新闻出版机构的所在地。当年，清凉山的广大新闻工作者，积极响应党中央号召，办刊物、电台、印刷厂，及时传播马列主义、毛泽东思想，宣传党的路线、方针、政策，把革命战略和策略，把人民群众的呼声，把胜利的希望，展现在亿万军民面前。他们在昏暗的窑洞中，用马兰纸抄报撰稿，借马灯排版印刷，把中国共产党报刊和马列著作送往各抗日根据地和国统区，从而彻底打破了日寇及国民党顽固派对我陕甘宁边区的新闻封锁。

清凉山南麓现辟有延安新闻纪念馆，这是全国唯一一所新闻事业专题纪念馆，是由中宣部、广电总局、新闻出版总署、新华社、人民日报社等部门（单位）筹资建设的。纪念馆建筑造型呈陕北窑洞型，寓意中华人民共和国新闻出版事业从延安窑洞走出并发展起来。纪念馆建筑面积 3000 平方米，陈展面积 1500 多平方米，展出文物 180 余件，珍贵照片、文献、各类图表资料 400 余幅。

8. 抗日学府——抗大

著名的中国人民抗日军政大学（简称抗大）旧址位于今延安市北二道街，原建筑多已不存，现辟有中国人民抗日军政大学纪念馆。抗大是抗日战争时期中国共产党培养军事和政治干部的学校，其原型是西北抗日红军大学。1936 年 6 月 1 日，西北抗日红军大学改名为中国人民抗日红军大学，校址最初设在瓦窑堡，不久迁到保安县。主要干部由毛泽东从红一方面军抽调，其中林彪任校长，罗瑞卿任教育长，刘亚楼任训练部长，杨至成任校务部长。1937年初，学校改名为中国人民抗日军政大学，校址迁至延安。毛泽东任抗大教育委员会主席，他为抗大规定了“坚定正确的政治方向，艰苦朴素的工作作风，灵活机动的战略战术”的教育方针和“团结、紧张、严肃、活泼”的校风。抗大总共办了8期，培养了近3万名学员，这些学员毕业后很快就成为新组建的八路军和新四军的主要骨干。

抗大的成员除来自红军部队和抗日前线的将士外，还包括一大批爱国知识青年，他们汇集于宝塔山下，寻找抗日救国的真理，探索民族救亡之道。其中包括著名教育家艾思奇、任白戈等，表演艺术家吕班、田方、孙维世等，国民党爱国将领张学良的弟弟张学思、杨虎城的儿子杨拯民、冯玉祥的侄孙冯文华、傅作义的弟弟傅作良，其他国家的革命家包括朝鲜人武亭、越南人洪水等。

9. 自己动手，丰衣足食

南泥湾革命旧址位于延安城东南45千米处。抗日战争进入相持阶段后，由于日本侵略者的疯狂进攻，国民党顽固派的军事包围和经济封锁以及自然灾害，陕甘宁边区出现空前严重的物质困难。1941年3月，八路军一二〇师三五九旅将士们响应毛泽东“自己动手，丰衣足食”的号召，在王震旅长的率领下，高呼“一把镢头一支枪，生产自给保卫党中央”的口号，开进南泥湾，实行屯垦，生产自救。他们发扬“自力更生，艰苦奋斗”的革命精神，没有房，自己动手挖窑洞；没有菜，就挖野菜吃；没有工具，就自制锄铲。他们以惊人的毅力，在荒山野岭种上了庄稼。在短短的三年内，他们开荒10万亩，把荆棘遍野、荒无人烟的南泥湾变成“处处是庄稼，遍地是牛羊”的“陕北好江南”。经过大生产运动，边区完全达到了粮食自给的程度。

1942年7月，朱德视察南泥湾的生产情况并在《游南泥湾》诗中写道：“去年初到此，遍地皆荒草。夜无宿营地，破窑亦难找。

今辟新市场，洞房满山腰。平川种嘉禾，水田栽新稻。屯田仅告成，战士初温饱。……熏风拂面来，有似江南好。”1943 年 9 月，毛泽东视察南泥湾，高度赞扬了三五九旅艰苦奋斗的精神。

现在南泥湾革命旧址保留了当年开垦的大片梯田、毛泽东视察南泥湾时住过的地方，马坊抗日阵亡将士纪念碑、九龙泉烈士纪

念碑，桃宝峪中央管理局干部休养所旧址、八路军炮兵学校旧址等。其中，南泥湾大生产展览馆通过实物、图片回顾了当年南泥湾大生产运动的经过。南泥湾大生产运动说明我党我军不但是一个革命的党、一支特别能战斗的军队，而且有改天换地、发展生产、建设家园的卓越能力。

图 15-11　南泥湾

六 不忘初心，延安精神

1950 年 7 月组建的延安革命纪念馆，是专馆展示延安革命史的博物馆，纪念以毛泽东为代表的老一辈无产阶级革命家在延安领导中国人民取得抗日战争和解放战争的伟大胜利，形成战无不胜的毛泽东思想和光照千秋的延安精神，激励一代代中国共产党人和全国人民，不忘初心、牢记使命，为中华民族的伟大复兴不懈奋斗。

1. 最早的革命纪念馆

延安革命纪念馆是中华人民共和国成立后最早建成的革命纪念馆之一。历经几次变迁，现在纪念馆的主体建筑位于王家坪。延安革命纪念馆现有馆藏文物 3.5 万多件，历史照片 1 万余张，图书 3 万余册，调查访问资料百余卷。藏品多是反映自陕北革命根据地创建到抗战胜利这一时期，中共中央在延安和陕甘宁边区领导中国革命的史实。

延安革命纪念馆坐北面南，主体建筑以延河上有视觉冲击力的彩虹桥为轴线呈对称布局，为东西长 222 米、南北深 119 米的“┌┐”形建筑。主体建筑功能分为公共活动设施区、陈列展览区、文物库区、办公区和设备用房区。

纪念馆入口门廊和东西翼入口大门均采用拱形，和“窑洞墙”一起体现了延安地区建筑文化的传承。整栋建筑除休息厅、楼梯间处设有较大的玻璃窗外，其他均为竖向带状和点状的窄窗。实用性空间运用高侧洞窗，以自然采光供展厅环境照明。建筑轮廓的高低变化与平面相结合，增加了建筑的纪念性。除此之外，

图 15-12　延安革命纪念馆

延安革命纪念馆建筑没有多余的装饰，外墙浅驼色的石料形成浑然一体、简朴庄重的风格。

入馆台阶分为三段，寓意中国共产党在延安经历了土地革命、抗日战争、解放战争三个阶段。纪念馆正门上方有郭沫若题写的“延安革命纪念馆”的金黄色馆名。3.8 万平方米开阔而富有深刻内涵的纪念馆广场上，在“ ┌┐ ”形建筑东西拐角的 45° 角平分线和中轴线相交处敬塑 16 米高的毛泽东纪念铜像，表达了对伟大领袖毛泽东及毛泽东思想的深切怀念。正厅门前两侧，分别有“红军长征的落脚点”和“夺取全国胜利的出发点”大型群雕，展现延安在中国革命的历史地位。主体建筑正面两侧有反映地域特色的 18 孔窑洞造型，每孔窑洞前均有一尊表现不同内容的人物雕塑，展示了延安时期中国共产党的凝聚力。大门两侧为“延安是中国民主革命的圣地”和“陕甘宁边区人民对中国革命的伟大贡献”的浮雕长卷。围绕纪念馆主体建筑有纪念性园林绿色通道，其中布置着具有革命浪漫主义的纪念性小雕塑。

2. 毛泽东的旗帜

纪念馆基本陈列的主题是“在毛泽东的旗帜下胜利前进”。陈列体系是按照历史编年体与专题相辅相成的方式，将党中央和老一辈无产阶级革命家在延安时期的重大理论和实践设计为六个单元展示：一、红军长征的落脚点；二、抗日战争的政治指导中心；三、新民主主义的模范试验区；四、延安精神的发祥地；五、毛泽东思想指导地位的确立；六、夺取全国胜利的出发点。在陈列手法上，根据展出内容的需要，采用了传统展示和多媒体演示相结合的手段，增设了必要的模拟景观、场景复原、半景画。这些陈列形式和内容真实地再现了延安时期的革命斗争史实。置身其中，人们仿佛又进入了延安时代那令人难忘的火红岁月，去接受洗礼，得到启示。

如今，延安革命纪念馆已经成为延安革命圣地的重要标志。

后记

在距今大约1万年前，中国进入新石器时代，其突出表现是玉石器和城邑的出现。2019年列入《世界遗产名录》的浙江杭州良渚古城遗址，标志着距今约5300—4300年的长江下游地区已经进入成熟的国家文明阶段。出土的良渚玉器是良渚文明的重要特征之一，代表了中国史前治玉水平的高峰。在北方的内蒙古至辽西东山嘴—牛河梁一带，距今5500年前的女神庙、祭坛、积石冢等遗址及距今五六千年前"中华第一龙"等玉器的相继出土，显示了红山文化城邑建设和玉器制造的辉煌成就。1988年被公布为全国重点文物保护单位之一的河南淮阳平粮台古城遗址，属于4000多年前龙山文化时期的产物。其城长、宽各185米，城内使用面积共计约3.4万平方米，城内有主干道，东、南、西、北四面居中处各开一城门。这种城址平面呈正方形、沿中轴对称的格局特点延续至明清北京城的创建。专家在遗址中发掘出当时陶制的地下排水管道，并复原了城内完整的排水系统，还发现了我国迄今已知最早的双轮车辙等。这几处发现证明了《尚书》所记4000多年前帝舜"辟四门，明四目，达四聪"完全可靠。

上述长江流域良渚文化城址、辽河流域红山文化遗址及传统的黄河流域各处文化城址证实了城市既是经济社会发展的结果，也会随着经济社会的发展而变迁。本书介绍的15座国家历史文化名城，在历史上是所在地域的中心城市，至今仍在发展并不断壮大。而作为首善之区，首都的发展变迁首要考虑的是有利于维护和促进国家的统一、全国各民族的团结。本书因为本系列丛书各册分工、衔接关系及篇幅所限，没有全面介绍我国主要的历史文化名城（例如北京城放在《古代都城》一书里加以介绍）。

在写作过程中，笔者既认真吸收已有研究成果，也重新审视前人论述，不人云亦云，力图帮助读者对所涉名城有一个概观和正确的认识，从而发现这些名城的深层次历史文化内涵。

习近平总书记多次强调，要让收藏在博物馆里的文物、陈列在广阔大地上的遗产、书写在古籍里的文字都活起来。历史文化名城正是一处处陈列在祖国广阔大地上的大型的、不可移动的、活着的优秀文化遗产，她们正焕发着勃勃生机，书写着中华文明辉煌灿烂的新篇章，见证着中华民族的伟大复兴！

作者

2021 年 6 月于北京天安门广场中国国家博物馆